人类从历史中学到的唯一教训,就是人类无法从历史中学到任何教训。
——黑格尔

明朝那些事儿

第柒部 大结局

当年明月 著

浙江人民出版社

第七章　杀人　101

第八章　坚持到底的人　120

第九章　阴谋　140

第十章　斗争技术　158

第十一章　投降？　173

第十二章　纯属偶然　193

第十三章　第二个猛人　213

第十四章　突围　231

第十五章　一个文雅的人　252

第十六章　孙传庭　267

目录

001　历史原来很精彩

003　第一章　皇太极

016　第二章　宁远，决战

039　第三章　疑惑

053　第四章　夜半歌声

068　第五章　算账

081　第六章　起复

目录

第十七章 奇迹 283

第十八章 天才的计划 302

第十九章 选择 321

第二十章 没有选择 343

第二十一章 结束了？ 360

后记 371

主要参考书目 377

历史原来很精彩

旷野上，当年明月踽踽而行。

历史是什么？历史就是那些残垣断瓦、古庙荒冢吗？就是那些发黄的书本吗？不是，绝对不是。

"历史原来是很精彩的呀！"当年明月大喊一声。声音消失在风中，当年明月继续踽踽地走着，山野一片寂静。

好一段时间，远远地，传来一阵阵回声："很精彩的呀，很精彩的呀，很精彩的呀，很精彩的呀……"声音渐渐消失，山野又归于寂静。

前面那座古庙里有点儿动静，一个小和尚好像刚睡醒，慢腾腾地伸了个懒腰，抖落了身上厚厚的尘土。噢！那不是朱重八吗？他朝四下看了看，然后向当年明月走来了。那边还有人，朱棣骑着马，风尘仆仆，身上浸着汗水，也向这边赶来。后边是方孝孺，一脸正气，拉着朱允炆，有点儿嫌他走得太慢；沮丧的胡惟庸，骄横的蓝玉，都来了。远远地，过来一个瘦了吧唧的人，一看就知道是朱厚照，还是那样儿，站没站相，坐没坐相，走路也是一摇一晃的……

这么多人都围上了当年明月，一下子就热闹起来了。乱哄哄的，有的拍着当年明月的肩膀，有的指手画脚，吵吵嚷嚷，只听清几个词儿：很精彩的，很精彩的，写写吧，写写吧……写吧，写吧，就像写你们公司的老板，那个胖子，写厂子里那个猴儿精小李、前村儿的嘎子、胡同儿里的小三儿，写吧，想到哪儿写哪儿，就这么写吧……

当年明月也不知是惊喜，还是兴奋，都快晕了。

镜头拉远。

声音淡出。

旷野上又是一片寂静。

忽然，一阵风吹来，一摞纸被吹散了，漫天飞舞。一个过路人捡起一张，一看，原来是书稿，当年明月写的——《明朝那些事儿》。

这也算我给它写的序，比上次那篇序轻松点儿。

毛佩琦
2006年9月8日于北七家村

第一章

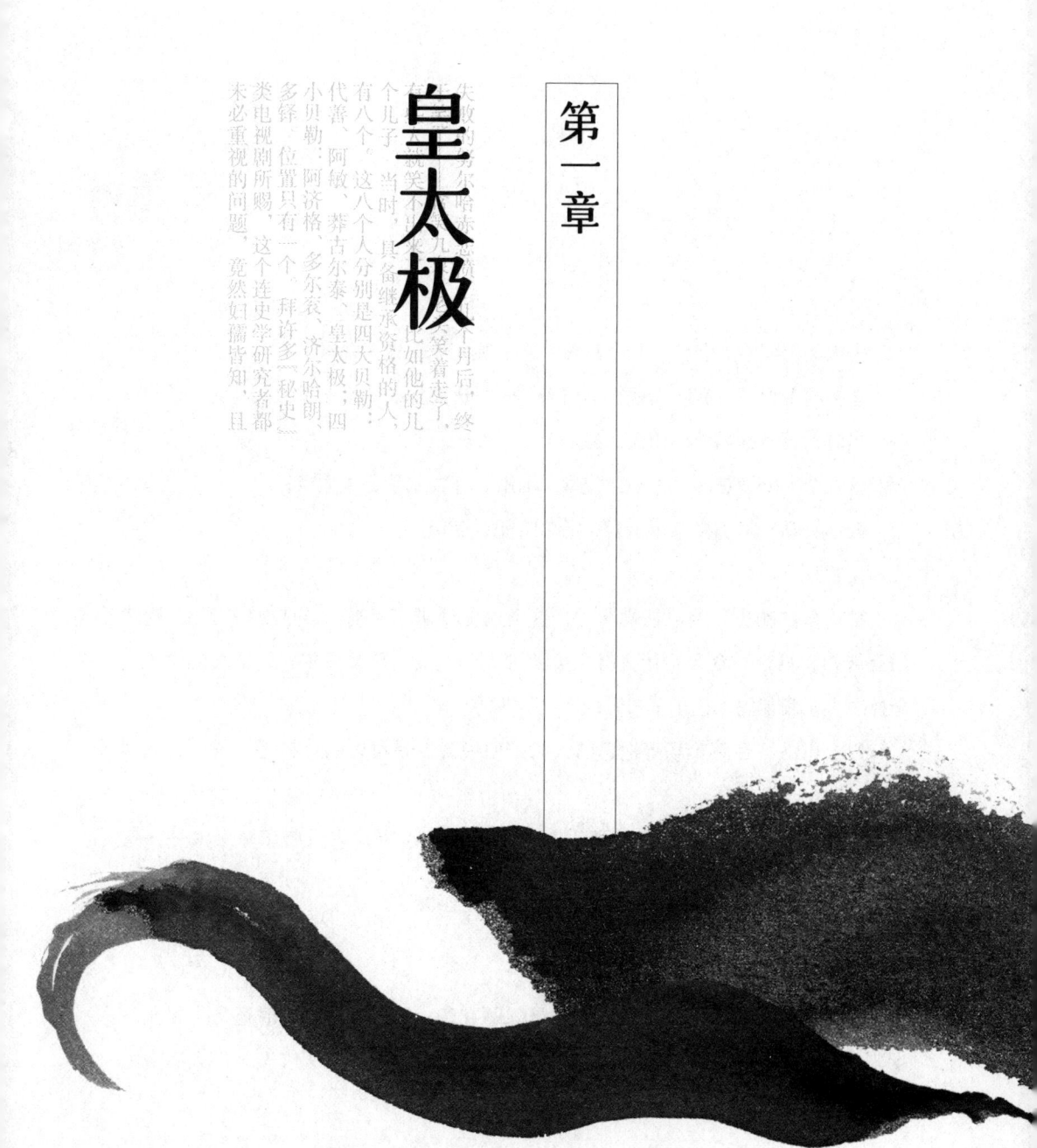

皇太极

失败的努尔哈赤悲愤了几个月后，终于笑了——含笑九泉。

老头笑着走了，有些人就笑不出来了——比如他的几个儿子。

当时，具备继承资格的人，有八个。

这八个人分别是四大贝勒：代善、阿敏、莽古尔泰、皇太极；

四小贝勒：阿济格、多尔衮、济尔哈朗、多铎。

位置只有一个。

拜许多"秘史"类电视剧所赐，这个连史学研究者都未必重视的问题，竟然妇孺皆知，且说法众多，什么努尔哈赤讨厌皇太极，喜欢多尔衮，皇太极使坏，干掉了多尔衮他妈，抢了多尔衮的汗位，等等。

以上讲法，在菜市场等地遇熟人时随便说说，是可以的，在正式场合，就别扯了。

事实上，打努尔哈赤含笑那天起，汗位就已注定，它只属于一个人——皇太极。

因为除这位仁兄外，别人都有问题。

努尔哈赤确实很喜欢多尔衮，可是问题在于，多尔衮同志当时还是小屁孩，女真人比较实在，谁更能打、更能抢，谁就是老大，要搞任人唯亲，广大后金人民是不答应的。

四小贝勒里的其他三人,那更别提了,年龄小不说,老头还不待见,以上四人可以全部淘汰。

而四大贝勒里,阿敏是努尔哈赤的侄子,没资格,排除;莽古尔泰比较蠢,性格暴躁,排除;能排上号的,只有代善和皇太极。

但是代善也有问题——生活作风,这个问题还相当麻烦,因为据说和他传绯闻的,是努尔哈赤的后妃。

代善是聪明人,有这个前科,汗位是不敢指望了,他相当宽容地表示,自己就不争这个位置了,让皇太极干吧。

于是,在众人的一致推举下,天启六年(1626)九月初一,皇太极登基。

在后金诸人中,论军事天赋,能与袁崇焕相比的,只有三个人:努尔哈赤、代善、皇太极(多尔衮比较小,不算)。

但要论政治水平,能摆上台面的,只有皇太极。

因为一个月后,他做了一件努尔哈赤绝不可能做到的事。

天启六年(1626)十月,袁崇焕代表团来到了后金首都沈阳,他们此来的目的是吊丧,同时祝贺皇太极上任。

在很多书籍里,宁远战役后的袁崇焕是很悲惨的,战绩无人认可,也没有封赏,所有的功劳都被魏忠贤抢走,孤苦伶仃,不胜凄凉。

可以肯定的是,这些说法是未经史籍确认,也未经大脑思考的,因为就在宁远胜利后的几天,袁崇焕就得到了皇帝的表扬,兵部尚书王永光虽然跟袁崇焕不大对付,也大发感慨:

"八年来贼始一挫,乃知中国有人矣!"

总之,捷报传来,全国欢腾,唯一不欢腾的人,就是高第。

这位兄弟实在太不争气,所以连阉党都不保他,被干净利落地革职赶回了家。

除口头表扬外,明朝也相当实在,正月底打胜,二月初就提拔了袁崇焕,先是都察院右佥都御史，一个月后又加辽东巡抚，然后是兵部右侍郎，两个月内就到了副部级。

部下们也没有白干，满桂、赵率教、左辅、朱梅、祖大寿都升了官，连孙承宗老师也论功行赏了。

当然，领导的功劳是少不了的，比如魏忠贤公公、顾秉谦大人等，虽说没去打仗，但整日忙着阴人，也是很辛苦的。

无论如何，袁崇焕出头了，虽说他是孙承宗的学生、东林党的成员，但边界得有人守吧，所以阉党不难为他，反正好人坏人都不管他，任他在那儿闹腾。

几个月后，得知努尔哈赤的死讯后，他派出了代表团。

这就闹腾大了。

在明朝看来，后金就是以努尔哈赤为首的强盗团伙，压根儿不是政权，堂堂天朝怎么能和强盗团伙谈判呢？

所以多年以来，都是只打不谈。

但问题是，打来打去都没个结果，正好这次把团伙头目憋屈死了，趁机去谈谈，也没坏处。

当然，作为一名文官出身的将领，袁崇焕还有点儿政治头脑，谈判之前，先请示了皇帝，才敢开路。

憋死（打伤致死）了人家老爹，还派人来吊丧，是很不地道的，如此行径，是让人难以忍受的。

然而，皇太极忍了。

他不但忍了，还做出了出人意料的回应。

他用最高标准接待了袁崇焕的使者，好吃好喝招待，还搞了个阅兵式，让他们玩了一个多月，走的时候还送了几匹马、几十只羊，并热情地向自己杀父仇人的使者微笑挥手告别。

这意味着，一个比努尔哈赤更为可怕的敌人出现了。

懂得暴力的人，是强壮的，懂得克制暴力的人，才是强大的。

在下次战争到来之前，必须和平，这就是皇太极的真实想法。

袁崇焕也并非善类，对于这次谈判，他在给皇帝的报告中，做出了充分的解释：

"奴死之耗，与奴子情形，我已备得，尚复何求？"

这句话的意思是，努尔哈赤的死讯，他儿子的情况，我都知道了，还有什么要求呢？

谈来谈去，就谈出了这么个玩意儿。

谈判还是继续，到第二年（天启七年）正月，皇太极又派人来了。

可这人明显不上道，谈判书上还附了一篇文章——当年他参写的七大恨。

但你要说皇太极有多恨，似乎也说不上，因为，就在七大恨后面，他还列上了谈判的条件，比如金银财宝、比如土地等。

也就是想多要点儿东西嘛。

袁崇焕是很幽默的，他在回信中，很有耐心地逐条批驳了努尔哈赤的著作，同时表示，拒绝你的一切要求。这意思是，虽然你爸憋屈死了，我表示同情，但谈归谈，死人我也不买账。

过了一个月，皇太极又来信了，这哥们儿明显是玩上瘾了，他竟把袁崇焕批驳七大恨的理由，又逐条批驳了一次。当然正事他也没忘了谈，这次他的胃口小了点儿，要的东西也减了半。

文字游戏玩玩是可以的，但具体工作还要干，在这一点上，皇太极同志的表现相当不错，就在给袁崇焕送信的同时，他发动了新的进攻，目标是朝鲜。

天启七年（1627）正月初八，阿敏出兵朝鲜。朝鲜军的表现相当稳定，依然是一如以往地不经打，一个月后平壤就失陷了。再过一个月，朝鲜国王就签了结盟书，表示愿意服从后金。

朝鲜失陷，明朝是不高兴的，但不高兴也没办法，今天不同往日了，家里比较困难，实在没法拉兄弟一把。失陷，就失陷了吧。

一边谈判，一边干这种事，实在太过分了，所以在来往的文书中，袁崇焕愤怒地谴责了对方的行径，痛斥皇太极没有谈判的诚意。

话虽这么说，但袁崇焕也没闲着，他也很忙，忙着砌砖头。

自打宁远之战结束后，他就开始修墙了，打坏的重砌，没坏的加固，他还把几万民工直接拉到锦州，抢工期抓进度，短短几个月，锦州再度成为坚城。

此外，他还重新占领了之前放弃的大凌河、前屯、中后所、中右所，修筑堡垒，全面恢复关宁防线。

光修墙是不够的，为把皇太极彻底恶心死，他大量召集农民，只要来人就分地，一文钱都不要，白送，开始大规模屯田，积累军粮。

一边谈判，一边干这种事，实在太过分了，所以在来往的文书中，皇太极愤怒地谴责了对方的行径，痛斥袁崇焕没有谈判的诚意。

到了天启七年（1627）五月，老头子的身后事办完了，朝鲜打下来了，锦州修起来了，防线都恢复了，屯田差不多了，双方都满意了。

打吧。

天启七年（1627）五月六日，皇太极率六万大军，自沈阳出发，进攻锦州，"宁锦大战"就此揭开序幕。

此时出战，并非皇太极的本意，老头子才挂了几个月，遗产刚刚分割完，追悼会刚刚搞完，朝鲜又刚刚打了仗，实在不是进攻的好时候，但没办法，不打不行——家里闹灾荒了。

天启七年，辽东受了天灾，袁崇焕和皇太极都遭了灾，粮食紧缺。

为解决粮食问题，袁崇焕决定，去关内调粮，补充军需。

为解决粮食问题，皇太极决定，去关内抢粮，补充军需。

没办法，吃不上饭啊，又没处调粮食，眼看着要闹事，与其闹腾我不如闹腾你们，索性就带他们去抢吧。

对于皇太极的这个打算，袁崇焕是有思想准备的，所以他擦亮了大炮，备齐了炮弹，静静等待着后金抢粮队到来。

宁远之战后，袁崇焕顺风顺水，官也升了，权也大了，声势如日中天，威信很高，属下十分服气。

但不服气的人也是有的，比如满桂。

其实满桂和袁崇焕的关系是不错的，他之所以不服气，是因为另一个人——赵率教。

在宁远之战时，赵率教驻守前屯，打得最激烈的时候，满桂感觉要撑不住了，就派人给赵率教传令，让他赶紧派人增援。

可赵率教不去。

因为你吃不消，我也吃不消，一共这么多人，你的兵比我还多，谁增援谁？

所以不去。

当时情况危急，满桂倒也没有计较，仗打完了，想起这茬儿了，回头要跟赵率教算账。

于是袁崇焕出场了，现在他是辽东巡抚，遇到这种事情，自然是要和稀泥的。

可他没有想到，这把稀泥非但没有和成，还把自己给和进去了。

因为满桂根本不买账，非但不肯了事，还把袁崇焕拉下了水，说他拉偏架。

原因在于，宁远之战前，满桂是宁远总兵，袁崇焕是宁前道。满桂的级别比袁崇焕高，但根据以文制武的惯例，袁崇焕的地位要略高于满桂。

战后，满桂升到了右都督，袁崇焕升到兵部侍郎兼辽东巡抚，按级别，袁崇焕依然不如满桂，但论地位，他依然比满桂高。

这就相当麻烦了，要知道，满桂光打仗就打了二三十年，他砍人头攒钱（一个五十两）的时候，袁举人还在考进士，且他级别一直比袁崇焕高，现在又是一品武官。你个三品文官，我服从管理就不错了，瞎搅和什么？

外加他又是蒙古人，为人比较直爽，毫不虚伪，说打，抄家伙就上。至于袁崇焕，他本人曾自我介绍过："你道本部院是个书生，本部院却是个将首！"

于是来来往往，火花四射，袁崇焕随即表示，满桂才堪大用，希望朝廷加以

第一章　皇太极

重用（随你怎么用，不要在这儿用）。

满桂气得不行，又干不过袁崇焕（巡抚有实权），就告到了袁崇焕的上司，新任辽东督师王之臣那里。

王之臣也是文官，所以也和稀泥，表示满桂也是个人才，你们都消停吧，都在关外为国效力。

按说和稀泥也就行了，但王督师似乎不甘寂寞，顺道还训袁崇焕几句，于是袁大人也火了，当即上疏表示自己很累，要退休（乞休）。

王督师顿时火冒三丈，也上了奏疏，说自己要引退（引避）。

问题闹大了，朝廷亲自出马，使出了"撒手锏"——还是和稀泥。

但朝廷毕竟是朝廷，这把稀泥的质量十分之高。

先是下了封文书，给两人上了堂历史课，说此前经抚不和（指熊廷弼和王化贞），丢掉很多地方，你们要吸取教训，不要再闹了。

然后表示，你们两个都是人才，都不要走，但为防你们两个在一起会互相死磕，特划定范围，王之臣管关内，袁崇焕管关外，有功一起赏，有黑锅也一起背，舒坦了吧！

命令下来后，袁崇焕和王之臣都相当识趣，当即做出反应，表示愿意留任，并且同意满桂留任，继续共同工作。

不久之后，袁崇焕任命满桂镇守山海关，风波就此平息——至少他自己这样认为。

然而这件小事，最终也影响了他的命运。

但不管有什么后遗症，至少在当时，形势是很好的，一片大好。

满桂守山海关，袁崇焕守宁远、锦州，所有的堡垒都已修复完毕，所有的城墙都已加固，弹药充足，粮草齐备，剩下的只有一件事——张开怀抱等你。

五月十一日，皇太极一头扎进了怀抱。

他的六万大军分为三路，中路由他亲率，左路指挥莽古尔泰，右路指挥代善、阿敏，于同日在锦州城下会师，完成合围。

消息传到宁远城的时候，袁崇焕慌张了。他虽然做好了准备，预料到了进攻，却没有料到，会来得这么快。

赵率教的策略

锦州城的守将是赵率教。

袁崇焕尚且没有准备，赵率教就不用说了，看城下黑压压一片，实在有点儿心虚，思考片刻后，他镇定下来，派两个人爬出城墙（不能开门），去找皇太极谈判。

这两个人的到来把皇太极彻底搞迷糊了，老子兵都到城下了，你要么就打，要么投降，谈什么判？

但愿意谈判，也不是坏事，他随即写了封回信，希望赵率教早日出城投降，奔向光明。

使者拿着书信回去了，皇太极就此开始了等待，下午没信儿，晚上没信儿，到了第二天，还是没信儿。

于是他向城头瞭望，看到明军在抢修防御工事。

这场战役中，赵率教是比较无辜的，其实他压根儿就不是锦州守将，只不过是恰好待在那里，等守将到任，就该走人了，没想到皇太极来得太突然，没来得及走，被围在锦州了。四下一打量，官最大的也就是自己了，无可奈何，锦州守将赵率教就此出场。

但细一分析，问题来了，辽东兵力总共有十多万，山海关有五万人，宁远有四万人，锦州只有一两万人，兵力不足且不说，连出门求援的人都还没到宁远，怎么能开打呢？

所以他决定，派人出城谈判，跟皇太极玩太极。

皇太极果然名不副实，对太极一窍不通，白等了一天，到五月十三日，想明白了，攻城。

六万后金军集结完毕，锣鼓喧天，鞭炮齐鸣，军旗招展，人山人海，等待着皇太极的指令。

皇太极沉默片刻，终于下达了指令：停止进攻。

皇太极是一个不折不扣的好汉，好汉是不吃眼前亏的。

面对着城头黑洞洞的大炮，他决定，暂不进攻——谈判。

他主动派出使者，要求城内守军投降，第一次没人理他，第二次也没人理他，到第三批使者的时候，赵率教估计是烦得不行，就站到城头，对准下面一声大吼：

"要打就打，光说不顶用（可攻不可说也）！"

皇太极知道，忽悠是不行了，只能硬拼，后金军随即蜂拥而上，攻击城池。

但宁远战役的后遗症实在太过严重，后金军看见大炮就眼晕，没敢玩命，冲了几次就退了，任上级骂遍三代亲属，就是不动。

皇太极急了，于是他坐了下来，写了一封劝降信，派人送到城门口，被射死了，又写一封，再让人去送，没人送。

无奈之下，他派人把这封劝降信射进了城里，毫无回音。

傻子都明白，你压根儿就攻不下来，你攻不下来，我干吗投降？

但皇太极似乎不明白这个道理，第二天，他又派了几批使者到锦州城谈判，皇天不负有心人，终于有了回应，守军说，你要谈判，使者是不算数的，必须派使臣来，才算正规。

皇太极欣喜若狂，连忙选了两个人，准备进城谈判。

可是这两位仁兄走到门口，原本说好开门的，偏偏不开，向上喊话，又没人答应，总而言之，无人理会，只好打转回家。

皇太极很愤怒，因为他被人涮了，但问题是，涮了他，他也没办法。

皇太极度过了失望的一天，而即将到来的第二天，却让他绝望。

清晨，正当皇太极准备动员军队攻城的时候，城内的使者来了，不但来了，还解释了昨天没开门的原因：不是我们不热情，实在天色太晚，不方便开门，您多见谅，今天白天再派人来，我们一定接待。

皇太极很高兴，又派出了使臣，可是到了城下，明军依然不给开门。

这批使臣还比较负责，赖在城下就不走了，于是过了一会儿，赵率教又出来喊了一嗓子：

"你们退兵吧，我大明给赏钱（自有赏赍）！"

就在皇太极被弄得几乎精神失常、气急败坏的时候，城内突然又派出了使者，表示谈可以，但不能到城里，愿意到皇太极的大营去谈判。

差点儿被整疯的皇太极接待了使者，并且写下了一封十分有趣的书信。

这封书信并不是劝降信，而是挑战信，他在信中表示，你们龟缩在城里，不是好汉，有种就出来打，你们出一千人，我这里只出十个人，谁打赢了，谁就算胜。你要是敢，咱们就打，要是不敢，就献出城内的所有财物，我就退兵。

所谓一千人打不过十个人，比如一千个手无寸铁的傻子打不过十个拿机枪的特种兵，一千个平民打不过十个超人，都是很可能的。

在这点上，皇太极体现出女真人的狡猾，联系到他爹喜欢玩阴的，这个提议的真正目的，不过是引明军出战。

但书信送入城后，却迟迟没有反应，连平时出来吼一嗓子的赵率教也没了踪影，无人搭理。

究其原因，还是招数太低级，这种摆明从《三国演义》上抄来的所谓"激将法"（《三国演义》是后金将领的标准兵书，人手一本），只有在《三国演义》上才能用。

皇太极崩溃了，要么就打，要么就谈，要谈又不给开门，送信你又不回，你他娘的到底想怎么样？

其实赵率教是有苦衷的，他本不想耍皇太极玩，可是无奈，谁让你来这么早，搞得老子也走不掉，投降又说不过去，只好等援兵了，可是空等实在不太像话，闲来无事谈谈判，当作消遣，仅此而已。

五月十六日，消遣结束，因为就在这一天，援兵到达锦州。

得到锦州被围的消息后，袁崇焕十分焦急，他随即调派兵力，由满桂率领，前往锦州会战。援军的数量很少，只有一万人。

六年前，在辽阳战役中，守将袁应泰以五万明军，列队城外，与数量少于自己的后金军决战，结果一塌糊涂，连自己都搭了进去。

六年后，满桂带一万人，去锦州打六万后金军。

他毫无畏惧，因为他所率领的，是辽东最为精锐的部队——关宁铁骑。

经过几年不懈的努力，这支由辽人为主的骑兵训练有素，并配备精良的多管火器，作战极为勇猛，具有极强的冲击力，成为明末最强悍的武装力量。

在满桂带领下，关宁铁骑日夜兼程，于十六日抵达塔山附近的笊篱山。

按照战前的部署，援军应赶到锦州附近，判明形势发动突袭，击破包围。

然而，这个构想被无情地打破了，因为就在那天，一位后金将领正在笊篱山巡视，这家伙正是莽古尔泰。

这次偶遇完全打乱了双方的计划，片刻惊讶后，满桂率先发动冲锋。

后金军毫无提防，前锋被击溃，莽古尔泰虽说很憨厚，打仗还算凑合，很快反应过来，倚仗人多，发动了反击，你来我往几个回合，不打了。

因为大家都很忙，莽古尔泰来巡视，差不多也该回去了，满桂来解围，但按目前形势，自己没被围进去就算不错，所以在短暂接触后，双方撤退，各回各家。

几乎就在满桂受挫的同一时刻，袁崇焕使出了新的招数。

他写好了一封信，并派人秘密送往锦州城，交给赵率教。

然而不幸的是，这封信被后金军半路截获，并送到了皇太极的手中。

信的内容，让皇太极极为震惊：

"锦州被围，但我已调集水师援军以及山海关、宣府等地军队，全部至宁远集结，蒙古援军也即将到来，合计七万余人，耐心等待，必可里应外合，击破包围。"

至此，皇太极终于知道了袁崇焕的战略，确切地说，是诡计。

锦州被围，援军就这么多，所以只能忽悠，但辽东总共就这么多人，大家心知肚明，所以忽悠必须从外地着手，什么宣府兵、蒙古兵等，你说多少就多少，在这点上，袁崇焕干得相当好，因为皇太极信了。

五月十七日，他更改了部署。

三分之一的后金军撤除包围，在外城驻防，因为据"可靠情报"，来自全国四面八方（蒙古、宣府等）的援军，过几天就到。

六万人都没戏，剩下这四万就可以休息了，在明军的大炮面前，后金军除了尸体，没有任何收获。

第二天，皇太极再次停止了进攻。

他又写了封信，用箭射入锦州，再次劝降。

对于他的这一举动，我也无语，明知不可能的事，还要几次三番去做，且乐此不疲，到底什么心态，实在难以理解。

估计城内的赵率教也被他搞烦了，原本还出来骂几嗓子，现在也不动弹了，连忽悠都懒得忽悠他。

五月十九日，皇太极确信，自己上当了。

很明显，除了三天前和莽古尔泰交战的那拨人外，再也没有任何援兵。

但问题是，锦州还是攻不下来，即使皇太极写信写到手软，射箭射到眼花，还是攻不下来。

这样的失败是不能被接受的，所以皇太极决定，改变计划，攻击第二目标。

但在此之前，他打算再试一次。

五月二十日，后金军发动了最后的猛攻。

在这几天里，日程是大致相同的：进攻，大炮，点火，轰隆，死人，撤走，抬尸体，火化，再进攻，再大炮，再点火，再轰隆，再死人，以此类推。

五月二十七日，皇太极再也无法忍受，使出最后的"撒手锏"——撤退。

但他的撤退相当有特点，因为他撤退的方向，不是向后，而是向前。

他决定越过锦州，前往宁远，因为宁远就是他的第二攻击目标。

经过审慎的思考，皇太极正确地认识到，自己面对的，是一条严密的防线，锦州不过是这条防线上的一点。

所有的防线，都有核心，要彻底攻破它，必须找到这个核心——宁远。

只要攻破宁远，就能彻底切断锦州与关内的联系，明军将永远地失去辽东。

皇太极决定孤注一掷，派遣少量兵力监视锦州，率大队人马直扑宁远，他坚信，自己将在那里迎来辉煌的胜利。

第二章

宁远,决战

皇太极抵达宁远城下,现在轮到他自己建立起攻城的场景。按照惯例,进攻是这样开始的,明军守在城头,后金军架好营帐,准备云梯、弓箭,然后开始攻城,但这一次他看到的,是整齐的明军——站在城外。总兵孙祖寿率军驻守西门,满桂、祖大寿率军驻守南、北方向,宁远驻守东门,其余兵力

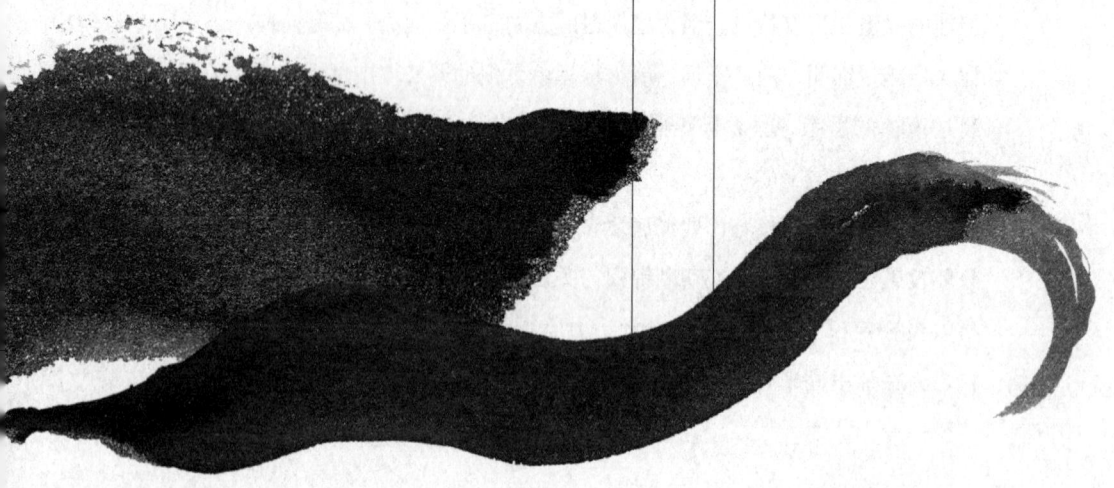

五月二十八日，皇太极抵达宁远。

一年前，他的父亲在这里倒下，现在，他将在这里再次站立起来——反正他自己是这么想的。

当他靠近宁远城的时候，却看见了一幕奇特的场景。

按照惯例，进攻是这样开始的，明军守在城头，架设大炮，后金军架好营帐，准备云梯、弓箭，然后开始攻城。

但这一次，他看到的，是整齐的明军——站在城外。

总兵孙祖寿率军驻守西门，满桂、祖大寿率军驻守东门，其余兵力驻守南、北方向。宁远守军共三万五千余人，位列城外，准备迎战。

现在的袁崇焕，是一个很有自信的人，他相信，凭借自己的实力，可以击败纵横天下的后金骑兵，不用龟缩城内，不用固守城池，击败他们，就在他们的面前，用他们自己的方式！

皇太极的神经被彻底搞乱了，这个阵势已经超越了他的理解能力，于是他下达命令，暂停进攻，等等看先。

看了半天，他明白了——这是挑衅，随即发出了怒吼：

"当年皇考太祖（努尔哈赤）攻击宁远，没有攻克，今天我打锦州，又没攻克，现在敌人在外布阵，如果还不能胜，我国威何存？！"

皇太极认为，不打太没面子，必须且一定要打。但有人认为，不能打。

所谓有人，是指大贝勒代善、二贝勒阿敏、三贝勒莽古尔泰。换句话说，四大贝勒里，三个都不同意。

虽说皇太极是拍板的，但毕竟是少数派，双方陷入僵持。

于是皇太极说，你们都回去吧，我再考虑考虑。

三个人撤了，然而没过多久，他们就听见了进攻的号角。

对这三位大哥级人物，皇太极还是给面子的：至少把他们忽悠走了再动手。

一向只敢躲在城里打炮的明军，竟然站出来单干，实在太嚣张了，他再也无法遏制自己的愤怒，率全军发动了总攻。

很多时候，愤怒者往往是弱者。

三位贝勒毫无提防，事已至此，只能跟着冲了。

但当他们冲到城边时，才终于发现，明军敢来单干，是有原因的。

皇太极发动进攻，是打过算盘的，骑兵作战，明军不是后金军的对手，放弃拿手的大炮，偏要打马战，不占这个便宜实在不好意思。

袁崇焕之所以摆这个阵势，是因为他认定，关宁铁骑的战斗力，足以与后金骑兵抗衡，但更重要的是，他也没说不用大炮。

皇太极认为，当双方骑兵交战时，城头的大炮是无法发射的，因为那样可能误伤自己的军队。

袁崇焕也知道这一点，但他认为，大炮是可以发射的，具体使用方法是，双方骑兵展开厮杀时，用大炮轰后金的后继部队。

换句话说，就是引诱皇太极的骑兵进攻，等上钩的人差不多了，就用大炮攻击他们的后队，截断增援，始终保持人多打人少。

在大炮的轰鸣声中，满桂率领骑兵，向蜂拥前来的后金军发起了冲锋。

一直以来，在后金军的眼里，明军骑兵很好欺负，一打就散，一散就跑，一跑就死，很明显，眼前的这帮对手也是如此。

但自第一次交锋开始时起，自信就变成了绝望。

首先，这帮人使用的不是马刀，而是铁制大棒，抡起来呼呼作响，撞上就皮开肉绽，更可怕的是，这种大棒还能发射火器，打着打着冷不丁就开枪，实在太过缺德。

而且这帮人的精神状态明显不正常，跟打了鸡血似的，一点儿不害怕，且战斗力极强，见人就往死里打，身中数箭数刀，依然死战不退。

在这群恐怖的对手面前，战无不胜的后金军终于体验到了一种前所未有的经历——崩溃。

当后金军如潮水般涌来的时候，满桂知道，胜利的时刻到了。

关宁铁骑是一群不太正常的人，他们和以往的明军骑兵不同，不但是因为他们经过长期训练，且装备先进武器三眼火铳（既当枪打，又当棒使），更为重要的原因在于，他们是既得利益者。

根据袁崇焕的原则"以辽人守辽土"，关宁铁骑的主要成员都是辽东人，因为根据以往长期实践，外地人到辽东打仗，一般都没什么积极性，爱打不打，反正丢了就丢了，正好回老家。

而对于关宁铁骑来说，他们已经无家可归，这里就是他们唯一的家。

但最终决定他们拼命精神的，是袁崇焕的第二条原则："以辽土养辽人。"

和当年的李成梁一样，袁崇焕很明白，要人卖命，就要给人好处，在这一点上，他毫不含糊，只要打仗就给军饷，此外还分地，打回来的地都能分，反正是抢来的，也没谁去管，爱怎么分怎么分，更有甚者，据说每次打仗，抢回来的战利品，他都敢分，没给朝廷报账。

这么一算就明白了，拼死打仗，往光明了说，是保卫家园，保卫大明江山；往黑了说，打仗有工资拿，有土地分，还能分战利品。

国仇家恨外加工资外快，要不拼命，实在没有天理。

因此每次打仗的时候，关宁铁骑都格外激动，所谓保家卫国，对他们而言，绝不是一个空洞的口号，因为踩在脚底下的那块土，没准儿就是他自己的家和地（地契为证）。

所以这场战斗的结局也就不难预料了，关宁铁骑如同疯子一般冲入后金骑兵队，大砍大杀，时不时还射两枪，威慑力极大，后金军损失惨重，只能收缩等待后续部队。

而与此同时，城头的大炮开始怒吼，伴随着后金军后队的惨叫声，宣告着一个残酷的事实：他们的攻击已经失败。

皇太极并没有气馁，死人嘛，很正常的事情，死光拉倒，把城攻下来就行。

在他的指挥下，后金军略加整顿，向宁远城发起更猛烈的进攻。

战斗持续到中午，在关宁铁骑的强大冲击力下，后金军损失极大，却依然没有退却。

然而就在此时，皇太极得知了一个让他震惊的消息。

锦州出事了

自五月十三日进攻开始，就一直待在城里不露头的赵率教终于出现了，他没有出来喊话，而是带着一群人，冲进了锦州城边的后金大营，一阵乱砍乱杀之后，又冲了出来，回到了城中。

这招实在太狠，城下的后金军做梦都想不到，城里这帮人竟然还敢冲出来，以至于人家砍完、杀完、跑完了，看着眼前的尸体，还以为是在做梦。

当赵率教看见城下的后金军绕开锦州，前往宁远那一刻起，他就知道，战役的结局已经注定。

宁远的骑兵和大炮，将彻底打碎皇太极的梦想，这是毫无疑问的，而对城下的这些留守人员，是可以趁机打几下的，当然，要等他们的主力走远点儿。

这次进攻导致后金军伤亡近五百人，更重要的是，它让皇太极认识到，锦州不是安全的后方，那个死不出头的赵率教可能随时出头，将自己置于死地。

他打算放弃了，但按照以往的习惯，临走前，他还要再试一把。

后金军对宁远发动了最猛烈也是最后一次进攻，凭借着坚强的意志，尽管未能攻破关宁铁骑，部分后金军依然冲到了宁远城边。

然后，他们看到了一道沟，很深的沟。

挖这条沟的，是袁崇焕手下的一支特殊部队——车营。

车营，是为应对后金的骑兵冲击组建的战斗团体，由步兵和战车组成，作战时推出战车，挖掘战壕，阻挡骑兵冲击，并使用火枪和弓箭反击，攻击说不上，防守是没问题的。

没戏了，毕竟马不是坦克，开不过去，在被赶过来的关宁铁骑一顿猛打后，后金军彻底放弃，退出了战斗。

五月二十九日，皇太极离开宁远，向锦州撤退。

宁远之战，明军方面，出城迎战的满桂身中数箭（没死），他和将领尤世威的坐骑被射死。

但在后金方面，死的就不只是马了，其伤亡极为惨重，贝勒济尔哈朗重伤，大贝勒代善的两个儿子萨哈廉和瓦克达重伤，将领觉罗拜山、备御巴希战死，仅仅一天，后金损失高达四千余人。

皇太极走了，他原本以为能超越他的父亲，攻克这座不起眼的城市，然而事实是，上一次，他爹还在墙上刨了几个洞，这一次，他连城墙都没摸着。

回去吧，皇太极同志，宁远是无法攻克的，回家消停几年再来。

偏不消停

皇太极并不较真儿，但这次例外，因为他刚刚上任，面子实在是丢大了，没点儿业绩，将来如何服众呢？

所以在回家的路上，他又有了一个想法，攻击锦州。

这是一个将大败变成惨败的想法。

五月三十日，皇太极到达锦州，再次合围。

他整肃队伍派出骑兵，击鼓、鸣号，呐喊示威，可就是不打。

非但不打，他还把大营设在离城五里外的地方。五里，是明军大炮的最远射程。

就这样，白天派人去城边吼，晚上躲在营帐发抖，一连五天，天天如此。

六月四日，皇太极决定，发动进攻。

进攻的重点是锦州南城，后金军动用大量云梯，冒死攻城。

接下来的事情我不大想讲了，因为皇太极是个很烦人的家伙，啥新意都没有，攻城的程序，从他爹开始，一直到他，这么多年，都没什么长进，后金军一批批上，一批批死，又一批批火化，毫无进展。

赵率教这边也差不多，他虽然进攻不大行，打防守还是不成问题的，守着城池，用大炮，看准人多的地方就轰，按照程序操作，十分轻松。

而且趁着后金军撤走的这几天，赵率教还在城边修了几条壕沟，以保证后金军在进攻时，能在这里停上一会儿，为大炮提供固定的打击地点。

战斗继续着，确切地说，不是战斗，而是屠杀。

后金军根本没法靠近城墙，每到沟边，就有定点爆破，不是被轰上天，就是被打下沟，尸横遍野。不过客观地讲，赵率教挖这几条沟也方便了后金军，人打死就直接进了沟，管杀，也管埋。

就这样，高效率的定点爆破进行了半日，后金军伤亡极大，按赵率教的报告，打死不下三千，打伤不计其数。

明军的伤亡人数不明，但很有可能是零，因为在整个战斗中，后金军最远才到壕沟（包括沟里），以弓箭的射程，要打死城头明军，似乎可能性不大。

打仗也是要计算成本的，这次战役，皇太极带上了全部家当，而他的全部家当，也就七万多人，按一天损失三千人的打法，他还能打二十多天。

这生意不能再做了。

六月五日，皇太极撤军，算是彻底撤了。

第二天，他率军路过大凌河城，此处空无一人，于是皇太极下令——拆了。

泄愤需要，可以理解。

战役至此结束，五月十一日至六月五日，在长达二十余天的时间中，后金与大明在锦州、宁远一线展开大战，最终以后金惨败告终，史称"宁锦大捷"。

在这场战役中，后金军伤亡极大，据保守估计，应该在一万人左右，多名牛录战死，退回沈阳。

该结果充分说明，明朝只要自己不折腾自己，后金是没戏的。

六月六日，就在皇太极撤退的第二天，袁崇焕向朝廷报捷：

"十年来尽天下之兵，未尝敢与奴战，合马交锋，今始一刀一枪拼命，不知有夷之凶狠剽悍……诸军愤恨此贼，一战挫之。"

天启皇帝回应：

"十年之积弱，今日一旦挫其狂锋！"

皇帝很高兴，大臣很高兴，整个朝廷，包括魏忠贤在内，都很高兴。

现在是天启七年（1627）六月，很明显，形势还是一片大好。

天启七年（1627）七月初一，兵部侍郎、辽东巡抚袁崇焕提出，身体有病，辞职。

一般来说，辞职的原因只有一个：如果不辞职，会遇到比辞职更倒霉的事。

袁崇焕的情况更复杂一点儿，首先是有人告他，且告得比较狠。

宁锦大捷后几天，御史李应荐上疏，弹劾袁崇焕，说他在战役中，不援助锦州，是作战不积极的表现，还用了个专用名词——暮气。

"暮气"大致就是晚上的气，跟没气也差不了多少，用这个词损人，足见中华文化之博大精深。

如果你觉得这个弹劾太扯淡，那说明你还没见过世面，明代的言官，从没有想不到，也没有做不到，只有想不想做，啥理由都能找，啥人物都敢碰，相比以往的张居正、李如松等，那只是小儿科。

此外，不服气应该也是他辞职的原因之一。

宁锦大战后，论功行赏，最大的功劳自然是魏忠贤，头功，其次是监军太监，再其次是太监（什么都没干的），再再其次是阉党大臣，如顾秉谦、崔呈秀，等等，再再再其次，是魏忠贤的从孙（时年四岁，学龄前儿童），封侯爵。

袁崇焕的奖励是：升一级，赏银三十两。

如果是个老实人，也就罢了，袁崇焕的性格，要让他服气，那是个梦想。

而最重要，也最关键的原因在于，再干下去，就没意思了。

说到底，要想干出点儿成绩，自己努力是不够的，还得有人罩着，按此标准，袁崇焕只能算个体户。

许多书上说，袁崇焕之所以离职，是因为他是东林党，所以阉党容不下他，把他赶走了。

这个说法有部分不是胡扯，也就是说，有部分是胡扯，袁崇焕虽然职务不低，但在东林党里，实在是个不起眼的角色，也没什么影响力，既不是首犯，也不算从犯，你要明白，阉党也是人，事情也多，也没工夫见人就灭，像袁崇焕这类人物，睁只眼闭只眼就过了。

但干不下去也是实情，袁崇焕的档案实在太黑，比如，他中进士时，录取他的人是韩爌（东林党大学士），提拔他的人是侯恂（东林党御史），培养他的人是孙承宗（模范东林党），如此背景，没抓起来就算是奇迹了，虽说他本人比较乖巧，但要魏公公买他的账，也不太现实。

基于以上原因，他提出辞职，基于同样原因，他的辞职被批准。

死了上万人，折腾几十天，连块砖头都没挖到的皇太极永远不会想到，袁崇焕就这么失败了，败在一个连大字都不识的人妖手里。

妖风

魏忠贤已经是名副其实的人妖了，不是人，而是妖。

解决了东林党，没有敌人了，就开始四处闹腾刮妖风了。

最先刮出来的，是那个妇孺皆知的称号——九千岁，但事实上，这只是个简称，全称是"九千九百岁爷爷"。

阉党的贵孙们尽力了，由于天生缺少部件和职位的稀缺性，魏人妖当不上万岁，所以只能九千九百了，从数学的角度讲，应该算极限接近。

除称号外，魏公公丝毫不放松对自己的要求，还有个很牛的官衔，就不列出来了，因为我算了一下，总计二百多字，全部写出来比较累。

光有称号和官衔是不够的，人也得实在点儿，吃穿住行，还得买房子。

简单点儿说，除了不穿龙袍，魏公公的待遇和皇帝基本是一样的，至于房子，魏公公也不怎么挑，只是比较执着——看中了就要。

而且他还有个不好的习惯：只要，不怎么买。

比如参政米万钟，在北京郊区有套房子（园林别墅），魏忠贤看中了，象征性地出了个价，要买，米万钟不卖。

魏忠贤同意了，他免了米万钟的官职，直接占了他的房子，一分钱都没花。

在强买强卖这个问题上，魏忠贤是讲究平等的，无论平民百姓还是皇亲国戚，全都一视同仁。如某位权贵有座大院子，魏忠贤想要，人家没给，魏忠贤随即编了个罪名，把他绕了进去，还打了几十棍。

除了自己住的地方外，魏忠贤也没忘了家乡，他的老家河北肃宁，一向很穷，以出太监闻名，现在终于也露了脸。为了让肃宁人民时刻感受到魏公公的光辉，他专门拨款（朝廷出），重新整修了肃宁城，一个小县城，挖了几条护城河，还修了三十座敌楼，城楼十二栋，大炮就安了上百门，实在够夸张。

问题在于，魏公公不忘家乡，却忘了老乡，肃宁的穷光蛋们还是穷光蛋，除了隔三岔五被拉去砌墙，生活质量没啥改善。

肃宁是个县城，且战略地位极其不重要，修得跟碉堡似的，这么穷的地方，请人来抢人家都未必来，搞得南来北往的强盗们哭笑不得。

搞笑的是，十几年后，后金军入侵河北，经过这里，本来没打算抢肃宁，但这城墙修得实在太好，忍不住好奇心，就攻了一下，想打进去看看里面有多少钱，而更搞笑的是，肃宁太过坚固，任他们死攻活攻，竟然没能够攻进去（进了也白进）。

这件事告诉我们，一个人，即使是魏公公这样的人，如果下定决心要做点儿事，也是可以做成的。

吃喝不愁了，有房子了，光宗耀祖了，官位称号都有了，还缺吗？

还缺。

自古以来，人类追求的东西不外乎以下几种：金钱、权力、地位，这些魏忠贤全都有了。

但最重要的那件东西，他并没有得到。

那是无数帝王将相梦寐以求，却终究梦断的奢望——入圣。

成为圣贤，成为像老子、孔子、孟子一样的人，为万民景仰，为青史称颂！

问题是，魏公公不识字，也写不出《论语》《道德经》之类的玩意儿，现在还镇得住，再过个几十年就没辙了。

为保证长治久安，数百年如一日地当圣人，魏忠贤干了这样几件事：

第一件是修书，虽然他不识字，但他的龟孙还是比较在行的，经过仔细钻研，一本专著随即出版发行，名为《三朝要典》。

这是一本很有趣的书，在这本书里，讲了三个故事。

第一个故事叫梃击，讲述疯子张差误闯宫廷，被王之寀诱供，以达到东林党不可告人的目的。

第二个故事叫红丸，说的是明光宗体弱多病，服用营养品"红丸"，后因体弱死去，无辜的医生李可灼被诬陷。

第三个故事叫移宫，是最让人气愤的，一群以杨涟为首的东林党人恶霸，趁皇帝死去，闯入宫中，欺负弱小，赶走了善良的寡妇李选侍。

为弘扬正义，澄清事实，特作本书，由于瞎编时间短，作者水平有限，有错漏之处，敬请指正。

从这本书里，我看到了愤怒，很多人的愤怒，浙党、楚党、方从哲，以及所有政治斗争的失败者，还有那个拉住轿子，被杨涟呵斥的小人物李进忠。

为圆满完成对东林党人的总清算，除此书外，魏忠贤还弄出了一份别出心裁的名单——《东林点将录》。

几年前，为了抓住伊拉克的头头们，美军特制了一副扑克牌，把人都印在上面，抓人之余还能打牌，创意备受称赞。

但和几百年前的魏公公比起来，美军就差得太远了，他的敌人们通通按照《水浒传》一百单八将归类编印成册，每个人都有对应外号，读来朗朗上口。而且按牌数算，美军只有一副扑克，只能打"斗地主"，魏公公能做两副，打"拖拉机"。

这份《东林点将录》的内容相当精彩，排第一的托塔天王，是南京户部尚书李三才；第二男主角及时雨宋江，由大学士叶向高扮演。

戏中其余主角，以排名为序，不分姓氏笔画：

玉麒麟卢俊义——吏部尚书赵南星饰演。

入云龙公孙胜——左都御史高攀龙饰演。

智多星吴用——左谕德缪昌期饰演。

鉴于以下一百余人中没有路人甲、宋兵乙之流，全部有名有姓有外号有官职，篇幅太长，故省略。

值得一提的是，在之前斗争中给魏人妖留下深刻印象的杨涟和左光斗，都得到了重要的角色，其中杨涟扮演的是大刀关胜，而左光斗是豹子头林冲。

当然了，创意并不是魏公公首创的，灵感爆发的撰写者是王绍徽，时任吏部尚书。这位王尚书并非等闲之辈，据说他虽然唯命是从、毫无道德、人品低劣，但相当女性化，长相柔美，还特别喜欢给人起外号，所以江湖上的朋友给他也取了个响亮的外号——王媳妇。

王媳妇向来尊重长辈，特别是对魏公公，他知道自己的公公不识字，写得太复杂看不懂，但《水浒传》还是听过的，所以想了这么个招。

魏公公很高兴，因为他终于看到了一本自己能够看懂的书，兴奋之余，他跑去找皇帝，展示这个文化成果。

可是当皇帝拿到这份《东林点将录》的时候，却问出了一个足以让魏公公跳河的问题：

"什么是《水浒传》？"

魏公公热泪盈眶了，他终于遇到了知音：在这世上，要找到一个文化程度比他还低的人，实在是太不容易了。

本着扫除文盲的决心和责任，魏文盲对朱文盲详细解说了《水浒传》的意义和内容。

皇帝满意了，他翻开首页，看到了托塔天王李三才，随即问了第二个让魏公公崩溃的问题：

"谁是托塔天王？"

如此朋友实在难寻，有生以来，魏公公第一次有机会展示自己的学问，他马上将自己听来的托塔天王晁盖的故事和盘托出，从生平、入行当强盗、智取生辰纲、梁山结义等，娓娓道来。

然而，他还没有讲完，皇帝大人就用一声大喝打断了他：

"好！托塔天王，有勇有谋！"

讲坏话竟然讲出这个效果，那一刻，魏忠贤觉得自己的人生非常失败。

他闭上了嘴，收回了这本书，再也没有提过，至于他回去后有没有找王媳妇算账，就不知道了。

除著书立言外，魏公公成为圣贤的另一个标志，是修祠堂。

所谓祠堂，是用来祭奠祖先的，换句话说，供在里面的都是死人，而魏公公是唯一一个供在里面，却又活着的人。

修祠这个事，是浙江巡抚潘汝桢先弄出来的，为表尊重，他把魏公公的祠堂修在西湖边上，住在他旁边的也是位名人——岳飞（岳庙）。

这个由头一出来，就不得了了，全国各地只要有点儿钱的，就修祠堂，据说袁崇焕同志也干过这活。

为显示对魏公公的尊重，祠堂选址还专挑黄金地段，比如凤阳的祠堂，就修在朱元璋祖宗皇陵的旁边。南京的祠堂，竟然修在了朱元璋的坟头，重八兄在天有灵，知道一个死太监竟敢跟自己抢地盘，说不定会把棺材啃穿。

但最猛的还是江西，江西巡抚杨邦宪要修祠堂，唯恐地段不好，竟然把朱圣贤（朱熹）的祠堂给砸了，然后在遗址上重建，以表明不破不立的决心。

书写完了，祠堂修了，魏人妖当圣人的日子不远了，各种妖魔鬼怪就跳出来了。

最能闹腾的，是国子监监生陆万龄，他公然提出，要在国子监里给魏忠贤修祠堂。他还说，当年孔子写了《春秋》，现在魏公公写了《三朝要典》，孔子是圣贤，所以魏公公也应该是圣贤。

无耻的人读过书后，往往会变得更加无耻。

由于这个人的恶心程度超越了人类的极限，搞得跟魏忠贤关系不错的一位国子监司业（副校长）也受不了了，表示无法忍受，辞职走人。

面对如此光辉的荣誉，魏忠贤的内心没有一丝不安，他很高兴，也希望大家都高兴。

但这实在有点儿难，因为他并不是圣贤，而是死太监，是无恶不作、无耻至极的死太监。要想普天同庆，万民敬仰，只能到梦里忽悠自己了。

捧他的人越多，骂他的人也就越多，朝廷不给骂，就在民间骂，传到魏公公耳朵里，魏公公很不高兴。

可是国家这么大，人这么多，背后骂你两句，你又能如何？

魏公公说，我能。

他自信的来源，就是特务。

作为东厂提督太监，魏忠贤对阴人一向很有心得，在他的领导下，东厂特务遍布全国，四下刺探。

比如在江西，有一个人到书店买书，看到《三朝要典》，就拿起来看，觉得不爽，就说了两句。

结果旁边一人突然爆起，跑过来揪住他，说自己是特务，要把他抓走，好在那人地头熟，找朋友说了几句话，又送了点儿钱，总算没出事。

这个故事虽然以悲剧开头，好歹以喜剧结尾。下一个故事既不是悲剧，也不是喜剧，而是恐怖电影。

这个故事是我十多年前读古书时看到的，一直到今天，都没能忘记。

故事发生在一个深夜，四周无人，四个人在密室（或是地下室）交谈，大家兴致很高，边喝边谈，慢慢地，有一个人喝多了。

借酒壮胆，这位胆大的仁兄就开始骂魏忠贤，越骂越起劲儿，然而奇怪的是，旁边的三个人竟然沉默了，一言不发，在密室里，静静地听着他开骂。

突然，门被人踢破了，几个人在夜色中冲了进来，把那位骂人的兄弟抓走，却没有为难那三个旁听者（请注意这句话）。

这意味着，在那天夜里，这几人的门外，有人在耐心地倾听着里面的声音。

他们不但听清了屋内的谈话，还分清了每个发言的人，以及他说话的内容。

这倒没什么，当年朱重八也干过这种事。

但最为可怕的是，这几个人，只是小人物，不是大臣，不是权贵，只是小人物。

深夜里，趴在不知名的小人物家门口，认真仔细地听着每一句话，随时准备破门而入。

周厉王的时候，但凡说他坏话的，都要被干掉，所以人们在路上遇到，只能使个眼色，不敢说话，时人称为暴政。

然而，魏公公说，在家说我坏话，就以为我不知道吗，幼稚。

周厉王实行政策后没几年，百姓渐渐不满，没过几年，他就被赶到山里去了。

魏公公搞了几年，什么事都没有。

严嵩在的时候，严党不可一世，也拿徐阶没办法。张居正在的时候，内有冯保，外有爪牙，依然有言官跟他捣乱。魏公公当政时期，这个世界很清净。

因为他搞定了所有人，包括皇帝在内。

除了皇帝，他可以干掉任何人。

包括皇帝的儿子和老婆。

事实上，他也搞到了皇帝的头上。

对于天启皇帝，魏忠贤是很有好感的，这人文化程度比他还低，干活比他还懒，业务比他还差，如此难得的废柴，到哪里去找？

所以魏忠贤认定，在自己的这块自留地上，只能有这根废柴，任何敢于长出来的野草，都必须被连根铲除。

所谓野草，就是皇帝的儿子。

天启皇帝虽然素质差点儿，但生儿子还是有两把刷子的，到天启六年，他已经先后生了三个儿子。

一个都没有活下来。

天启三年十月，皇后生下一子，早产，夭折。

十余天后，慧妃生下第二子，母子平安，皇帝大喜，大赦天下，九个月后，夭折。

天启五年十月，容妃生子，八个月后，夭折。

我相信，明代皇宫坐月子的水平就算比不上今天，也差不到哪儿去，搞出这么个百分百死亡率，要归功于魏忠贤同志的艰苦努力。

比如第一个皇子，由于是皇后生的，大肚子时直接下手似乎有点儿麻烦，但要等她生下来，估计更麻烦，经过反复思考后，魏忠贤使用了一个独特的方法，除掉这个孩子。

我确信，该方法的专利不属于魏忠贤（多半是客氏），因为只有女人，才能想出如此专业、如此匪夷所思的解决方案。

按某些史料的说法，事情是这样的，皇后腰痛，要找人治，魏公公随即体贴地推荐了一个人帮她按摩。这个人在按摩时使用了一种奇特的手法，伤了胎儿，并直接导致皇后早产，是名副其实的无痛"人"流。

如此杀人不见血之神功，实在让人叹为观止，如果这一招数流传下来，无数药厂、医院估计就要关门大吉了。

这件事情虽然"流"得相当利索，但传得相当快，没过多久，宫廷内外都知道了，以至于杨涟在写那封魏忠贤二十四大罪时，把这条也列了进去。

但皇帝不知道，估计就算知道，也不信。

此后，皇帝大人的两个儿子，虽然平安出生，但几个月后就都去见列祖列宗了。

可惜，关于这两起死亡事件，没有证据显示跟魏公公有关，充其量只是嫌疑犯。问题在于，他是唯一的嫌疑犯，所以只能委屈他，反正他身上的烂账多了去了，也不在乎这一件。

除了皇帝的儿子外，皇帝的老婆也没能保住。

比如裕妃，原本很受皇帝宠信，但由于怀了孕，魏忠贤决定整整她，联合客氏，把她发配到冷宫。

更恶劣的是，他还调走了裕妃身边的宫女，让她单独在宫里进行生存训练，连水都没给，最后终于死于饥渴。

此外，慧妃、容妃，甚至皇后，只要是得皇帝宠幸的、能生儿子的，全部都挨过整。

魏忠贤的努力，最终换来了胜利的成果：登基六年的天启皇帝，虽然竭尽全力，身心健康，依然毫无收获。

魏忠贤的动机很简单，他并不想当皇帝，只是害怕生出了太子，长大后比他爹聪明，不受自己控制，就不好混了。

这个算盘没有打错，毕竟皇帝大人才二十二岁，还有很多时间，先享个十几年的福，再让他生儿子也不迟。

更何况从大臣到太监，一切都在他的控制之中，即使新皇帝即位，也是自己说了算，世间已没有敌人了。

天启六年（1626），情况大抵如此。

但事实上，这两个假设都是错误的，首先，皇帝大人今年确实只有二十二岁，不过历史记载，他临终时，也只有二十三岁。

其次，魏公公是有敌人的，与以往不同的是，这个敌人虽不起眼，却将置他于死地。

我知道，所有的场景，荒唐的、奇异的、不可理解的，都在上天的眼里。六年前，他送来了一个女人，把魏忠贤送上了至高无上的宝座，创造了传奇。

现在，他决定终结这个传奇，把那个当年的无赖打回原形。而承担这个任务的，也是一个女人。

这个女人叫张嫣。

就在六年前，当客氏和魏忠贤打得火热，太监事业蒸蒸日上的时候，十五岁的张嫣进入了皇宫。

作为河南选送的后妃人选，她受到了皇帝的召见。

面试结果十分之好，张嫣年纪很小，却很漂亮，皇帝很喜欢，并记下了她的名字。

而当客氏见到她时，却感受到了一种极度的惊恐。她的直觉告诉她，她所苦心经营的一切，都将毁在这个女孩的手上。

于是她向皇帝哭诉，执意反对，要把这个小女孩送回去。

一贯对她言听计从的皇帝，第一次违背了奶妈的意愿，无论客氏怎样哭天抢地，都置若罔闻。

非但如此，十几天后，他竟然把这个女孩封了皇后，史称懿安皇后。

客氏是个相当精明的人，她认为，这个女孩太过漂亮，会影响她在皇帝心中的地位，但是她错了。

这个女孩不但漂亮，而且精明，她不但抢走了皇帝的宠幸，还将夺走客氏所有的一切。

虽然张皇后才十五岁，但她的心智年龄应该是五十多，自打入宫起，就开始跟客氏干仗，且丝毫无惧，时常还把魏公公拉进宫来骂几句，完全不把魏大人当外人，九千岁恨得咬牙切齿，却也没办法。

到天启三年（1623），张皇后怀孕了，客氏无计可施，让人按摩时做了人工流产。

这件事情让客氏高兴了很久，然而，她想不到的是，短暂的得意换来的，将是永远的毁灭。

在失去孩子的那一天，张皇后就发誓，客氏和魏忠贤将为此付出惨重的代价。

双方矛盾开始激化，仅由一本书开始。

此后不久的一天，皇帝来到了张皇后的寝宫，发现她正在看书，于是发问：

"你在看什么书？"

"《赵高传》。"

皇后这样回答。

皇帝没有说话，他虽然不知道托塔天王，却知道赵高。

很快，魏忠贤就知道了这件事，他十分愤怒，决定反击。

第二天，皇帝在宫里闲逛的时候，意外发现了几个素未谋面的生人，大惊失色，立刻召集侍卫，经过搜查，这些人的身上都带有武器。

此事非同小可，相关嫌疑人立即被送往东厂，进行严密审查。

这是魏忠贤的诡计，他在宫中埋伏士兵，伪装成刺客，故意被皇帝发现，而这些刺客必定会被送到东厂审问。在东厂里，刺客们一定会坦白从宽，说出指使人，想坑谁，就坑谁。

魏忠贤想坑的人，叫作张国纪——张皇后的父亲。

这是一条相当毒辣的计策，泰山也好，岳父也罢，扯上这个罪名，上火星也跑不掉。

然而，就在他准备实施这个计划时，一个人出面阻止了他。

这个人表示，即使死，他也绝不同意这种诬陷行为。

不过这位仁兄并不是什么善人，他就是魏忠贤的忠实走狗，司礼监掌印太监王体乾。

他只用一句话，就说服了魏忠贤：

"皇上凡事都不怎么管，但对兄弟、老婆是很好的，你要是告状，有个三长两短，我们就没命了！"

魏忠贤到底是老江湖，立刻打消主意，为了信息安全，他干掉了那几个被安排扮演刺客的兄弟。

皇后是干不倒了，那就一心一意跟着皇帝混吧。

可是皇帝已经混不下去了。

天启七年（1627）八月，天启皇帝病危。

病危，自然不是勤于政务，估计是做木工太过操劳，也算是倒在了工作岗位上。

魏忠贤很伤心，真的很伤心，他很明白，如果皇帝大人就此挂掉，以后就难办了。

拜自己所赐，皇帝的几个儿子都被干掉了，所以垂帘听政、欺负小孩之类的把戏没法玩了，而唯一的皇位继承者，将是天启皇帝的弟弟。

明光宗虽然只当了一个月皇帝，但生儿子的能力却相当了得，足足有七个。

不过很可惜，七个儿子活到现在的，只剩两个，一个是天启皇帝朱由校。

而另一个，是信王朱由检，当时十七岁，他后来的称呼，叫作崇祯。

对于朱由检，魏忠贤并不了解，但他明白，十七岁的人，如果不是天启这样的极品，要想控制，难度是很大的。

废柴难得，所以当务之急，必须保住皇帝的命。

他随即公告天下，为皇帝寻找名医偏方。兵部尚书霍维华不负众望，仅用了几天，就找到了一个药方。

他说，用此药方，有起死回生之效。

出于好奇，我找到了这个药方。

药名：仙方灵露饮。配方如下：

优良小米少许，加入木筒蒸煮，木筒底部镂空，安放银瓶一个，边煮边加水，煮好的米汁流入银瓶，煮到一定时间，换新米再煮，直到银瓶满了为止。

银瓶中的液体，就是灵露，据说有长寿之功效。

事实证明，灵露确实是有效果的，天启皇帝服用后，感觉很好，连吃几天后，却又不吃了——病情加重，吃不下去了。

其实对此药物，我也有所了解，按以上配方及制作方法，该灵露还有个更为通俗的称呼——米汤。

用米汤去抢救一个生命垂危、即将歇菜的人，这充分反映了魏公公大无畏的人道主义精神。

真是蠢到家了。

皇帝大人喝下了米汤，然后依然头都不回地朝黄泉路上一路狂奔，拉都拉不住。

痛定思痛，魏忠贤决定放弃自己的医学事业，转向专业行当——阴谋。

当皇帝将死未死之时，他找到了第一号心腹崔呈秀，问他：大事可行否？

狡猾透顶的崔呈秀自然知道是什么大事，于是他立刻做出了反应——沉默。

魏忠贤再问，崔呈秀再沉默，直到魏大人生气了，他才发了句话：我怕有人闹事。

直到现在，魏忠贤才明白，自己收进来的，都是些胆小怕死的货，都靠不住，只能靠自己了。

他找到客氏，经过仔细商议，决定从宫外找几个孕妇进宫当宫女，等皇帝走人，就搞个狸猫换太子，说是皇帝的遗腹子，反正宫里的事是他说了算，他说是就是，不是也是。

为万无一失，他还找到了张皇后，托人告诉她：我找好了孕妇，等到那个谁死了，就生下来直接当你的儿子，接着做皇帝，你挂个名就能当太后，不用受累。

这是文明的说法，流氓的讲法自然也有，比如宫里的事我管，你要不听话，皇帝死后怎么样就不好说了。

皇后回答：如听从你的话，必死，不听你的话，也必死，同样是死，还不如不听，死后可以见祖宗在天之灵！

说完，她就跑去找皇帝，报告此事。

按常理，这种事情，只要让皇帝知道了，是必定完蛋的。

然而，当皇后见到奄奄一息的皇帝，对他说出这件事时，皇帝陛下却只说了三个字：我知道。

魏忠贤并不怕皇后打小报告，在发出威胁之前，他就已经找到了皇帝，本着对社稷人民负责的态度，准备给皇后贡献一个儿子，以保证后继有人。

皇帝非常高兴。

这很正常，皇帝大人脑子本不好使，加上病得稀里糊涂，脑袋也就只剩一团糨糊了。

所以魏忠贤相信，自己的目的一定能够实现。

但他终究还是犯了一个错误，和当年东林党人一样的错误：低估女人。

今天的张皇后，就是当年的客氏，且有过之而无不及。

她不但有心眼，而且很有耐心，经过和皇帝长达几个时辰的长谈，她终于让这个人相信，传位给弟弟，才是最好的选择。

很快，住在信王府里的朱由检得到消息：皇帝要召见他。

在当时的朝廷里，朱由检这个名字的意义，就是没有意义。

朱由检，生于万历三十八年（1611），自打出生以来，一直悄无声息，和什么挺击、红丸、移宫、三党、东林党、六君子，通通没有关系。

他一直很低调，从不发表意见，当然，也没人征求他的意见。

但他是个明白人，至少他明白，此时此刻召他觐见，是个什么意思。

就快断气的皇帝哥哥没有丝毫客套，一见面就拉住了弟弟的手，说了这样一句话：

"来，吾弟当为尧舜。"

尧舜是什么人，大家应该知道。

朱由检惊呆了，像这种事，多少要开个会，大家探讨探讨，现在一点儿思想准备都没有，突然收这么大份礼，怎么好意思呢？

而且他一贯知道，自己的这位哥哥比较迟钝，没准儿是魏忠贤设的圈套，所以，他随即做出了答复：

"臣死罪！"

意思是：我不敢答应。

这一天，是天启七年（1627）八月十一日。

皇帝已经撑不了多久，他决心把自己的皇位传给眼前的这个人，但这一切，眼前的人并不知道，只知道，这可能是个圈套，非常危险，绝不能答应。

两个人陷入了沉默。

在这关键时刻，一个人从屏风后面站了出来，打破了僵局，并粉碎了魏忠贤的梦想。

张皇后对跪在地上的朱由检说，事情紧急，不可推辞。

朱由检顿时明白，这件事情是靠谱的，他马上答应了。

八月二十二日，足足玩了七年的木匠朱由校驾崩，年二十三。

就在那一天，得知噩耗的魏忠贤没有发丧，他立即封锁了消息。

第三章

疑惑

朗显，在彻底控制政现下一个继任者，但到了匆匆闯进宫的英国公张维迎……

"皇上驾崩了。"

"你不知道？"

"皇后。"魏忠贤确信，女人是不能得罪的。

皇帝刚刚驾崩，皇后就发布了遗诏，召集英国公张维迎入宫。在朝廷里，唯一不怕魏忠贤的，也只有张维迎了。这位仁兄是世袭公爵，

魏忠贤的意图很明显，在彻底控制政局前，绝不能出现下一个继任者。

但就在那天，他见到了匆匆闯进宫的英国公张维迎：

"你进宫干什么？"

"皇上驾崩了，你不知道？"

"谁告诉你的？"

"皇后。"

魏忠贤确信，女人是不能得罪的。

皇帝刚刚驾崩，皇后就发布了遗诏，召集英国公张维迎入宫。

在朝廷里，唯一不怕魏忠贤的，也只有张维迎了。这位仁兄是世袭公爵，无数人来了又走了，他还在那里。

张维迎接到的第一个使命，就是迎接信王即位。

事已至此，魏忠贤明白，没法再海选了，十七岁的朱由检，好歹就是他了。

他随即见风使舵，派出亲信太监前去迎接。

朱由检终于进宫了，战战兢兢地进来了。

按照以往程序，要先读遗诏，然后是劝进三次。

所谓劝进，就是如果继任者不愿意当皇帝，必须劝他当。

之所以劝进三次，是因为继任者必须不愿当皇帝，必须劝三次，才当。

虽然这种礼仪相当无聊，但上千年流传下来，也就图个乐吧。

和无数先辈一样，朱由检苦苦推辞了三次，才勉为其难地答应做皇帝。

接受了群臣的朝拜后，张皇后走到他的面前，在他的耳边，对他说出了诚挚的话语：

"不要吃宫里的东西（勿食宫中食）！"

这就是新皇帝上任后，听到的第一句祝词。

他会意地点了点头。

事实上，张皇后有点儿杞人忧天，因为皇帝大人早有准备：他是有备而来的，照某些史料的说法，他登基的时候，随身带着干粮（大饼），就藏在袖子里。

天启七年（1627）八月二十四日，朱由检举行登基大典，正式即位。

在登基前，他收到了一份文书，上面有四个拟好的年号，供他选择。

明代每个皇帝，只有一个年号，就好比开店，得取个好名字，才好往下干，所以选择时，必须谦虚谨慎。

第一个年号是兴福，朱由检说不好。第二个是咸嘉，朱由检也说不好。第三个是乾圣，朱由检还说不好。

最后一个是崇祯。

朱由检说，就这个吧。

自1368年第一任老板朱元璋开店以来，明朝这家公司已经开了二百五十九年，换过十几个店名，而崇祯，将是它最后的名字。

和以往许多皇帝一样，入宫后的第一个夜晚，崇祯没有睡着，他点着蜡烛，坐了整整一夜，不是因为兴奋，而是恐惧，极度地恐惧。

因为他很清楚，在这座宫里，所有的人都是魏忠贤的爪牙，他随时都可能被人干掉。

每个经过他身边的人，都可能是谋杀者，他不认识任何人，也不了解任何人，在空旷而阴森的宫殿里，没有任何地方是安全的。

于是那天夜里，他坐在烛火旁，想出了一个办法，度过这惊险的一夜。

他拦住了一个经过的太监，说：

"你等一等。"

太监停住了，崇祯顺手取走了对方腰间的剑，说道：

"好剑，让我看看。"

但他并没有看，而是直接放在了桌上，并当即宣布，奖赏这名太监。

太监很高兴，也很纳闷儿，然后，他听到了一个让他更纳闷儿的命令：

"召集所有的侍卫和太监，到这里来！"

当所有人来到宫中的时候，他们看到了丰盛的酒菜，并被告知，为犒劳他们的辛苦，今天晚上就待在这里，皇帝请吃饭。

人多的地方总是安全的。

第一天度过了，然后是第二天、第三天，崇祯静静地等待着，他知道，魏忠贤绝不会放过他。

但事实上，魏忠贤并不想杀掉崇祯，只想控制这个人。

而要控制他，就必须掌握他的弱点。所谓不怕你清正廉洁，就怕你没有爱好，魏忠贤相信，崇祯是人，只要是人，就有弱点。

几天后，他给皇帝送上了一份厚礼。

这份礼物是四个女人，确切地说，是四个漂亮的女人。

男人的弱点，往往是女人，这就是魏忠贤的心得。

这个理论是比较准确的，但对皇帝，就要打折扣了，毕竟皇帝大人君临天下，要什么女人都行，送给他还未必肯要。

对此，魏忠贤相当熟谙，所以他在送进女人的同时，还附送了副产品——迷魂香。

所谓迷魂香，是香料的一种，据说男人接触迷魂香后，会性欲大增，看老母牛都是双眼皮，就此而言，魏公公是很体贴消费者的，管送还管销。

但他万万想不到，这套近乎完美的营销策略，却毫无市场效果，据内线报告，崇祯压根儿就没动过那几个女人。

因为四名女子入宫的那一天，崇祯对她们进行了仔细的搜查，找到了那颗隐藏在腰带里的药丸。

在许多的史书中，崇祯皇帝应该是这么个形象：很勤奋，很努力，就是人比较傻，死干死干往死里干，干死也白干。

这是一种为达到不可告人的目的，用心险恶的说法。

真正的崇祯，是这样的人：敏感、镇定、冷静、聪明绝顶。

其实魏忠贤对崇祯的印象很好，天启执政时，崇祯对他就很客气，见面就喊"厂公"（东厂），称兄道弟，相当激动。魏忠贤觉得，这个人相当够意思。

经过长期观察，魏忠贤发现，崇祯是个不拘小节的人，衣冠不整，不见人，不拉帮结派，完全搞不清状况。

这样的一个人，似乎没什么可担心的。

然而，魏忠贤并不这样看。

几十年混社会的经验告诉他，越是低调的敌人，就越危险。

为证实自己的猜想，他决定使用一个方法。

天启七年（1627）九月初一，魏忠贤突然上疏，提出自己年老体弱，希望辞去东厂总督太监的职务，回家养老。

皇帝已死，靠山没了，主动辞职，这样的机会，真正的敌人是不会放过的。

就在当天，他得到了回复。

崇祯亲自召见了他，并告诉了他一个秘密。

崇祯对魏忠贤说，天启皇帝在临死前，曾对自己交代遗言：

要想江山稳固，长治久安，必须信任两个人，一个是张皇后，另一个，就是魏忠贤。

崇祯说，这句话，他从来不曾忘记，所以，魏公公的辞呈，他绝不接受。

魏忠贤非常感动，他没有想到，崇祯竟然如此坦诚、如此和善、如此靠谱。

就在那天，魏忠贤打消了图谋不轨的念头，既然这是一个听招呼的人，就没有必要撕破脸。

崇祯没有撒谎，天启确实对他说过那句话，他也确实没有忘记，只是每当他想起这句话时，都禁不住冷笑。

天启认为，崇祯是他的弟弟，一个听话的弟弟；而崇祯认为，天启是他的哥哥，一个白痴的哥哥。

虽然比天启小六岁，但从个性到智商，崇祯都要高出一截，魏忠贤是什么东西，他是很清楚的。

而他对魏公公的情感，也是很明确的——干掉这个死人妖，把他千刀万剐、掘坟刨尸！

每当看到这个不知羞耻的太监耀武扬威、鱼肉天下的时候，他就会产生极度的厌恶感，没有治国的能力，没有艰辛的努力，却占据了权位，以及无上的荣耀。

一切应该恢复正常了。

他不过是皇帝的一条狗，有皇帝罩着，谁也动不了他。

现在皇帝换人了，没人再管这条狗，却依然动不了他。

因为这条狗，已经变成了狼。

崇祯很精明，他知道眼前的这个敌人有多么强大。

除自己外，他搞定了朝廷里所有的人，从大臣到侍卫，都是他的爪牙。身边没有盟友，没有亲信，没有人可以信任，自己将独自面对狼群。

如果贸然动手，被撕成碎片的，只有自己。

所以要对付这个人，必须有点儿耐心，不用着急，游戏才刚刚开始。

目标，最合适的对象

魏忠贤开始相信，崇祯是他的新朋友。

于是，天启七年（1627）九月初三，另一个人提出了辞呈。

这个人是魏忠贤的老搭档客氏。

她不能不辞职，因为她的工作是奶妈。

这份工作相当辛苦，从万历年间开始，历经三朝，从天启出生一直到结婚、生子，她都是奶妈。

现在喂奶的对象死了，想当奶妈也没辙了。

当然，她不想走，但做做样子总是要的，更何况魏妍头已经探过路了，崇祯是不会同意辞职的。

一天后，她得到了答复——同意。

这一招彻底打乱了魏忠贤的神经：既然不同意我辞职，为什么同意客氏呢？

崇祯的理由很无辜，她是先皇的奶妈，现在先皇死了，我也用不着，应该回去了吧，其实我也不好意思，前任刚死就去赶人，但这是她提出来的，我也没办法啊。

于是在宫里混了二十多年的客大妈终于走到了终点，她穿着丧服离开了皇宫，走的时候还烧掉了一些东西：包括天启皇帝小时候的胎发、手脚指甲等，以示留念。

魏忠贤身边最得力的助手走了，这引起了他极大的恐慌，他开始怀疑，崇祯是一只披着羊皮的狼，正逐渐将自己推入深渊。

还不晚，现在还有反击的机会。

但皇帝毕竟是皇帝，能不翻脸就不要翻脸，所以动手之前，必须证实这个判断。

第二天（九月初四），司礼监掌印太监王体乾提出辞职。

这是一道精心设计的题目。

客氏被赶走，还可能是误会，毕竟她没有理由留下来，又是自己提出来的。而王体乾是魏忠贤的死党，对于这点，魏忠贤知道，崇祯也知道。换句话说，如果崇祯同意，魏忠贤将彻底了解对方的真实意图。

那时，他将毫不犹豫地采取行动。

一天后，他得到了回复——拒绝。

崇祯当即婉拒了王体乾的辞职申请，表示朝廷重臣，不能够随意退休。

魏忠贤终于再次放心了，很明显，皇帝并不打算动手。

这一天是天启七年（1627）九月初七。

两个月后，是十一月初七，地点，北直隶河间府阜城县。

那天深夜，在那间阴森的小屋里，魏忠贤独自躺在床上，在寒风中回想着过去，是的，致命的错误，就是这个判断。

王体乾没有退休，事实上，这对王太监而言，并非一件好事。

而刚舒坦下来的魏公公却惊奇地发现，事情的发展变得越发扑朔迷离。九月十五日，皇帝突然下发旨意奖赏太监，而这些太监，大都是阉党成员。

他还没来得及高兴，就在第二天，又传来了一个惊人的消息，都察院右副都御史杨所修上疏弹劾。

杨所修弹劾的并不是魏忠贤，而是四个人，分别是兵部尚书崔呈秀、太仆寺少卿陈殷、延绥巡抚朱童蒙、工部尚书李养德。

这四个人的共同点是，都是阉党，都是骨干，都很无耻。

虽然四个人贪污受贿、无恶不作，把柄满街都是，杨所修却分毫没有提及，事实上，他弹劾的理由相当特别——不孝。

经杨所修考证，这四个人的父母都去世了，但都未回家守孝，全部"夺情"了，不合孝道。

这是一个很合理的理由，当年的张居正就被这件事搞得半死不活，拿出来整这四号小鱼小虾，很有意思。

魏忠贤感到了前所未有的恐惧，因为这四个人都是他的心腹，特别是崔呈秀，是他的头号死党，很明显，矛头是对着他来的。

让人难以理解的是，自从杨涟、左光斗死后，朝廷就没人敢骂阉党，杨所修跟自己并无过节，现在突然跳出来，必定有人主使。

而敢于主使者，只有一个人选——皇帝。

然而，接下来的事情，却让魏忠贤陷入了更深的疑惑，一天后，皇帝做出了批复，痛斥杨所修，说他是"率性轻诋"，意思是随便乱骂人。

经过仔细观察，魏忠贤发现，杨所修上疏很可能并非皇帝指使，而从皇帝的表现来看，似乎事前也不知道，总之，这只是个偶发事件。

但当事人还是比较机灵的，弹劾当天，崔呈秀等人就提出了辞职，表示自己确实违反规定。崇祯安慰一番后，同意几人回家，但出人意料的是，他坚决留下了一个人——崔呈秀。

事情解决了，几天后，另一个人却让这件事变得更为诡异。

九月二十四日，国子监副校长朱三俊突然发难，弹劾自己的学生、国子监监生陆万龄。

这位陆万龄，之前介绍过，是国子监的知名人物，什么在国子监里建生祠、魏忠贤应该与孔子并列之类的屁话，都是他说的，连副校长都被他气走了。

被弹劾并不是怪事，奇怪的是，弹劾刚送上去，就批了，皇帝命令，立即逮捕审问。

魏忠贤得到消息后极为惊恐，毕竟陆万龄是他的粉丝，但他到底是老江湖，当即进宫，对皇帝表示，陆万龄是个败类，应该依法处理。

皇帝对魏忠贤的态度非常满意，夸奖了他两句，表示此事到此为止。

处理完此事后，魏忠贤拖着一身的疲惫回到了家，但他并不知道，这只是个开头。

第二天（九月二十五日），他又得知了另一个消息———一个好消息。

他的铁杆、江西巡抚杨邦宪向皇帝上疏，夸奖魏忠贤，并且殷切期望，能为魏公公再修座祠堂。

魏忠贤都快崩溃了，这是什么时候，老子都快完蛋了，这帮孙子还在拍马屁，他立即向皇帝上疏，说修生祠是不对的，自己是反对的，希望一律停止。

皇帝的态度出乎意料，崇祯表示，如果没修的，就不修了，但已经批准的，不修也不好，还是接着修吧，没事。

魏忠贤并不幼稚，他很清楚，这不过是皇帝的权宜之计，故作姿态而已。

但接下来皇帝的一系列行动，却让他开始怀疑自己的看法。

几天后，崇祯下令，赐给魏忠贤的侄子魏良卿免死铁券。

免死铁券这件东西，之前我是介绍过的，用法很简单，不管犯了多大的罪，通通地免死，但有一点我忘了讲，有一种罪状，这张铁券是不能免的——谋逆。

没等魏忠贤上门感谢，崇祯又下令了，从九月底一直下令到十月初，半个多月里，封赏了无数人，不是升官，就是封荫职（给儿子的），受赏者全部都是阉党，从魏忠贤到崔呈秀，连已经死掉的老阉党魏广微都没放过，人死了就追认，升到太师职务才罢手。

魏忠贤终于放弃了最后的警惕，他确信，崇祯是一个好人。

经过一个多月的考察，魏忠贤判定，崇祯不喜欢自己，也无法控制，但作为一个成熟的政治家，只要自己老老实实不碍事、不挡路，崇祯没必要跟自己玩命。

这个推理比较合理，却不正确，如魏忠贤之前所料，崇祯是有弱点的，他确实有一样十分渴求的东西，不是女人，而是权力。

要获得至高无上的权力，成为君临天下的皇帝，必须除掉魏忠贤。

青蛙遇到热水，会很快地跳出去，所以煮熟它的最好方法，是用温水。

杨所修的弹劾，以及国子监副校长的弹劾，并不是他安排的，在他的剧本里，只有封赏、安慰，和时有时无的压力。他的目的是制造迷雾，彻底混乱敌人的神经。

经过一个多月的你来我往，紧张局势终于缓和下来，至少看上去如此。

在这片寂静中，崇祯准备着进攻。

几天后，寂静被打破了，打破它的人不是崇祯。

史科都给事中陈尔翼突然上疏，大骂杨所修，公然为崔呈秀辩护，而且还上纲上线，说这是东林余党干的，希望皇帝严查。

和杨所修的那封上疏一样，此时上疏者，必定有幕后黑手的指使。

和上次一样，敢于主使者，只有一个人选——魏忠贤。

也和上次一样，真正的主使者，并不是魏忠贤。

杨所修上疏攻击的时候，崇祯很惊讶，陈尔翼上疏反击的时候，魏忠贤也很惊讶，因为他事先并不知道。

作为一个政治新手，崇祯表现出了极强的政治天赋，几十年的老江湖魏公公被他耍得团团转，但崇祯并不知道，在这场游戏中，被耍的人，还包括他自己。

看上去事情是这样的：杨所修在崇祯的指使下，借攻击崔呈秀来弹劾魏忠贤，而陈尔翼受魏忠贤的指派，为崔呈秀辩护发动反击。

然而，事情的真相，远比想象中复杂得多：

杨所修和陈尔翼上疏开战，确实是有幕后黑手的，但既不是魏忠贤，也不是崇祯。

杨所修的指使者，叫陈尔翼，而陈尔翼的指使者，叫杨所修。

如果你不明白，我们可以从头解释一下这个复杂的圈套：

诡计是这样开始的，有一天，右副都御史杨所修经过对时局的分析，做出了一个肯定的判断：崇祯必定会除掉阉党。

看透了崇祯的伪装后，他决定早做打算。顺便说一句，他并不是东林党，而是阉党，但并非骨干。

为及早解脱自己，他找到了当年的同事，吏科都给事中陈尔翼。

两人商议的结果是，由杨所修出面，弹劾崔呈秀。

这是条极端狡诈的计谋，是人类智商极致的体现：

弹劾崔呈秀，可以给崇祯留下一个深刻的印象，认定自己不是阉党，即使将来秋后算账，也绝轮不到自己头上。

但既然认定崇祯要除掉阉党，要提前立功，为什么不干脆弹劾魏忠贤呢？

原因很简单，如果崇祯未必能干得过魏忠贤，到时回头清算，自己也跑不了，而且魏忠贤毕竟是阉党首领，如果首领倒掉，就会全部清盘，彻查阉党，必定会搞到自己头上。

崔呈秀是阉党的重要人物，攻击他，可以赢得崇祯的信任，也不会得罪魏忠贤，还能把阉党以往的所有黑锅都让他背上。精彩，真精彩。

为了大家，崔先生，你就背了吧。

这个近乎完美的计划，几乎得到了一个近乎完美的结局。

几乎得到，就是没有得到。

因为计划的进行过程中，出现了纰漏：他们忽略了一个人——崔呈秀。

杨所修、陈尔翼千算万算，却算漏了崔呈秀本人，能成为阉党的头号人物，崔大人绝非善类，这把戏能骗过魏忠贤，却骗不了崔呈秀。

弹劾发生的当天，他就看穿了这个诡计，他意识到，大祸即将临头。

但他只用了几天时间，就十分从容地解决了这个问题。

他派人找到了杨所修，大骂了对方一顿，最后说，如果你不尽快了结此事，就派人查你。

大家同坐一条船，谁的屁股都不干净，敢玩阴的，大家就一起完蛋！

这句话相当有效，杨所修当即表示，愿意再次上疏，为崔呈秀辩解。

问题是，他已经骂过了，再上疏辩护，实在有点儿婊子的感觉，所以，这个当婊子的任务，就交给了陈尔翼。

问题是，原先把崔呈秀推出来，就是让他背锅的，现在把他拉出来，就必须填个人进去，杨所修不行，魏忠贤不行，崇祯更不行，实在很难办。

但陈尔翼不愧是老牌给事中，活人找不到，找到了死人。

他把所有的责任，都推到了所谓"东林余孽"的身上，如此一来，杨所修是无知的，崔呈秀是无辜的，世界又和平了。

倒腾来，又倒腾去，崔呈秀没错，杨所修没错，陈尔翼当然也没错，所有的错误，都是东林党搞的，就这样，球踢到了崇祯的身上。

但最有水平的，还是崇祯，面对陈尔翼的奏疏，他只说了几句话，就把球踢到天上：

"大臣之间的问题，先帝（指天启）已经搞清楚了，我刚上台（朕初御极），这些事情不太清楚，也不打算深究，你们不许多事！"

结果非常圆满，崔呈秀同志洗清了嫌疑，杨所修和陈尔翼虽说没有收获，也没有损失，完美落幕。

但事情的发展，却出现了意想不到的变化。

天启七年（1627）十月十三日，云南道御史杨维垣上疏，弹劾崔呈秀贪权弄私，十恶不赦！

在这封文书中，杨维垣表现出极强的正义感，他愤怒地质问阉党，谴责了崔呈秀的恶行。

杨维垣是阉党。

说起来大家的智商都不低，杨所修的创意不但属于他，也属于无数无耻的阉党同人，反正干了也没损失，不干白不干，白干谁不干？

形势非常明显，崔呈秀已经成为众矢之的，对于立志搞掉阉党的崇祯而言，这是最好的机会。

但崇祯没有动手。崇祯不但没有动手，还骂了杨维垣，说他轻率发言。

事实上，他确实不打算动手，虽然他明知现在解决崔呈秀，不但轻而易举，还能有效打击阉党，但他就是不动手。

因为他的直觉告诉他，在杨维垣的这封奏疏背后，隐藏着不可告人的秘密。

很快，他的直觉得到了证实。

几天后，杨维垣再次上疏，弹劾崔呈秀。

这是一个怪异的举动，皇帝都发了话，依然豁出去硬干，行动极其反常。

而反常的原因，就在他的奏疏里。

在这封奏疏里，他不但攻击崔呈秀，还捧了一个人——魏忠贤。

照他的说法，长期以来，崔呈秀没给魏忠贤帮忙，净添乱，是不折不扣的罪魁祸首。

崇祯的判断很正确，在杨维垣的背后，是魏忠贤的身影。

从杨所修的事情中，魏忠贤得到了启示：全身而退绝无可能，要想平安过关，必须给崇祯一个交代。

所以他指使杨维垣上疏，把责任推给崔呈秀，虽然一直以来，崔呈秀帮了很多忙，还是他的干儿子。

没办法，关键时刻，老子自己都保不住，儿子你就算了吧。

但崇祯是不会上当的，在这场残酷的斗争中，目标只有一个，不需要俘虏，也不接受投降。

第四章

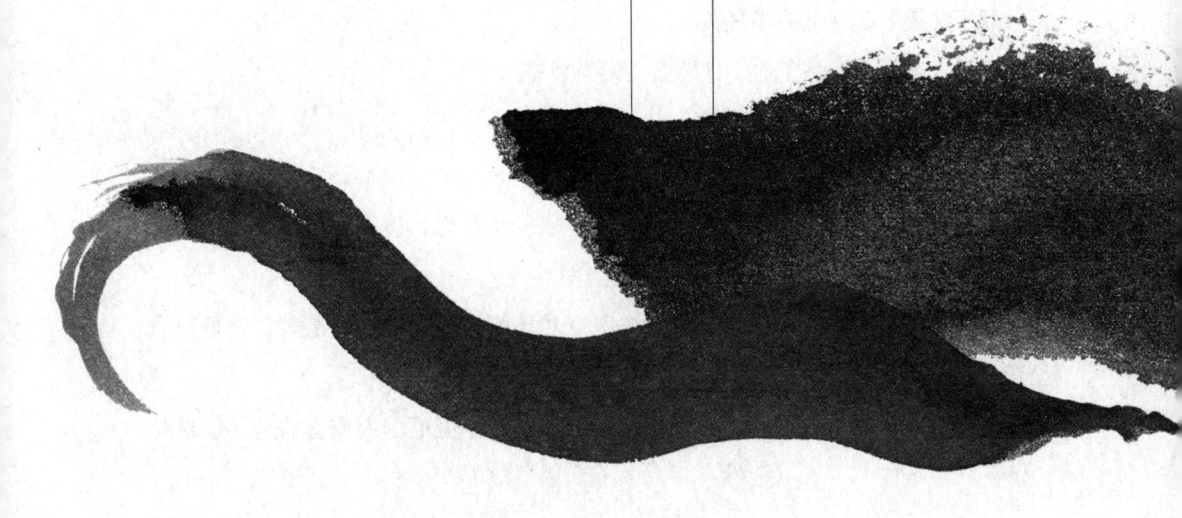

夜半歌声

的玩会[?]来了日，崇祯[?]秀，
因为他知道这个叫陶澄源的人并不
是陶党分子。此人职位很小，但名气
很大，具体表现为东林党当政，不理
东林党；陶党上台，不理陶党，是公
认的浑不吝，软硬都不吃，他老人家
动手，就是真要玩命了，接下来的是
例行程序，崇祯照例批评，崔呈秀照

真正的机会到来了。

十月二十二日,工部主事陆澄源上疏,弹劾崔呈秀,以及魏忠贤。

崇祯决定,开始行动。

因为他知道,这个叫陆澄源的人并不是阉党分子。此人职位很小,但名气很大,具体表现为东林党当政,不理东林党;阉党上台,不理阉党,是公认的浑不吝,软硬都不吃,他老人家动手,就是真要玩命了。

接下来的是例行程序,崇祯照例批评,崔呈秀照例提出辞职。

但这一次,崇祯批了,勒令崔呈秀立即滚蛋回家。

崔呈秀哭了,这下终于完蛋了。

魏忠贤笑了,这下终于过关了。

丢了个儿子,保住了命,这笔交易相当划算。

但很快,他就知道自己错了。

十月二十四日,兵部主事钱元悫上疏,痛斥崔呈秀,说崔呈秀竟然还能在朝廷里混这么久,就是因为魏忠贤。

然后他又开始痛斥魏忠贤,说魏忠贤竟然还能在朝廷里混这么久,就是因为皇帝。

不知钱主事是否过于激动,竟然还捎上了皇帝。但更令人惊讶的是,这封奏疏送上去的时候，皇帝竟然全无反应。

十月二十五日，刑部员外郎史躬盛上疏，再次弹劾魏忠贤。在这封奏疏里，他痛责魏忠贤，为表达自己的愤怒，还用上了排比句。

魏忠贤终于明白，自己上当了，然而为时已晚。

说到底，还是读书太少，魏文盲并不清楚，朝廷斗争从来只有单项选择，不是你死，就是我活。

天启皇帝死的那天，他的人生就只剩下一个选择——谋逆。

他曾胜券在握，只要趁崇祯立足未稳，及早动手，一切将尽在掌握之中。

然而，那个和善、亲切的崇祯告诉他，自己将继承兄长的遗愿，重用他、信任他，太阳照常升起。

于是他相信了。

所以他完蛋了。

现在反击已不可能，从他抛弃崔呈秀的那一刻开始，他就失去了所有的威信，一个不够意思的领导，绝不会有够意思的员工。

阉党就此土崩瓦解，他的党羽纷纷辞职，干儿子、干孙子跟他划清界限，机灵点儿的都在家写奏疏，反省自己，痛骂魏公公，告别过去，迎接美好的明天。

面对铺天盖地而来的狂风暴雨，魏忠贤决定，使出自己的最后一招。

当年他就用过这一招，效果很好。

这招的名字，叫作"哭"。

在崇祯面前，魏忠贤号啕大哭，失声痛哭，哭得死去活来。

崇祯开始还安慰几句，等魏公公哭到悲凉处，只是不断叹气。

眼见哭入佳境，效果明显，魏公公收起眼泪，撤了。

哭，特别是无中生有的哭，是一项历史悠久的高难度技术，当年严嵩就凭这一招，哭倒了夏言，最后将其办了。他也曾凭这一招，扭转了局势，干掉了杨涟。

魏公公相信，凭借自己声情并茂的表演，一定能够感动崇祯。

崇祯确实很感动。

他没有想到，一个人竟然可以恶心到这个程度，都六十岁的人了，毫无廉耻，眼泪鼻涕说下就下，不要脸，真不要脸。

到现在，朝廷内外，就算是扫地的老头，都知道崇祯要动手了。

但他就不动手，他还在等一样东西。

其实朝廷斗争，就是街头打架斗殴，但斗争的手段和程序比较特别，拿砖头硬干是不行的，手持西瓜刀杀入敌阵也是不行的，必须遵守其自身规律，在开打之前，要先放风声，讲明老子是哪帮哪派，要修理谁，能争取的争取，不能争取的死磕，才能动手。

崇祯放出了风声，他在等待群臣的响应。

可是群臣不响应。

截至十月底，敢公开上疏弹劾魏忠贤的人只有两三个，这一事实说明，经过魏公公几年来的言传身教，大多数的人已经没种了。

没办法，这年头混饭吃不易，等形势明朗点儿，我们一定出来落井下石。

然而，崇祯终究等来了一个有种的人。

十月二十五日，一位国子监的学生对他的同学，说了这样一句话：

"虎狼在前，朝廷竟然无人敢于反抗！我虽一介平民，愿与之决死，虽死无憾！"

第二天，国子监监生钱嘉徵上疏弹劾魏忠贤十大罪。

钱嘉徵虽然只是学生，但文笔相当不错，内容极狠，态度极硬，把魏忠贤骂得狗血淋头，引起极大反响。

魏忠贤得到消息，十分惊慌，立即进宫面见崇祯。

遗憾，他没有玩出新意，还是老一套，进去就哭，哭得痛不欲生，感觉差不多了，就收了神功，准备回家。

就在此时，崇祯叫住了他：

"等一等。"

他找来一个太监，交给太监一份文书，说：

"读。"

就这样，魏忠贤亲耳听到了这封要命的文书，每一个字都清清楚楚。

他痛苦地抬起头，却只看到了一双冷酷的眼睛和嘲弄的眼神。

那一刻，他的威望、自信，以及抵抗的决心，终于彻底崩溃。

精神近乎失常的魏忠贤离开了宫殿，但他没有回家，而是去了另一个地方，在那里，还有一个人，能挽救所有的一切。

魏忠贤去找的人，叫作徐应元。

徐应元的身份，是太监，不同的是，十几年前，他就是崇祯的太监。事到如今，只能求他了。

徐应元是很够意思的，他客气地接待了魏忠贤，并给魏忠贤指出了一条明路：立即辞职，退休回家，可以保全身家性命。

魏忠贤思前想后，认了。

立即回家，找人写辞职信，当然，临走前，他没有忘记感谢徐应元对他的帮助。

徐应元之所以帮助魏忠贤，是想让他死得更快。

和魏忠贤一样，大多数太监的习惯是见风使舵、落井下石。

一直以来，崇祯都希望，魏忠贤能自动走人（真心实意），毕竟阉党根基太深，这样最省事。

在徐应元的帮助下，第二天，魏忠贤提出辞职了，这次他很真诚。

同日，崇祯批准了魏忠贤的辞呈，一代巨监就此落马。

落马的那天，魏忠贤很高兴。因为他认为，自己已经放弃了争权，无论如何，崇祯都不会也没有必要赶尽杀绝。

一年前，东林党人也是这样认为的。

应该说，魏忠贤的生活是很不错的，混了这么多年，有钱有房有车，啥都不缺了。特别是他家的房子，就在现在北京的东厂胡同，二环里，黄金地段，交通便利。我常去附近的社科院近代史所开会，曾去看过。园林假山、深宅大院，上千平方米，相当气派，但据说这只是当年他家的一个角落，最多也就六分之一。

河北肃宁的一个小流氓，混到这个份儿上，也就差不多了，好歹有个留京指标。

但这个指标的有效期，也就只有三天了。

天启七年（1627）十一月一日，崇祯下令，魏忠贤劳苦功高，另有重用——即日出发，去凤阳看坟。

得到消息的魏忠贤非常沮丧，但他不知道，崇祯也很沮丧。

崇祯是想干掉魏忠贤的，但无论如何，魏公公总算是三朝老监，前任刚死两个月，就干掉他实在不好意思。

但接下来发生的事情，却改变了他的决定。

当他宣布赶走魏忠贤的时候，有一个人站了出来，反对他的决定，而这个人，是他做梦都想不到的。

或许是收了钱，或许是说了情，反正徐应元是站出来了，公然为魏忠贤辩护，希望皇帝给他个面子。

面对这个伺候了自己十几年，一向忠心耿耿的老太监，崇祯毫不犹豫地做出了抉择：

"奴才！敢与奸臣相通，打一百棍，发南京！"

太监不是人啊。

顺便说一句，在明代，奴才是朝廷大多数太监的专用蔑呼，而在清代，奴才是朝廷大多数人的尊称（关系不好还不能叫，只能称臣，所谓做奴才而不可得）。

这件事情让崇祯意识到，魏忠贤是不会消停的。

而下一件事使他明白，魏忠贤是非杀不可的。

确定无法挽回，魏公公准备上路了，足足准备了三天。

在这三天里，他只干了一件事——打包。

既然荣华于我如浮云，那就只要富贵吧。

但这是一项相当艰苦的工作，几百个仆人干了三天，清出四十大车，然后光荣上路，前呼后拥，随行的，还有一千名隶属于他本人的骑兵护卫。

就算是轻度弱智的白痴，都知道现在是个什么状况，大难当头，竟然如此嚣张，真是活腻了。

魏忠贤没有活腻，他活不到九千九百岁，一百岁还是要追求的。

事实上，这个大张旗鼓的阵势，是他最后的诡计。

这个诡计的来由是历史。

历史告诉我们，战国的时候，秦军大将王翦出兵时，一边行军一边给秦王打报告，要官要钱，贪得无厌。有人问他，他说，我军权在手，只有这样，才能让秦王放心。

此后，这一招被包括萧何在内的广大仁人志士（识相点儿的）使用。魏忠贤用这招，说明他虽不识字，却还是懂得历史的。

可惜，是略懂。

魏公公的用意是，自己已经无权无势，只求回家过几天舒坦日子，这么大排场，只是想告诉崇祯老爷，俺不争了，打算好好过日子。

然而，他犯了一个错误——没学过历史唯物主义。

所谓历史唯物主义的要点，就是所有的历史事件，都要根据当时的历史环境来考虑。

王翦的招数能够奏效，是因为他手中有权，换句话说，他的行为，实际上是跟秦王签合同，我只要钱要官，帮你打江山，绝不动你的权。

此时的魏忠贤，已经无权无官，凭什么签合同？

所以崇祯很愤怒，崇祯要把魏忠贤余下的都拿走，他的钱，还有他的命。

魏忠贤倒没有这个觉悟，他依然得意扬扬地出发了。

但聪明人还是有的，比如他的心腹太监李永贞，就曾对他说，低调，低调点儿好。

魏忠贤回答：

"若要杀我，何须今日？"

今日之前，还无须杀你。

魏忠贤出发后的第三天，崇祯传令兵部，发出了逮捕令。

这一天是十一月六日，魏忠贤所在的地点，是直隶河间府阜城县。

护卫簇拥的魏公公终于明白了自己的处境，几天来，他在京城的内线不断向他传递着好消息：他的亲信，包括五虎、五彪纷纷落马，老朋友王体乾退了，连费尽心思拉下水的徐应元也被发配去守陵，翻身已无指望。

就在他情绪最为低落的时候，京城的快马又告诉他一个最新的消息：皇帝已经派人追上来了。

威严的九千九百岁大人当场就晕了过去。

追上来，然后呢？逮捕，入狱，定罪，斩首？还是挨剐？

天色已晚，无论如何，先找个地方住吧，活过今天再说。

魏忠贤进入了眼前的这座小县城：他人生中的最后一站。

阜城县是个很小的县城，上千人一拥而入，挤满了所有的客店，当然，魏忠贤住的客店，是其中最好的。

为保证九千岁的人有地方住，许多住店的客人都被赶了出去，虽然天气很冷，但这无关紧要，毕竟他们都是无关紧要的人。在这些人中，有个姓白的书生，来自京城。

所谓最好的客店，也不过是几间破屋而已，屋内没有辉煌的灯光，十一月的天气非常地冷，无情的北风穿透房屋，发出凄冷的呼啸声。

在黑暗和寒冷中，伟大的、无与伦比的、不可一世的九千九百岁蜷缩在那张简陋的床上，回忆着过往的一切。

隆庆年间出生的无业游民，文盲，万历年间进宫的小杂役，天启年间的东厂提督，朝廷的掌控者，无数孙子的爷爷，生祠的主人，堪与孔子相比的圣人。

到如今，只剩破屋、冷床，孤身一人。

荒谬，究竟是自己，还是这个世界？

四十年间，不过一场梦幻。

不如死了吧。

此时，他的窗外，站立着那名姓白的书生。

在这个寒冷的夜晚，没有月光，在黑暗和风声中，书生开始吟唱。

夜半，歌起

在史料中，这首歌的名字叫作《桂枝儿》，但它还有一个更贴切的名字——《五更断魂曲》。

曲分五段，从一更唱到五更：

一更，愁起

听初更，鼓正敲，心儿懊恼。

想当初，开夜宴，何等奢豪。

进羊羔，斟美酒，笙歌聒噪。

如今寂寥荒店里，只好醉村醪。

又怕酒淡愁浓也，怎把愁肠扫？

二更，凄凉

二更时，辗转愁，梦儿难就。

想当初，睡牙床，锦绣衾绸。

如今芦为帷，土为炕，寒风入牖。

壁穿寒月冷，檐浅夜蛩愁。

可怜满枕凄凉也，重起绕房走。

三更，飘零

夜将中，鼓咚咚，更锣三下。

梦才成，又惊觉，无限嗟呀。

想当初，势倾朝，谁人不敬？

九卿称晚辈，宰相为私衙。

如今势去时衰也，零落如飘草。

四更，无望

城楼上，敲四鼓，星移斗转。

思量起，当日里，蟒玉朝天。

如今别龙楼，辞凤阁，凄凄孤馆。

鸡声茅店里，月影草桥烟。

真个目断长途也，一望一回远。

五更，荒凉

闹攘攘，人催起，五更天气。

正寒冬，风凛冽，霜拂征衣。

更何人，效殷勤，寒温彼此。

随行的是寒月影，吆喝的是马声嘶。

似这般荒凉也，真个不如死！

五更已到，曲终，断魂。

多年后，史学家计六奇在他的书中记下了这个夜晚发生的一切，但这一段，在后来的史学研究中，是有争议的。就史学研究而言，如此诡异的景象，实在不像历史。

但我相信，在那个夜晚，我们所知的一切是真实的。

因为历史除了正襟危坐、一丝不苟外，有时也喜欢开开玩笑、算算总账。

至于那位姓白的书生，据说是河间府的秀才，之前为图嘴痛快，说了魏忠贤几句坏话，被人告发前途尽墨，于是编曲一首，等候于此不计旧恶，帮其送终。

但在那天夜里，魏忠贤听到的，不是这首曲子，而是他的一生。

想当初，开夜宴，何等奢豪。想当初，势倾朝，谁人不敬？
如今寂寥荒店里，只好醉村醪。如今势去时衰也，零落如飘草。

魏忠贤是不相信天道的。当无赖时，他强迫老婆改嫁，卖掉女儿；当太监时，他抢夺朋友的情人，出卖自己的恩人。

九千九百岁时，他泯灭一切人性，把铁钉钉入杨涟的脑门，把东林党赶尽杀绝。

他没有信仰，没有畏惧，没有顾忌。

然而，天道是存在的，四十年后，天道把魏忠贤送到了阜城县的这所破屋里。

这里距离魏公公的老家肃宁，只有几十里。

现在，他即将失去所有的一切。

我认为，这是一种别开生面的折腾，因为得到后再失去，远比一无所有要痛苦得多。

魏公公费尽心力，在成功的路上一路狂奔，最终却发现，是他娘的折返跑。

似这般荒凉也，真个不如死！

真个不如死啊！

那就死了吧。

魏忠贤找到了布带，搭在了房梁上，伸进自己的脖子，离开了这个世界。

天道有常，或因人势而迟，然终不误。

落水狗

魏忠贤的心腹李朝钦梦中醒来，发现魏忠贤已死，绝望之中，自缢而亡。

在魏忠贤的一千多陪同人员、几千朝廷死党里，他是唯一陪死的人。

得知魏忠贤的死讯后，一千多名护卫马上行动起来，瓜分了魏公公的财产，四散奔逃而去。

魏公公死了，但这场大戏才刚刚开始。

别看今天闹得欢，当心将来拉清单！

——《小兵张嘎》

清单上的第一个人，自然是客氏。

虽然她已经离宫，但崇祯下令，把她又拎了进来。

进来后先审，但客氏为人极其阴毒，且以耍泼闻名，问什么都骂回去。

于是换人，换了个太监审，而且和魏忠贤有仇（估计是专门找来的），由于不算男人，也就谈不上不打女人，加上没文化，不会吵架，二话不说就往死里猛打。

客氏实在是个不折不扣的软货，一打就服，害死后妃、让皇后流产、找孕妇入宫冒充皇子、出主意害人等，通通交代，只求别打。

但那位太监似乎心理有点儿问题，坦白交代还打，直到奄奄一息才罢休。

口供报上来，崇祯十分震惊，下令将客氏送往浣衣局做苦工。

当然了，这只是个说法，客氏刚进浣衣局，还没分配工作，就被乱棍打死，跟那位被她关入冷宫，活活渴死的后妃相比，这种死法没准儿还算痛快点儿。

客氏死后，她的儿子被处斩，全家被发配。

按身份排，下一个应该是崔呈秀。

但是这位兄弟实在太过自觉，自觉到死得比魏公公还要早。

得知魏忠贤走人的消息后，崔呈秀下令，准备一桌酒菜，开饭。

吃饭的方式很特别，和韦小宝一样，他把自己大小老婆都拉出来，搞了个聚餐，还摆上了多年来四处搜刮的古玩财宝。

然后一边吃，一边拿起他的瓶瓶罐罐（古董），砸。

吃一口，砸一个，吃完，砸完，就开始哭。

哭好，就上吊。

按日期推算，这一天，魏忠贤正在前往阜城县的路上。

兄弟先走一步。

消息传到京城，崇祯非常气愤，老子没让你死，你就敢死？

随即批示：

"虽死尚有余辜！论罪！"

经过刑部商议，崔呈秀应该斩首。

虽然人已死了，不要紧，有办法。

于是刚死不久的崔呈秀又被挖了出来，被斩首示众。怎么杀是个能力问题，杀不杀是个态度问题。

接下来是抄家，无恶不作的崔呈秀，终于为人民做了件有意义的事，由于他多年来勤奋地贪污受贿，存了很多钱，除动产外，还有不动产，光房子就有几千间，等同于替国家攒钱，免去了政府很多麻烦。

作为名单上的第三号人物，崔呈秀受到了高标准的接待，以此为基准，一号魏忠贤和二号客氏，接待标准应参照处理。

所以，魏忠贤和客氏被翻了出来，客氏的尸体斩首，所谓死无全尸。

魏忠贤惨点儿，按崇祯的处理意见，挖出来后剐了，死后凌迟，割了几千刀。

这件事情的实际意义是有限的，最多也就是魏公公进了地府，小鬼认不出他，但教育意义是巨大的，在残缺的尸体面前，明代有史以来最大、最邪恶的政治团体阉党，终于彻底崩盘。

接下来的场景,是可以作为喜剧素材的。

魏忠贤得势的时候,无数人前来投奔,上至六部尚书、大学士,下到地方知府、知县,能拉上关系,就是千恩万谢。

现在而今眼目下,没办法了,能撤就撤,不能撤就推,比如蓟辽总督阎鸣泰,有一项绝技——修生祠,据我统计,他修的生祠有十余座,遍布京城一带,有的还修到了关外,估计是打算让皇太极也体验一下魏公公的伟大光辉。

凭借此绝活,当年很是风光,现在麻烦了,追查阉党,头一个就查生祠,谁让修的,谁出的钱,生祠上都刻着,跑都跑不掉。

为证明自己的清白,阎总督上疏,进行了耐心的说明,虽说生祠很多,但还是可以解释的,如保定的生祠,是顺天巡抚刘诏修的,通州的生祠,是御史梁梦寰修的,这些人都是我的下级,作为上级领导,责任是有的,监督不够是有的,检讨是可以的,撤职坐牢是不可以的。

但最逗的还是那位国子监的陆万龄同学,本来是一穷孩子,卖力捧魏公公,希望能够混碗饭吃,当年也是风光一时,连国子监的几位校长都争相支持他,陆先生本人也颇为得意。

然而,学校领导毕竟水平高,魏公公刚走,就翻脸了,立马上疏,表示国子监本与魏忠贤势不两立,出了陆万龄这种败类,实在是教育界的耻辱,将他立即开除出校。

据统计,自天启七年(1627)十一月至次年二月,几个月里,朝廷的公文数量增加了数倍,各地奏疏纷至沓来,堪称数十年未有之盛况。

这些奏疏字迹相当工整,包装相当精美,内容相当扯淡:上来就痛骂魏忠贤,痛骂阉党,顺便检举某些同事的无耻行径。最后总结:他们的行为让我很愤怒,跟我不相干。

心中千言万语化为一句话:我不是阉党,皇帝大人,您就把我们当个屁放了吧。

效果很明显，魏忠贤倒台一个月里，崇祯毫无动静，除客氏、崔呈秀外，大家过得都还不错。

事实上，当时的朝廷，大学士、六部尚书、都察院乃至于全国各级地方机构，都由阉党掌握，所谓法不责众，大家都有份儿，你能把大家都拉下水吗？把我们都抓了，找谁帮你干活？

所以，在阉党同志们看来，该怎么干还怎么干，该怎么活还怎么活。

这个看法在大多数人的身上，是管用的。

而崇祯，属于少数派。

一直以来，崇祯处理问题的理念比较简单，就四个字——斩草除根。所谓法不责众，在他那里是不成问题的，因为他的祖宗有处理这种问题的经验。

比如朱元璋，胡惟庸案件，报上来同党一万人，杀，两万人，杀杀，三万人，杀杀杀。无非多说几个"杀"字，不费劲儿。

时代进步了，社会文明了，道理还一样。

六部尚书是阉党，就撤尚书，侍郎是阉党，就撤侍郎，一半人是阉党，就撤一半，全是，就全撤，大明没了你们就不转吗？这年头，看门的狗难找，想当官的人有的是，谁怕谁！

值得一提的是，虽然上述奏疏内容雷同，但崇祯的态度是很认真的，他不但看了，而且还保存下来。

很简单，真没事的人是不会写这些东西的，原本找不着阉党，照着奏疏抓人，贼准。

十一月底，准备工作就绪，正式动手。

第五章

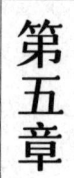

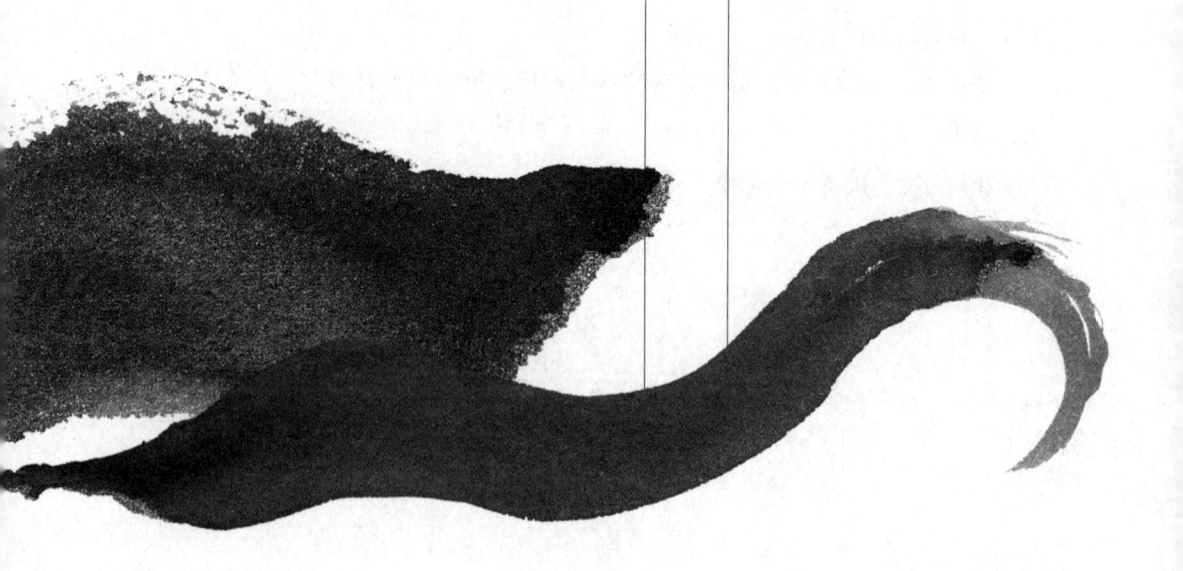

算账

魏忠贤的家属,比如儿子侯国兴(锦衣卫都指挥使)、还有客氏的弟弟客光先(都督同知)、客氏的儿子侯国公,也都不懂的鲨人,也通通拉出去剁了。

接下来,是他的亲信太监,毕竟大家生理结构相似,且狼狈为奸,算半亲戚,优先处理。这拨人总共有四个,分别是司礼监掌印太监王体乾、秉笔太监李永贞、李朝钦、刘若愚。作为头等罪犯,这四位按说

最先处理的，是魏忠贤的家属，比如他侄子魏良卿，屁都不懂的蠢人，也封到公爵了（宁国公），还有客氏的儿子侯国兴（锦衣卫都指挥使），通通拉出去剁了。

接下来，是他的亲信太监，毕竟大家生理结构相似，且狼狈为奸，算半亲戚，优先处理。

这拨人总共有四个，分别是司礼监掌印太监王体乾，秉笔太监李永贞、李朝钦、刘若愚。

作为头等罪犯，这四位按说都该杀头，可到最后，却只死了两个，杀了一个。

第一个死的是李朝钦，他是跟着魏忠贤上吊的，并非他杀，算自杀。

唯一被他杀的，是李永贞。其实这位兄弟相当机灵，早在九月底，魏公公尚且得意的时候，他就嗅出了风声，连班都不上了，开始在家修碉堡，把院子封得严严实实，只留小洞送饭，每天窝在里面，打死也不出头。

坚持到底，就是胜利。

李永贞没有看到胜利的一天，到了十月底，他听说魏忠贤走人了，顿时大喜，就把墙拆了，出来放风。

刚高兴几天，又听到消息，皇帝要收拾魏公公了，慌了，再修碉堡也没用了。

于是他使出了绝招——行贿。

当然，行贿崇祯是不管用的，他拿出十余万两银子（以当时市价，合人民币六千万至八千万），送给了崇祯身边的贴身太监，包括徐应元和王体乾。

这两人都收了。

不久后，他得到消息，徐应元被崇祯免了，而王体乾把他卖了。

在名列死亡名单的这四位死太监中，最神秘的，莫过于王体乾了。

此人是魏忠贤的铁杆，害死王安，迫害东林党，都有他忙碌的身影，是阉党的首脑人物。

但奇怪的是，当我翻阅几百年前那份阉党的最终定罪结果时，却惊奇地发现，以他的丰功劣迹，竟然只排七等（共有八等），罪名是诏附拥戴，连罚款都没交，就给放了。

伺候崇祯十几年的徐应元，光说了几句话，定罪比他还高（五等），这个看上去很难理解的现象，有一个简单的答案：王体乾叛变了。

据史料分析，王体乾可能很早就"起义"了，所以一直以来，崇祯对魏忠贤的心理活动、斗争策略都了如指掌，当了这么久卧底，也该歇歇了。

所以他钱照收，状照告，第二天就汇报了崇祯，李永贞得知后，决定逃跑。

跑吧，大明天下，还能跑去非洲不成？

十几天后，他被抓捕归案。

进了号子，李太监还不安分，打算自杀，他很有勇气地自杀了四次，却很蹊跷地四次都没死成，最后还是被拉到刑场，一刀了断。

名单上最后一位，就是刘若愚了。

这位仁兄，应该是最有死相的，早年加入阉党，一直是心腹，坏事全干过，不是卧底，不是叛徒，坦白交代，主动退赃之类的法定情节一点儿没有，不死是不可能的。

可他没死。

因为刘若愚虽然罪大恶极，但这个人有个特点：能写。

在此之前，阉党的大部分文件全部出于他手，换句话说，他算是个技术人员，而且他知道很多情况，所以崇祯把他留了下来，写交代材料。刘太监很敬业，圆满地完成了这个任务，他所写的《酌中志》，成为后代研究魏忠贤的最重要史料。

只要仔细阅读《水浒传》，就会发现，梁山好汉们招安后，宋江死了，最能打的李逵死了，最聪明的吴用也死了，活下来的，大都是身上有门手艺的，比如神医安道全之流。

以上事实清楚地告诉我们，平时学一门技术是多么地重要。

处理完人妖后，接下来的就是人渣了，主要是五虎和五彪。

五虎是文臣，分别是（排名分先后）：兵部尚书崔呈秀、原兵部尚书田吉、工部尚书吴淳夫、太常寺卿倪文焕、副都御史李夔龙。

五彪是武官，分别是：左都督田尔耕、锦衣卫都指挥佥事许显纯、都督同知崔应元、右都督孙云鹤、锦衣卫佥事杨寰。

关于这十个人，就不多说了，其光辉事迹，不胜枚举，比如田尔耕，是迫害"六君子"的主谋，并杀害了左光斗等人；而许显纯大人，曾亲自把钉子钉进杨涟脑门儿。用今天的话说，足够枪毙几个来回。

因为此十人一贯为非作歹，民愤极大，崇祯下令，将其逮捕，送交司法部门处理。

经刑部、都察院调查，并详细会审，结果如下：

崔呈秀已死，不再追究。其他九人中，田尔耕、许显纯曾参与调查杨涟、左光斗等人的罪行，结果过失致人死亡，入狱；剩余七人免官为民。就此结案。

这份判决只能用一个词来形容——恬不知耻。

崇祯很不满意，随即下令，再审。

皇帝表态，不敢怠慢，经过再次认真细致的审讯，重新定罪如下：

第五章 算账

以上十人，除崔呈秀已死外，田尔耕、许显纯因为过失致人死亡，判处死缓，关入监狱，其余七人全部充军，充军地点是离其住处最近的卫所。

鉴于有群众反映，以上几人有贪污罪行，为显示威严，震慑罪犯，同时处以大额罚款，分别是倪文焕五千两，吴淳夫三千两，李夔龙、田吉各一千两。结案。

报上去后，崇祯怒了。

拿钉子钉耳朵，打碎全身肋骨，是过失致人死亡，贪了这么多年，只罚五千、三千，你以为老子好糊弄是吧。

更奇怪的是，案子都判了，有些当事人根本就没到案，比如田吉，每天还出去遛弯，十分逍遥。

其实案子审成这样，是再正常不过的事了。

审讯此案的，是刑部尚书苏茂相、都察院左都御史曹思诚。

苏茂相是阉党，曹思诚也是阉党。

让阉党审阉党，确实难为他们了。

愤怒之余，崇祯换人了。他把查处阉党的任务交给了吏部尚书王永光。

可王永光比前两位更逗，命令下来他死都不去，说自己能力有限，无法承担任务。

很不凑巧，王永光同志虽然不是阉党，也不想得罪阉党。

按苏茂相、曹思诚、王永光以及无数阉党们的想法，形势是很好的，朝廷内外都是阉党，案子没人敢审，对五虎、五彪的处理，可以慢慢拖，实在不行，就判田尔耕和许显纯死刑，其他的人能放就放，不能放，判个充军也就差不多了。

没错，司法部长、监察部长、人事部长都不审，那就只有皇帝审了。

几天后，崇祯直接宣布了对五虎、五彪的裁定，相比前两次裁决，比较简单：

田吉，杀！吴淳夫，杀！倪文焕，杀！田尔耕，杀！许显纯，杀！崔应元，杀！孙云鹤，杀！杨寰，杀！李蕚龙，杀！

崔呈秀，已死，挖出来，戮尸！

以上十人，全部抄家！没收全部财产！

什么过失致人死亡，什么入狱，什么充军，还他娘就近，什么追赃五千两，都去死吧！

曹思诚、苏茂相这帮等阉党本来还有点儿想法，打算说两句，才发现，原来崇祯还没说完。

"左都御史曹思诚，阉党，免职查办！"

"刑部尚书苏茂相，免职！"

跟我玩啊，玩死你们！

随即，崇祯下令，由乔允升接任刑部尚书，大学士韩爌、钱龙锡主办此案，务必追查到底，宁可抓错，不可放过。

挑出上面这几个人办事，也算煞费苦心，乔允升和阉党向来势不两立，韩爌这种老牌东林党，不往死里整，实在对不起自己。

彻底扫荡，一个不留！

几天过去，经过清查，内阁上报了阉党名单，共计五十多人，成果极其丰硕。

然而这一次，崇祯先是更为愤怒，他当即召集内阁，严厉训斥：人还不够数，老实点儿！

大臣们都很诧异，都五十多了，还不够吗？

既然皇上说不够，那就再捞几个吧。

第二天，内阁又送上了一份名单，这次是六十几个，该满意了吧。

这次皇帝大人没有废话，一拍桌子：人数不对，再敢糊弄我，以抗旨论处！

崇祯是正确的，内阁的这几位仁兄，确实糊弄了他。

虽然他们跟阉党都有仇，且皇帝支持，但阉党人数太多，毕竟是个得罪人的事，阉党也好，东林党也罢，不过混碗饭吃，何必呢？

不管了，接着糊弄：

"我们是外臣，宫内的人事并不清楚。"

崇祯冷笑：

"我看不是不知道，是怕得罪人吧（特畏任怨耳）！"

怪事，崇祯初来乍到，他怎么知道人数不对呢？

崇祯帮他们解开了这个谜题。

他派人抬出了几个包裹，扔到阁臣面前，说：

"看看吧。"

打开包裹的那一刻，大臣们明白，这次赖都赖不掉了。

包裹里的，是无数封跟魏忠贤勾搭的奏疏，很明显，崇祯不但看过，还数过。

混不过去，只能玩命干了。

就这样，自天启七年（1627）十二月，一直到崇祯元年（1628）三月，足足折腾了四个月，阉党终于被彻底整趴下了。

最后的名单，共计二百六十一人，分为八等。

特等奖得主两人，魏忠贤、客氏，罪名：首逆；处理：凌迟。

一等奖得主六人，以崔呈秀为首，罪名：首逆同谋；处理：斩首。

二等奖得主十九人，罪名：结交近侍；处理：秋后处决。

三等奖得主十一人，罪名：结交近侍次等；处理：流放。

此外，还有四等奖得主（逆孽军犯）三十五人，五等奖得主（谄附拥戴军犯）十六人，六等奖得主（交结近侍又次等）一百二十八人，七等奖得主（祠颂）四十四人，各获得充军、有期徒刑、免职等奖励。

以上抽奖结果，由大明北京市公证员朱由检同志公证，有效。

对此名单，许多史书都颇有微词，说是人没抓够，放跑了某些阉党，讲这种话的人，脑子是有问题的。

我算了一下，当时朝廷的编制，六部只有一个部长、两个副部长（兵部有四个），每个部有四个司（刑部和户部有十三个），每个司司长（郎中）一人、副司长（员外郎）一人、处长（主事）两人。

还有大衙门都察院，加上御史，才一百五十人，其余部门人数更少，总共（没算地方政府）大致不会超过八百人。

人就这么多，一下子刨走二百六十多，还不算多？

其实人家也是有苦衷的，毕竟魏公公当政，不说几句好话，是混不过去的，现在换了领导，承认了错误，也就拉倒吧。

然而，崇祯不肯拉倒，不只他不肯，某些人也不肯。

这个某些人，是指负责定案的人。

大家在朝廷里，平时你来我往，难免有点儿过节，现在笔在手上，说你是阉党，你就是阉党，大好挖坑机会，不整一下，难免有点儿说不过去。

比如大学士韩爌，清查阉党毫不积极，整人倒是毫不含糊，骂过魏公公的，不一定不是阉党，骂过他的，就一定是阉党，写进去！

更搞笑的是，由于人多文书多，某些兄弟被摆了乌龙，明明当年骂的是张居正，竟然被记成了东林党，两笔下去就成了阉党，只能认倒霉。

此外，在这份名单上，还有几位有趣的人物，比如那位要在国子监里给魏公公立牌坊的陆万龄同学，屁官都不是，估计连魏忠贤都没见过，由于风头太大，竟然被定为二等，跟五虎、五彪一起，被拉出去砍了。

那位第一个上疏弹劾魏公公的杨维垣，由于举报有功，被定为三等，拉去充军。

而在案中扮演了滑稽角色的陈尔翼、杨所修，也没能跑掉，根据情节，本来没他们什么事，鉴于其双簧演得太过精彩，由皇帝特批六等奖，判处有期徒刑，免官为民。

复仇

总体说来，这份名单虽然有点儿问题，但是相当凑合，弘扬了正气，恶整了恶人，虽然没有不冤枉一个好人，但也没有放过大多数坏人，史称"钦定逆案"。

其实崇祯和魏忠贤无仇，办案子，无非是魏公公挡道，皇帝看不顺眼，干掉了。

但某些人就不同了。干掉是不够的，死了的人挫骨扬灰，活着的人赶尽杀绝，才算够本！

黄宗羲就是某些人中的优秀代表。

作为"七君子"中黄尊素的长子，黄宗羲可谓天赋异禀，不但精通儒学，还懂得算术、天文，据说天上飞的，地上跑的，没有他不知道的，被称为三百年来学术之集大成者，与顾炎武、王夫之并称。

更让人无语的是，黄宗羲还懂得经济学。他经过研究发现，每次农业税法调整，无论是两税法还是一条鞭法，无论动机如何善良，最终都导致税收增加，农民负担加重。换句话说，不管怎么变，最终都是加。

这一原理后被学者秦晖总结，命名为"黄宗羲定律"。中华人民共和国国务院经过调研，采纳了这一定律，于2006年彻底废除了农业税，打破了这个怪圈。

善莫大焉。

但这四个字放在当时的黄宗羲身上，是不大恰当的，因为他既不善良，也不大度。

当时恰好朝廷审讯许显纯，要找人做证，就找来了黄宗羲。

事情就是这么闹起来的。

许显纯此人，说是死有余辜，还真是有余辜，拿锤子砸人的肋骨，用钉子钉人耳朵，钉人的脑袋，六君子、七君子，大都死在他的手中，为人恶毒，且有心理变态的倾向。

此人向来冷酷无情，没人敢惹，杨涟如此强硬，许先生毫不怯场，敢啃硬骨头，亲自上阵，很有几分硬汉色彩。

但让人失望的是，轮到这位变态硬汉入狱，当场就尿了，立即展现出了只会打人、不会被人打的特长。

他全然没有之前杨涟的骨气，别说拿钉子钉脑门，给他几巴掌，立马就晕，真是窝囊死了。

值得庆幸的是，崇祯的监狱还比较文明，至少比许显纯在的时候文明，打是打，但锤子、钉子之类的东西是不用的，照此情形，审完后一刀了事，算是便宜了他。

但便宜不是那么容易找到的。

审讯开始，先传许显纯，以及同案犯五彪之一的崔应元，然后传黄宗羲。

黄宗羲上堂，看见仇人倒不生气，表现得相当平静，回话，做证，整套程序走完，人不走。

大家很奇怪，都看着他。

别急，先不走，好戏刚刚开场。

黄宗羲来的时候，除了他那张做证的嘴外，还带了一件东西——锥子。

审讯完毕，他二话不说，抄起锥子，就奔许显纯来了。

这一刻，许显纯表现出了难得的单纯，他不知道审案期间拿锥子能有啥用，只是呆呆地看着急奔过来的黄宗羲，等待着答案。

答案是一声惨叫。

黄宗羲终于露出了狰狞面目，手持锥子，疯狂地朝许显纯身上戳，而许显纯也不愧孬种本色，当场求饶，并满地打滚，开始放声惨叫。

许先生之所以大叫，是有如意算盘的：这里毕竟是刑部大堂，众目睽睽之下，难道你们都能看着他殴打犯人吗？

答案是"能"。

无论是主审官还是陪审人员，没有一个人动手，也没有人上前阻拦，大家都饶有兴致地看着眼前的这一幕。黄宗羲不停地扎,许显纯不停地喊,就如同电视剧里最老套的台词:你喊吧,就是喊破喉咙也不会有人来救你!

因为所有人都记得,这个人曾经把铁钉扎进杨涟的耳朵和脑门儿,那时,没有人阻止他。

但形势开始变化了,许显纯的声音越来越小,鲜血横流,黄宗羲却越扎越起劲儿,如此下去,许先生被扎死,黄宗羲是过瘾了,但黑锅得大家背。

于是许显纯被拉走,黄宗羲被拉开,他的锥子也被没收。

审完了,仇报了,气出了,该消停了。

黄宗羲却不这么认为,他转头,又奔着崔应元去了。

其实这次审讯,崔应元是陪审,无奈碰上了黄恶棍,虽然没挨锥子,却被一顿拳打脚踢,鼻青脸肿。

到此境地,主审官终于认定,应该把黄宗羲赶走了,就派人上前把他拉开,但黄宗羲打上了瘾,被人拉走之前,竟然抓住了崔应元的胡子,活生生地拔了下来!

当年在狱中狂施暴行的许显纯,终于尝到了暴行的滋味,等待着他的,是最后的一刀。

无论是什么样的屠夫,最终也只是懦夫。

如许显纯等人,都是钦定名单要死的,而那些没死的,似乎还不如死了的好。

比如阉党骨干、太仆寺少卿曹钦程,好不容易捡了条命,回家养老,结果所到之处,都是口水(民争唾其面),实在待不下去,跑到异地他多买了个房子住,结果被人打听出来,又是一顿猛打,赶走了。

还有老牌阉党顾秉谦,家乡人对他的感情可谓深厚,魏忠贤刚倒台,人民群众就冲进家门,烧光了他家。顾秉谦跑到外地,没人肯接待他,最后在唾骂声中死去。

而那些名单上没有,却又应该死的,也没有逃过去,自有人解决他们,比如黄宗羲。他痛殴许显纯后，又派人找到了当年杀死他父亲的两个看守，把他们干掉了。

大明是法治社会，但凡干掉某人，要么有司法部门批准，要么偿命，但黄宗羲自己找人干了这俩看守，似乎也没人管，真是没王法了。

黄宗羲这么一闹，接下来就热闹了，所谓"六君子""七君子"，都是有儿子的。

先是魏大中的儿子魏学濂上疏，要为父亲魏大中申冤，然后是杨涟的儿子杨之易上疏，为父亲杨涟申冤，几天后，周顺昌的儿子周茂兰又上疏，为父亲周顺昌申冤。

顺便说一句，以上这几位的上疏，所用的并非笔墨，而是一种特别的材料——血。

这也是有讲究的，自古以来，但凡奇冤都写血书，不用似乎不够分量。

但崇祯同志就不干了，拿上来都是血迹斑斑的东西，实在有点儿发怵，随即下令：你们的冤情我都知道，但上奏的文书是用墨写的，用血写不合规范，今后严禁再写血书。

但他还是讲道理的，崇祯二年（1629）九月，他下令，为殉难的东林党人恢复名誉，追授官职，并加封谥号。

杨涟得到的谥号，是"忠烈"，以此二字，足以概其一生。

至此，为祸七年之久的阉党之乱终于落下帷幕，大明有史以来最强大、最邪恶的势力就此倒台。纵使它曾骄横一时，纵使它曾不可一世。

迟来的正义依然是正义。

在这个世界上，所谓神灵、天命，对魏忠贤而言都是放屁，在他的身上只有一样东西——迷信。

不信道德，不信仁义，不信报应，不信邪不胜正。

迷信自己，迷信力量，迷信权威，迷信可以为所欲为，迷信将取得永远的胜利。

而在遍览史书十余载后，我信了，至少信一样东西——天道。

自然界从诞生的那刻起，就有了永恒的规律，春天成长，冬天凋谢，周而复始。

人世间也一样，从它的起始到它的灭亡，规则恒久不变，是为天道。

在史书中无数的尸山血河、生生死死背后，我看到了它，它始终在那里，静静地注视着我们，无论兴衰更替，无论岁月流逝。

它告诉我，在这个污秽、混乱、肮脏的世界上，公道和正义终究是存在的。

天道有常，从它的起始到它的灭亡，恒久不变。

第六章

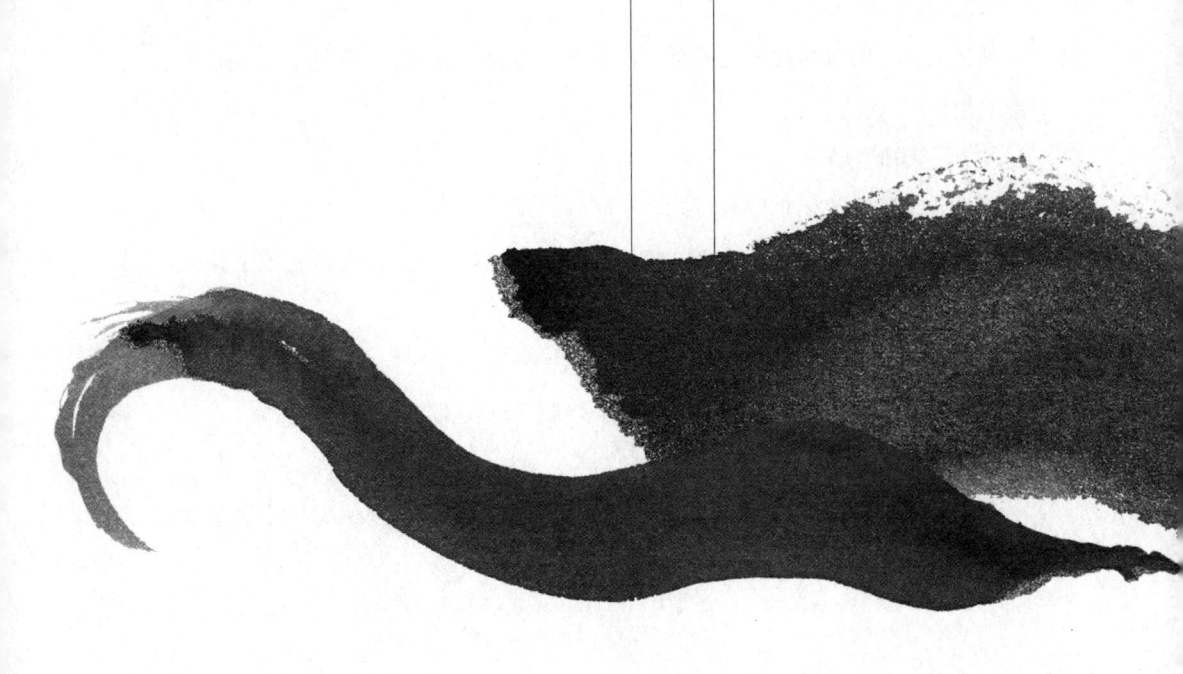

起复

忠法的人，很想有番站在权力的顶峰时，只有一片废墟，史书有云，也有史书云：实亡于万历，还有史书云：始亡于嘉靖。应该说，这几句话都是有道理的，经过他哥哥、他爷爷、他爷爷的爷爷几番折腾，已经差不多了，加上又蹦出来个九千岁人妖，里外一顿猛摇，大明公司就剩一口气了。朝

崇祯是一个很有想法的人，很想有番作为，但当他真正站在权力的顶峰时，却没有看到风景，只有一片废墟。

史书有云：明之亡，亡于天启。也有史书云：实亡于万历。还有史书云：始亡于嘉靖。

应该说，这几句话都是有道理的，经过他哥哥、他爷爷、他爷爷的爷爷几番折腾，已经差不多了，加上又蹦出来个九千岁人妖，里外一顿猛捶，大明公司就剩一口气了。

朝廷纷争不断，朝政无人理会，边疆烽火连天，百姓民不聊生，干柴已备，只差一把火。

救火员崇祯登场。

他浇的第一盆水，叫作袁崇焕。

崇祯是很喜欢袁崇焕的，因为他起用袁崇焕的时间，是天启七年（1627）十一月十九日。

此时，魏忠贤刚死十三天，尸体都还没烂。

几天后，在老家东莞数星星的袁崇焕接到了起复任职通知，大吃一惊。

吃惊的不是起复，而是职务。

袁崇焕当时的身份是平民，按惯例，起复也得有个级别，先干个主事（处级），过段时间再提，比较合理。

然而，他接受的第一个职务，是都察院右都御史，兵部左侍郎。

兵部左侍郎，是兵部副部长，都察院右都御史，是二品正部级，也就是说，在一天之内，布衣袁崇焕就变成了正部级副部长。

袁部长明显没缓过劲儿来，在家待了几个月，啥事都没干，却又等来了第二道任职令。

这一次，他的职务变成了兵部尚书，督师蓟辽。

明代有史以来最不可思议的任职令诞生了。

因为兵部尚书，督师蓟辽，是一个很大的官，很大。

所谓兵部尚书就是国防部部长，很牛，但最牛的官职，是后四个字——督师蓟辽。

我之前说过，明代的地方官，最大的是布政使、按察使和指挥使，为防互相扯皮，由中央下派特派员统一管理，即为巡抚。

鉴于后期经营不善，巡抚只管一个地方，也摆不平，就派高级特派员管理巡抚，即为总督。

到了天启、崇祯，局势太乱，连总督都搞不定了，就派特级特派员，比总督还大，即为督师。

换句话说，督师是明代除皇帝外，管辖地方权力最大的官员。

而要当巡抚、总督、督师的条件，也是不同的。

要当巡抚，至少混到都察院佥都御史（四品正厅级）或是六部侍郎（副部级），才有资格。

而担任总督的，一般都是都察院都御史（二品部级），或是六部尚书（部长）。

明代最高级别的干部，就是部级，所以能当上督师的，只剩下一种人——内阁大学士。

比如之前的孙承宗，后来的杨嗣昌，都是大学士督师。

袁崇焕例外。

就在几个月前，他还只是袁百姓，几月后，他就成了袁尚书，还破格当上了督师，而袁督师的管辖范围包括蓟州、辽东、登州、天津、莱州等地，换句话说，袁督师手下，有五六个巡抚。

任职令同时告知，立刻启程，赶到京城，皇帝急着见你。

崇祯确实急着见袁崇焕，因为此时的辽东，已经出现了一个更为强大的敌人。

自从被袁崇焕打跑后，皇太极始终很消停，他没有继续用兵，却开始了不同寻常的举动。

皇太极和他老爹不同，从某种角度讲，努尔哈赤相当之野蛮，打仗，占了地方就杀，不杀的拉回来做奴隶，给贵族当畜生使。在后金当官的汉人，只能埋头干活，不能骑马，不能养牲口，活着还好，要是死了，老婆就得没收，送到贵族家当奴隶。

相比而言，皇太极很文明，他尊重汉族习惯，不乱杀人，讲信用，特别是对汉族前来投奔的官员，那是相当地客气，还经常赏赐财物。

总而言之，他很温和。

温和文明的皇太极，是一个比野蛮挥刀的努尔哈赤更为可怕的敌人。

张牙舞爪的人，往往是脆弱的，因为真正强大的人，是自信的，自信就会温和，温和就会坚定。

无需暴力，无需杀戮，因为温和，才是最高层次的暴力。

在皇太极的政策指引下，后金领地逐渐安定，经济开始发展稳固；而某些在明朝混不下去的人，也开始跑去讨生活，这其中最典型的人物，就是范文程。

每次说到这个人，我都要呸一口，呸。

呸完了，接着说。

说起汉奸，全国人民就会马上想起吴三桂，但客观地讲，吴三桂当汉奸还算情况所迫，范文程就不同了，他是自动前去投奔，出卖自己同胞的，属于汉奸的最原始、最无耻形态。

他原本是个举人（另说是秀才），因为在大明混得不好，就投了皇太极，在此后几十年的汉奸生涯中，他起了极坏的作用，讽刺的是，据说他还有个光荣的嫡系祖先——范仲淹。

想当年，范仲淹同志在宋朝艰苦奋斗，抗击西夏，如在天有灵，估计是要改家谱的。不过自古以来，爷爷是好汉，孙子哭着喊着偏要当汉奸的，实在太多，古代有古代的汉奸，现代有现代的汉奸，此所谓汉奸恒久远，遗臭永流传。

在范文程的帮助下，皇太极建立了朝廷（完全仿照明朝），开始组建国家机器，进行奴隶制改造，为进入封建社会而努力。

要对付这个可怕的敌人，必须立刻采取行动。

在紫禁城里的平台，怀着憧憬和希望，皇帝陛下第一次见到了袁崇焕。

这是一次十分重要的召见，史称"平台召对"。

他们见面的那一天，是崇祯元年（1628）七月十四日。

顺便说一句，由于本人数学不好，在我以上叙述的所有史实中，日期都是依照原始史料，使用阴历。而如果我没记错的话，阴历七月十四日，是鬼节的前一天。

七月十四，鬼门将开，阴风四起。

那天有没有鬼出来我不知道，但当天的这场谈话，确实比较鬼。

谈话开始，崇祯先客套，狠狠地夸奖袁崇焕，把袁督师说得心潮澎湃，此起彼伏，于是，袁督师激动地说出了下面的话：

"计五年，全辽可复。"

这句话的意思是，五年时间，我就能恢复辽东，彻底解决皇太极。

这下吹大发了。

百年之后的清朝史官们，在经过时间的磨砺和洗礼后，选出了此时此刻，唯一能够挽救危局的人，并给予了公正的评价。

但这个人不是袁崇焕，而是孙承宗。

翻阅了上千万字的明代史料后，我认为，这个判断是客观的。

袁崇焕是一个优秀的战术实施者，一个坚定的战斗执行者，但他并不是一个卓越的战略制定者。

而从他此后的表现来看，他也不是一个能正确认识自己的人。

所有的悲剧，即由此言而起。

崇祯很兴奋，兴奋得连声夸奖袁崇焕，说你只要给我好好干，我也不吝惜赏赐，旁边大臣也猛添柴火，欢呼雀跃，气氛如此热烈，以至于皇帝陛下决定，休会。

但脑袋清醒的人还是有的，比如兵科给事中许誉卿。

他抱着学习的态度，找到了袁崇焕，向他讨教如何五年平辽。

照许先生的想法，袁督师的计划应该非常严密。

然而，袁崇焕的回答只有四个字：聊慰上意！

翻译过来就是，随口说说，安慰皇上的。

差点儿拿笔做笔记的许誉卿当时就傻了。

他立刻小声（怕旁边人听见）地对袁崇焕说：

"上英明，岂可浪对？异日按期责功，奈何？"

这句话意思是，皇上固然不懂业务，但是比较较真，现在忽悠他，到时候他按日期验收工作，你怎么办？

袁督师的反应，史书上用了四个字：怃然自失。

没事，牛吹过了，就往回拉。

于是，当崇祯第二次出场的时候，袁督师就开始提要求了。

首先是钱粮，要求户部支持，武器装备，要求工部支持。

然后是人事，用兵、选将，吏部、兵部不得干涉，全力支持。

最后是言官，我在外打仗，言官叽叽喳喳难免，不要让他们烦我。

以上要求全部得到了满足，立即。

崇祯是个很认真的人，他马上召集六部尚书，开了现场办公会，逐个落实，保证兑现。

会议就此结束，双方各致问候，散伙。

在这场召对中，崇祯是很真诚的，袁崇焕是很不真诚的，因为当时的辽东局势已成定论，后金连衙门都修起来了，能够守住就算不错，你看崇祯兄才刚二十，又不懂业务，就糊弄他，是很不厚道的。

就这样，袁崇焕胸怀五年平辽的口号，在崇祯期望的目光中，走向了辽东。

可他刚走到半路，就有人告诉他，你不用去了，去了也没兵。

就在他被皇帝召见的十天后，宁远发生了兵变。

兵变的原因，是不发工资。

我曾翻阅过明代户部记录，惊奇地发现，明朝的财政制度是非常奇特的，因为几乎所有的地方政府，竟然都没有行政拨款。也就是说，地方办公经费，除老少边穷地区外，朝廷是不管的，自己去挣，挣得多就多花，挣得少就少花，挣不到就滚蛋。

而明朝财政收入的百分之八十，都用在了同一个地方——军费。

什么军饷、粮草、衣物，打赢了有赏钱，打输了有补偿，打死了有安家费，再加上个别不地道的人吃空额、扣奖金，几乎每年都不够用。

宁远的情况大致如此，由于财政困难，已经连续四个月没有发工资。

要知道，拖欠军饷和拖欠工钱是不一样的，不给工资，最多就去法院告你，让你吃官司，不给军饷，就让你吃大刀。

最先吃苦头的，是辽东巡抚毕自肃，兵变发生时，他正在衙门审案，还没反应过来，就被绑成了粽子，关进了牢房，和他一起被抓的，还有宁远总兵朱梅。

抓起来就一件事，要钱，可惜的是，翻遍巡抚衙门，竟然一文钱没有。

其实毕自肃同志，确实是个很自肃的人，为发饷的事情，几次找户部要钱。

讽刺的是，户部尚书的名字叫作毕自严，是他的哥哥，关系铁到这个份儿上，都没要到钱，可见是真没办法了。

但苦大兵不管这个，干活就得发工钱，不发工钱就干你，毕大人最先遭殃，被打得遍体鳞伤，奄奄一息，关键时刻部下赶到，说你们把他打死也没用，不如把人留着，我去筹钱。

就这样，兵变弄成了绑票，东拼西凑，找来两万两银子，当兵的不干，又要闹事，无奈之下，巡抚衙门主动出面，以政府做担保，找人借了五万两银子（要算利息），补了部分工资，这才把人弄出来。

毕自肃确实是个好人，出来后没找打他的人，反而跟自己过不去，觉得闹到这个局势，有很大的领导责任，但他实在太过实诚，为负责任，竟然自杀了。

毕巡抚是个老实人，袁督师就不同了，听说兵变消息，勃然大怒：竟敢闹事，反了你们了！

立刻马不停蹄往地方赶，到了宁远，衙门都不进，直接就奔军营。

此时的军营，已彻底失去控制，军官都不敢进，进去就打，闹得不行，袁崇焕进去了，大家都安静了。

所谓闹事，也是有欺软怕硬这一说的。

袁崇焕首先宣读了皇帝的谕令，让大家散会，回营休息，然后他找到几个心腹，只问了一个问题：

"谁带头闹的？"

回答：

"杨正朝、张思顺。"

那就好办了，先抓这两个。

两个人抓来，袁崇焕又只问了一个问题：想死，还是想活。

不过是讨点儿钱，犯不着跟自己过不去，想活。

想活可以，当叛徒就行。

很快，在两人的帮助下，袁崇焕找到了参与叛乱的其余十几个乱党，对这些人，就没有问题，也没有政策了，全部杀头。

领头的没有了，自然就不闹了，接下来的，是追究领导责任。

负有直接责任的中军部将吴国琦，杀头，其余相关将领，免职的免职，查办的查办，这其中还包括后来把李自成打得满世界乱逃的左良玉。

兵变就此平息，但问题没有解决，毕竟物质基础决定上层建筑，老不发工资，玉皇大帝也镇不住。

袁崇焕直接找到崇祯，开口就要八十万。

八十万两白银，折合崇祯时期米价，大致是人民币六亿多。

袁崇焕真敢要，崇祯也真敢给，马上批示户部尚书毕自严，照办。

毕自严回复，不办。

崇祯大发雷霆，毕自严雷打不动，说来说去就一句话，没钱。

毕尚书不怕事，也不怕死，他的弟弟死都没能发出军饷，你袁崇焕算老几？

事实确实如此，我查了一下，当时明朝每年的收入，大致是四百万两，而明朝一年的军费，竟然是五百万两！如此下去，必定破产。

明朝，其实就是公司，公司没钱要破产，明朝没钱就完蛋，而军费的激增，应归功于努尔哈赤父子这十几年的抢掠带折腾，所谓明亡清兴的必然结局，不过如此。

虽说经济紧张，但崇祯还是满足了袁崇焕的要求，只是打了个折——三十万两。

钱搞定了，接下来是搞人。首先是辽东巡抚，毕巡抚死后，这个位置一直没人坐，袁崇焕说，干脆别派了，撤了这个职务拉倒。

崇祯同意了。

然后袁崇焕又说，登州、莱州两地（归他管）干脆也不要巡抚了，都撤了吧。

崇祯又同意了。

最后袁崇焕还说，为方便调遣，特推荐三人：赵率教、何可纲、祖大寿（他的铁杆），赵率教为山海关总兵，何可纲为宁远总兵，原任总兵满桂、麻登云（非铁杆），另行任用。

崇祯还是同意了。

值得一提的是，在请示任用这三个人的时候，袁崇焕曾经说过一句话：

"臣选此三人，愿与此三人共始终，若到期无果，愿杀此三人，然后自动请死。"

此后的事情证明，这个誓言是比较准的，到期无果，三人互相残杀，他却未能请死。

至此，袁崇焕人也有了，钱也有了，蓟辽之内，已无人可与抗衡。

不，不，还是有一个。

近十年来，历任蓟辽总督，无论是袁应泰、熊廷弼、王化贞，都没有管过他，也管不了他。

"孤处天涯，为国效命，曲直生死，唯君命是从。"

"臣左都督，挂将军印领尚方宝剑，总兵皮岛毛文龙泣血上疏。"

决定

袁崇焕想杀掉毛文龙。

这个念头啥时候蹦出来的，实在无法考证，反正不是一天两天了，而杀人动机，只有四个字：看不顺眼。

当然，也有些人说，袁崇焕要杀掉毛文龙，是要为投敌做准备，其实这个说法并不新鲜，三百多年前袁崇焕快死那阵，京城里都这么说。

但事实上，这是个相当无聊的讲法，因为根据清朝《满文老档》的记载，毛文龙曾经跟皇太极通过信，说要投敌，连进攻路线都商量好了，要这么说，袁崇焕还算是为国除害了。

鉴于清朝有乱改史料的习惯，再加上毛文龙一贯的表现，其真实性是值得商权的。

袁崇焕之所以决定干掉毛文龙，只是因为毛文龙不太听话。

毛文龙所在的皮岛，位于后金的后方，要传命令过去，要么穿越敌军阵地，要么坐船，如果不是什么惊天剧变，谁也不想费这个事。

躲在岛上，长期没人管，交通基本靠走，通信基本靠吼，想听话也听不了，所以不太听话。

更重要的是，毛文龙在皮岛，还是很有点儿作用的，他位于后金后方，经常派游击队骚扰皇太极，出来弄他一下，又不真打，实在比较恶心。被皇太极视为心腹大患。

但这个人也是有问题的，毛总兵驻守皮岛八年，做得最成功的不是军事，而是经济，皮岛也就是个岛，竟然被他做成了经济开发区，招商引资，无数的客商蜂拥而至，大大小小的走私船都从他那儿过，收钱就放行，他还参股。

打仗倒也真打，每年都去，就是次数少点儿——六次，大多数时间，是在岛上列队示威，或者派人去后金那边摸个岗哨、打个闷棍之类。

但总体而言，毛文龙还是不错的，一人孤悬海外，把生意做得这么大，还牵制了皇太极，虽说打仗不太积极，但以他的兵力，能固守就及格了。

鉴于以上原因，历任总督、巡抚都是睁只眼闭只眼，放他过去了。

但袁崇焕是不闭眼的，他的眼里，连粒沙子都不容。

几年前，当他只是个四品宁前道的时候，就敢不经请示杀副总兵，现在的袁督师手握重权，小小的皮岛总兵算老几？

更恶劣的是，毛文龙有严重的经济问题，八年多账目不清，还从不接受检查，且虚报战功，也不听招呼，实在是罪大恶极，必须干掉！

其实毛总兵是有苦衷的，说我捞钱，确是事实，那也是没办法，就这么个荒岛，要不弄点儿钱，谁跟你干？说我虚报战功，也是事实，但这年头，不打仗的都吹牛，打仗的都虚报，多报点儿成绩也正常，都照程序走，混个屁啊？

我曾查阅明代户部资料及相关史料，毛文龙手下的人数，大致在四万人左右，按户部拨出的军饷，是铁定不够用的。换句话说，毛总兵做生意赚的钱，很多都贴进了军饷，很够意思。

可惜对袁崇焕同志而言，这些都没有意义，在这件事上，他是纯粹的对人不对事。

大难即将临头的毛总兵依然天真无邪，直到他得知了那个消息。

崇祯二年（1629）四月，蓟辽督师袁崇焕下令：凡运往东江之物资船队，必须先开到宁远觉华岛，然后再运往东江。

接到命令后，毛文龙当场晕菜，大呼：

"此乃拦喉切我一刀，必定立死！"

只是换个地方起运，为什么立死呢？

因为毛总兵的船队是有猫腻的，不但里面夹杂私货，还要顺道带商船上岛，袁督师改道，就是断了他的财路，只能散伙。

他立即向皇帝上疏，连声诉苦，说自己混不下去了，连哭带吓唬，得到的，却只是皇帝的几个字：从长计议。

从长计议？怎么从长，喝西北风？

在他最困难的时候，一个最不可能帮助他的人帮助了他。

穷得发慌的毛文龙突然收到了十万两军饷，这笔钱是袁崇焕特批的。

拿钱的那一刻，毛文龙终于明白了袁崇焕的用意：拿我的钱，就得听我的话。

也好，先拿着，到时再慢慢谈。

然而，袁崇焕的真实用意是：拿我的钱，就要你的命！

说起来，毛文龙算是老江湖了，混了好几十年，还是吃了没文化的亏，要论耍心眼，实在不如袁崇焕。

他做梦也想不到，很久以前，袁督师就打算干掉他。

早在崇祯元年（1628）七月，袁崇焕在京城的时候，曾找到大学士钱龙锡，对他说过这样一句话：

"（毛文龙）可用则用之，不可用则杀之。"

这还不算，杀的方法都想好了：

"入其军，斩其帅！"

后来他给皇帝的奏疏上，也明明白白写着：

"去年（崇祯元年）十二月，臣安排已定，文龙有死无生矣！"

"安排已定"，那还谈个屁。

但谈还是要谈，因为毛总兵手下毕竟还有几万人，占据要地，如果把他咔嚓了，他的部下起来跟自己死磕，那就大大不妙了。

所以袁崇焕决定，先哄哄他。

他先补发了十万两军饷，然后又在毛总兵最困难的时候，送去了许多粮食和慰问品，并写信致问候。

毛文龙终于上当了，他十分感激，终于离开了皮岛老巢，亲自前往宁远，拜会袁崇焕。

机会来了。

在几万重兵的注视下，毛文龙进入了宁远城。

他拜会了袁崇焕，并受到了热情的接待，双方把酒言欢，然后……

然后他安然无恙地走了。

袁崇焕确实想杀掉毛文龙，但绝不是在宁远。

这个问题，有点儿脑子的人就能想明白，如果在宁远把他干掉了，他手下那几万人，要么作鸟兽散，要么索性反出去当土匪，或是投敌，到时这烂摊子怎么收？

所以在临走时，袁崇焕对毛文龙说，过一个月，我要去你的地盘阅兵，到时再叙。

因为解决问题的最好方法，就是在他自己的地盘上干掉他。

崇祯二年（1629）五月二十九日，袁崇焕的船队抵达双岛。

双岛距离皮岛很近，是毛文龙的防区，五月三十日，毛文龙到达双岛，与袁崇焕会面。

六月初一夜晚，袁崇焕来到毛文龙的营房，和他进行了谈话，双方都很客气，互相勉励，表示时局艰难，要共同努力，渡过难关。

这是两人三次谈话中的第一次。

既然在自己的地盘，自然要威风点儿，毛文龙带来了三千多士兵，在岛上列队，准备迎接袁崇焕的检阅。

六月初三，列队完毕，袁崇焕上岛，开始检阅。

出乎意料的是，毛文龙显得很紧张，几十年的战场经验告诉他，这天可能要出事，所以在整个检阅过程中，他的身边都站满了拿刀的侍卫。

然而，袁崇焕显得很轻松，他的护卫不多，却谈笑自若，搞得毛文龙相当不好意思。

或许是袁崇焕的诚意感动了毛文龙，赶走了护卫，就在当天深夜，来到了袁督师的营帐，和他谈话。

这是他们三次谈话中的第二次。

第二天，和睦的气氛终于到达了顶点，一整天都在吃吃喝喝中度过，夜晚，好戏终于开场。

毛文龙来到袁崇焕的营帐，开始了人生中的最后一次谈话。

一般说来，两人密谈，内容是不会外泄的，好比秦朝赵高和李斯的密谋，要想知道，只能靠猜。

我不在场，也不猜，却知道这次谈话的内容，因为袁崇焕告诉了我。

一个月后，在给皇帝的奏疏中，袁崇焕详细记录了在这个杀戮前的夜晚，他和毛文龙所说的每句话。

袁崇焕说：

"你在边疆这么久，实在太劳累了，还是你老家杭州西湖好。"

毛文龙说：

"我也这么想，只是奴（指后金）尚在。"

袁崇焕说：

"会有人来替你的。"

毛文龙说：

"此处谁能代得？"

袁崇焕没有回答这个问题，接着说：

"我此来劳军，你手下兵士每人赏银一两，布一匹，米一石，按人头发放。"

毛文龙说：

"我这里有三千五百人，明天就去领赏。"

讨论了一些细节问题后，谈话正式结束。

毛文龙的命运就此结束。

他不知道，这个夜晚的这次谈话，是他最后救命的机会，而所有的秘密，就藏在这份看似毫不起眼的记录里。

现在，让我来翻译一下这份记录：

在谈话的开始，袁崇焕说杭州西湖好，解释：毛文龙你回老家吧，只要你把权力乖乖让出来，可以不杀你。

毛文龙说工作任务重，不能走。解释：我在这儿很舒坦，不想走。

袁崇焕说，可以找人替你。解释：这里不是缺了你不行，大把人可以代替你。

毛文龙说，此处谁代得。解释：都是我的人，谁能替我！

这算是谈崩了，接下来的，是袁崇焕的最后一次尝试。

袁崇焕说，按人头发放赏赐。解释：把你的家底亮出来，到底有多少人，老实交代。

毛文龙说，这里的三千五百人，明天领赏。解释：知道你想查我家底，就是不告诉你！

谈不拢，杀吧。

六月五日。

袁崇焕在山上设置了大帐，准备在那里召见毛文龙。

然后他走到路边，等待着毛文龙的到来。

毛文龙列队完毕，准备上山。

袁崇焕拦住了他，说，不用这么多人，带上你的亲信将领就行了。

毛文龙表示同意，带着随从跟着袁崇焕上了山。

在上山的路上，袁崇焕突然停住脚步，对着毛文龙身旁的将校们，说了这样一句话：

"你们在边疆为国效力，每月的粮饷只有一斛，实在太辛苦了，请受我一拜！"

袁督师如此客气，大家受宠若惊，纷纷回拜，所以，在一片忙乱之中，许多人都没有听懂他的下一句话：

"你们只要为国家效力，今后不用怕无粮饷。"

这句话的意思是，就算你们的毛总兵死了，只要继续干，就有饭吃。

一路走，一路聊，袁崇焕很和气，毛文龙很高兴，气氛很好，直到进入营帐的那一刻。

"毛文龙！本部院与你谈了三日，只道你回头是迟也不迟，哪晓得你狼子野心总是欺诳，目中无本部院，国法岂能容你！"

面对袁崇焕严厉的训斥，毛文龙却依旧满脸堆笑——还没反应过来。

太突然了，事情怎么能这样发展呢？

袁崇焕到底是有备而来，毛总兵脑袋还在运算之中，他就抛出了重量级的武器——十二大罪。

这十二大罪包括钱粮不受管辖、冒功、撒泼无礼、走私、干海盗、好色、给魏忠贤立碑、未能收复辽东土地等。

这十二大罪的提出，证明袁崇焕同志的挖坑功夫，还差得太远。

类似这种材料公文，骂的是人是鬼不要紧，有没有事实也不要紧，贵在找得准,打得狠,比如杨涟参魏忠贤的二十四大罪,就是该类型公文的典范。

但袁崇焕给毛文龙栽的这十二条,实在不太高明,所谓冒功、无礼、好色,只要是人就干过,实在摆不上台。而最有趣的,莫过于给魏忠贤立碑,要知道,当年袁巡抚也干过这出,他曾向朝廷上疏,建议在宁远给魏忠贤修生祠,可惜由于提早下课,没能实现。

这些都是扯淡,其实说来说去就两个字:办你。

文龙兄尚在晕菜之际,袁督师已经派人脱了他的官服,绑起来了。

绑成粽子的毛文龙终于清醒过来,大喊一声:

"文龙无罪!"

敢喊这句话,是有底的,毕竟是自己的地盘,几千人就等在外边,且身为一品武官,总镇总兵,除皇帝外,无人敢杀。

但袁崇焕敢,他敢杀毛文龙,有两个原因。

第一个原因:他是袁崇焕,四品文官就敢杀副总兵的袁崇焕。

第二个原因是一件东西,他拿了出来给毛文龙看。

当看到这件东西时,毛文龙终于服软了,这玩意儿他并不陌生,事实上再熟悉不过了,因为他自己也有一件——尚方宝剑。

活到头了。

虽说文龙兄手里也有一把尚方宝剑,可惜那是天启皇帝给的。所谓尚方宝剑,是皇帝的象征,不是死皇帝的象征,人都死了,把死人送给你的宝剑拿出来,吓唬鬼还行,跟现任皇帝的剑死磕,只能是找死了。

手持尚方宝剑的袁崇焕,此刻终于说出了他的心声和名言:

"你道本部院是个书生,本部院是朝廷的将首!"

毛文龙明白,今天这关不低头是过不去了,马上开始装孙子:

"文龙自知死罪,只求督师恩赦。"

统帅认怂了,属下自然不凑热闹,毛文龙的部将毫无反抗,当即跪倒求饶,只求别把自己搭进去。

其实事情到此为止，教训教训毛文龙，也就凑合了。

然而，袁崇焕很执着。

局势尽在掌握，胜利就在眼前，这一切的一切冲昏了他的头脑，让他说出了下面的话：

"今日杀了毛文龙，本督师若不能恢复全辽，愿试尚方宝剑偿命！"

这话很准。

然后他面向京城的方向请旨跪拜，将毛文龙拉出营帐，斩首。

辽东的重量级风云人物毛文龙，就此结束了他传奇的一生。

可惜毛总兵并不知道，他是可以不死的，因为袁崇焕根本就杀不了他，只要他向袁崇焕索要一样东西。

这件东西，就是皇帝的旨意。

在古往今来的戏台、电视剧里，尚方宝剑都是个很牛的东西，扛着到处走，想杀谁就杀谁。

这种观点，基本上是京剧票友的水平，别的朝代且不说，在明朝，所谓尚方宝剑，说起来是代天子执法，但大多数时候，也就做个样子，表示皇帝信任我，给我这么个东西，可以狐假虎威一下，算是特别赏赐。

一般情况下，真凭这玩意儿去砍人的，是少之又少，最多就是砍点儿中低级别的阿猫阿狗，敢杀朝廷一品大员的，也只有袁崇焕这种二杆子。

换句话说，袁崇焕要干掉毛文龙，必须有皇帝的旨意，问题在于，毛文龙同志当官多年，肯定也知道这一点，他为什么不提出来呢？

对于这个疑问，我曾百思不得其解。经过仔细分析材料，才发现，原来毛文龙同志之所以认栽，只是出于一个偶然的误会：

因为当袁崇焕拿出尚方宝剑，威胁要杀掉毛文龙的时候，说过这样一句话，正是这句话，断送了毛文龙的所有期望。

他说：我五年平辽，全凭法度，今天不杀你，如何惩戒后人？皇上给我尚方宝剑，就是为此！

这是句相当忽悠人的话，特别是最后一句，皇上给我尚方宝剑，就是为此。

为此——到底为什么？

所谓为此，就是为了维护纪律，也就是客气客气的话，没有特指，因为皇帝并未下令，用此剑杀死毛文龙。

但在毛文龙听来，为此，就是皇帝发话，让袁同志拿着家伙，今天上岛来砍自己，所以他没有反抗。

换句话说，毛文龙同志之所以束手待毙，是因为他的语法没学好，没搞清主谓宾的指代关系，弄错了行情。

从小混社会，有丰富江湖经验的毛总兵就这么被稀里糊涂地干掉了。这就是小时候不好好读书的恶果。

人干掉了，接下来的是擦屁股程序。

首先是安慰大家，我只杀毛文龙，首恶必办，胁从不问。然后是发钱，袁崇焕随身带着十万两（六千多万元人民币），全都发了，只是这种先杀人，再分钱的方式，实在很像强盗打劫。

而最后，也最重要的一步，是安抚。

毛文龙手下这几万人，基本都是他的亲信，要保证这些人不跑，也不散伙，袁崇焕很是花了一番心思，先是换了一批将领，安插自己的亲信，然后又任命毛文龙的儿子毛承禄当部将，这意思是，我虽然杀了你爹，但那是公事，跟你没有关系，照用你，别再闹事。

几大棒加胡萝卜下去，效果很好，没人闹，也没人反，该干啥还干啥，袁崇焕很高兴。

毛文龙就这么死了，似乎什么都没有改变。

但后果是有的，且非常非常非常非常严重。

最高兴的是皇太极，他可以放心了，因为毛文龙所控制的区域，除皮岛外，还有金州、旅顺等地区，而毛总兵人品虽不咋样，但才能出众，此人一死，这些地盘就算没人管了，他可以放心大胆地进攻京城。

而自信的袁督师认定，他的善后工作非常出色，但他不知道的是，在那群被他安抚的毛文龙部下里，有这样三个人，他们的名字分别是尚可喜、耿仲明、孔有德。

这三位仁兄就不用多介绍了，都是各类"辫子戏"里的老熟人了，前两位先是造反，折腾明朝，后来又跟着吴三桂造反，折腾清朝，史称"三藩"。

而最后这位孔有德更是个极品，他是清朝仅有的两名汉人封王者之一（另一个是吴三桂），当汉奸能当出这么大成就，实在是因为他的汉奸当得非常彻底。

多年后镇守桂林时，他遇到了明末第一名将李定国，被打得满地找牙，气不过，竟然自焚了。清朝认为这兄弟很够意思，就追认了个王。

这三位仁兄原先都是山东的矿工，觉得挣钱没够，就改行当了海盗，后来转正成了毛文龙的部将。事实证明，这三个人只有毛文龙能镇得住，因为两年后，他们就都反了。

事实还证明，他们是很有点儿水平的，后来当汉奸时很能打仗，为大清的统一事业做出了卓越贡献。

再提一句，那位被袁督师提拔的毛文龙之子毛承禄后来也反了，不过运气差点儿，没当上汉奸，就被剁了。

所谓文龙该死，结果大致如此。

但跟上述结果相比，下面这个才是最为致命的。

到底是在朝廷里混过的，杀死毛文龙后，袁崇焕立刻意识到，这事办大了。

所以他立即上疏，向皇帝请罪，说这事我办错了，以我的权力，不应该杀死毛文龙，请追究我的责任，等待皇帝处分。

袁崇焕认识错误的态度很诚恳，方法却不对，如果要追究责任，处分、撤职、充军都是不够的，唯一能够摆平此事的方法，就是杀人偿命。

第七章

杀人

在明朝,杀一个人很难吗?答案是不难。因为大明是法治社会,彻头彻尾的法治社会,要合法地杀掉一个人,就一根烟的工夫,但要落地杀掉一个人,路上遇到劫道的,抡一个闷棍,也是可能的。比如你在明朝犯了法(杀了人),就要定罪,运气要是不好,定了个死罪,就要杀头,但暂时别慌,这绝不是开玩笑,只要熟读以下攻略,就算你在明朝犯了死罪,要想不死,也是可能的。

在明朝，杀一个人很难吗？

答案是不难，拍黑砖、打闷棍、路上遇到劫道的，手脚利落的，也就一根烟的工夫。

但要合法地杀掉一个人，很难。

因为大明是法治社会，彻头彻尾的法治社会。

这绝不是开玩笑，只要熟读以下攻略，就算你在明朝犯了死罪，要想不死，也是可能的。

比如你在明朝犯了法（杀了人），就要定罪，运气要是不好，定了个死罪，就要杀头。

但暂时别慌，只要你没干造反之类的特种行当，不会马上被推出去杀掉，一般都是秋后处决。

有人会问，秋后处决不一样是处决吗？不过是多活两天而已。

确实是多活了，但只要你方式得当，就不只是多活两天，事实上，据记载，最高纪录是二十多年。

之所以出现这种奇怪的现象，是因为要处决一个人，必须经过复核，而在明朝，复核的人不是地方政府，也不是最高法院大理寺，甚至不是刑部部长。

唯一拥有复核权的人，是皇帝。

这句话的意思是，无论你在哪里犯罪，市区、县城乃至边远山区，无论你犯的是什么罪，杀人、放火或是砸人家窗户，且无论你是张三、李四、王二麻子，还是王侯将相，只要你犯了死罪，除特殊情况外，都得层层报批，县城报省城，省城报刑部，刑部报皇帝，皇帝批准，才能把你干掉。

自古以来，人命关天。

批准的方式是打钩，每年刑部的官员，会把判刑定罪的人写成名单，让皇帝去勾，勾一个杀一个。

但问题是，如果你的名字在名单上，无非也就让皇帝大人受累勾一笔，秋后就拉出去砍了，怎么可能活二十多年不死呢？

不死攻略一：

死缓二十多年的奇迹，起源于皇帝大人的某种独特习惯，要知道，皇帝大人在勾人的时候，并不是全勾，每张纸上，他只勾一部分，经常会留几个。

此即所谓君临天下，慈悲为怀，皇帝大人是神龙转世，犯不着跟你们平头百姓计较，少杀几个没关系。

但要把你的性命寄托在皇帝大人打钩上，实在太悬，万一哪天他心情欠佳，全勾了，你也没辙。

所以要保证活下来，我们必须另想办法。

不死攻略二：

相对而言，攻略二的生存概率要高得多，当然，成本也高得多。

攻略二同样起源于皇帝大人的某种习惯——日理万机。

要打通攻略二，靠运气是没戏的，你必须买通一个人，但这个人不是地方官员（能买通早就买了），也不是刑部（人太多，你买不起），更加不是皇帝（你试试看）。

而是太监。

皇帝大人从来不清理办公桌，也不整理公文的，每次死刑名单送上来，都是往桌上一放，打完钩再换一张，毕竟我国幅员辽阔，犯罪分子一点儿不缺，动不动几十张勾决名单，今天勾不完，放在桌上等着明天批。

但是皇帝们绝不会想到，明天勾的那张名单，并不是今天眼前的这张。

玄机就在这里，既然皇帝只管打钩，名字太多，又记不住，索性就把下面的名单挪到上面去，让没出钱的难兄难弟们先死，等过段时间，看着关系户的那张名单又上来了，就再往下放，周而复始，皇帝不批，就不能杀，就在牢里住着，反正管吃管住，每年全家人进牢过个年，吃顿团圆饭，不亦乐乎。

而能干这件事的，只有皇帝身边的太监，而且这事没啥风险，也就是把公文换个位置，又没拿走，皇帝发现也没话说。

但这件事也不容易，因为能翻皇帝公文的，大都是司礼监，能混到司礼监的，都不是凡人，很难攀上关系，且收费也很贵，就算买通了，万一哪天他忘了，或是下去了，该杀还是得杀。

无论费多大功夫，能保住命，还是值得的。

不过需要说明的是，以上攻略不适用于某些特殊人物，比如崇祯，工作干劲儿极大，喜欢打钩，一勾全勾完，且记性极好，又比较讨厌太监，遇到这种皇帝，就别再指望了。

综上所述，在明代，要干掉一个人，是很难的。

之所以说这么多，得出这个结论，只是要告诉你，袁崇焕的行为，有多么严重。

杀个老百姓，都要皇帝复核，而握有重兵、关系国家安危的一品武官毛文龙，就这么被袁崇焕杀了，却连个报告都没有。

仅此一条，即可处死袁崇焕。

更重要的是，此时已有传言，说袁崇焕杀死毛文龙，是与皇太极配合投敌，因为他做了皇太极想做而做不到的事。

这种说法是比较扯的，整个辽东都在袁崇焕的手中，他要投敌，打开关宁防线就行，毛文龙只能在岛上看着。

事情闹到这步，只能说他实在太有个性了。

在朝廷里，太有个性的人注定是混不长的。

但袁崇焕做梦也没想到，他等来的，却是一份嘉奖。

崇祯二年（1629）六月十八日，崇祯下令，痛斥毛文龙专横跋扈，目无军法，称赞袁崇焕处理及时，没有防卫过当，加以奖励。

这份旨意说明了崇祯对袁崇焕的完全推崇和信任，以及对毛文龙的完全唾弃。

他是这样说的，不是这样想的。

按照史料的说法，听说此事后，崇祯"惊惶不已"。

惊惶是肯定的，好不容易找了个人收拾残局，结果这人一上来，啥都没整，就先干掉了帮自己撑了八年的毛总兵，脑袋进水了不成？

但崇祯同志不愧为政治家，关键时刻义无反顾地装了孙子：人你杀了，就是骂你，他也活不了，索性骂他几句，说他死得该再吐上几口唾沫，没问题。

袁崇焕非常高兴，杀人还杀出好了，很是欢欣鼓舞了几天，但他并不清楚，他可以越权，可以妄为，却必须满足一个条件。

这个条件的名字，叫作办事。

要当督师，可以；要取消巡抚，可以；辽东你说了算，可以；杀掉毛文龙，也可以；但前提条件是，你得办事，五年平辽，只要平了，什么都好办，平不了嘛，就办你。

袁崇焕很清楚这点，但毕竟还有五年，鬼知道五年后什么样，慢慢来。

但两个月后，一个人的一次举动，彻底改变了他的命运，顺便说一句，这人不是故意的。

崇祯二年（1629）十月，皇太极准备进攻。

虽然之前曾被袁崇焕暴打一顿，狼狈而归，但现实是严峻的，上次抢回来的东西，都用得差不多了，又没有再生产能力，不抢不行啊。

可问题是，关宁防线实在太硬，连他爹算在内，都去了两次了，连块砖头都没能敲回来。

皇太极进攻的消息，袁崇焕听到过风声，一点儿不慌。

北京，背靠太行山脉和燕山山脉，通往辽东的唯一大道就是山海关，把这道口子一堵，鬼都进不来，所以袁崇焕很安心。

关卡是死的，人是活的。

冥思苦想的皇太极终于想出了通过关宁防线的唯一方法——不通过关宁防线。

中国这么大，不一定非要从辽东去，飞不了，却可以绕路。

辽东没法走，那就绕吧，绕到蒙古，从那儿进去，没辙了吧。

就这样，皇太极率十万军队（包括蒙古部落），发动了这次决定袁崇焕命运的进攻。

这是一次载入军事史册的突袭，皇太极充分展现了他的军事才华，率军以不怕跑路的精神，跑了半个多月，从辽东跑到辽西，再到蒙古。

蒙古边界没有坚城，没有大炮，皇太极十分轻松地跨过长城，在地图上画了个半圆后，于十月底到达明朝重镇遵化。

遵化位于北京东北面，距离仅二百多公里，一旦失守，北京将无险可守。

袁崇焕终于清醒了，但大错已经酿成，当务之急，是派人挡住皇太极。

估计是欺负皇太极上了瘾，袁崇焕没有亲自上阵，他把这个光荣的任务交给了赵率教。

皇太极同志带了十万人，全部家当，以极为认真的态度来抢东西，袁崇焕竟然只派个手下，率这么点儿人（估计不到一万）来挡，太瞧不起人了。

赵率教不愧名将之名，得令后率军连赶三天三夜，于十一月三日到达遵化，很不容易。

十一月四日，出去打了一仗，死了。

对于赵率教的死，许多史料上说，他是被冷箭射死，部下由于失去指挥，导致崩溃，全军覆没。

但我认为赵率教死不死，不是概率问题，是个时间问题，就那么点儿人，要对抗十万大军，就算手下全变成赵率教，估计也挡不住。

赵率教阵亡，十一月五日，遵化失陷。

占领遵化后，后金军按照惯例，火光冲天，鬼哭狼嚎。再讲一下，不知是为了留个纪念，还是觉得风水好，清军入关后，把遵化当成了清朝皇帝的坟地，包括所谓"千古一帝"的康熙、乾隆以及"名垂青史"的慈禧太后，都埋在这里。

几具有名的尸体躺在无数具无名的尸体上，所谓之霸业，如此而已。

最后说几句，到了民国时期，土匪出身的孙殿英又跑到遵化，挖了清朝的祖坟，据说把乾隆、慈禧等一干伟大人物的尸体乱踩一通，着实是叫他们死不瞑目。当然，由于此事干得不地道，除个别人（冯玉祥）说他是革命行为外，大家都骂；又当然，骂归骂，从坟里掏出来的宝贝，什么乾隆的宝剑、慈禧的玉枕头（据说是蒋介石拿了），还是该怎么收就怎么收。

几百年折腾来，折腾去，也就那么回事。

但遵化怎么样，对当时的袁崇焕而言，已经不重要了。

十一月五日，得知消息的袁督师明白，必须出马了。随即亲率大军，前去迎战皇太极。

十一月十日，当他到达京城近郊，刚松口气的时候，却得知了一个意外的消息。

原任兵部尚书王洽被捕了，而接替他的人，是孙承宗。

王洽刚上任不久就下台，实在是运气太差，突然遇上这么一出，打也打不过，守也守不住，只好撤职。一般说来，老板开除员工，也就罢了，但崇祯老板比较牛，撤职之后又把他给砍了。

关键时刻，崇祯决定，请孙承宗出马，任内阁大学士、兵部尚书。

在这场史称"己巳之变"的战争中，这是崇祯做出的最英明，也是唯一英明

第七章 杀人

的决定。

此时的袁崇焕已经到达遵化附近的蓟州，等待着皇太极的到来，因为根据后金军之前的动向看，这里将是他的下一个目标。

这是个错误的判断。

皇太极绕开蓟州，继续朝京城挺进。

情况万分紧急，因为从种种迹象看，他的最终目的就是京城。

但袁崇焕不这么看，他始终认为，皇太极就是个抢劫的，兜圈子也好，绕路也罢，抢一把就走，京城并无危险。

其实孙承宗也这样认为，但毕竟是十万人的抢劫团伙，所以他立即下令，袁崇焕应立即率部，赶到京郊昌平、三河一带布防，阻击皇太极。

到此为止，事情都很正常。

接下来发生的一切，都很不正常。

袁崇焕知道了孙承宗的部署，却并未执行，当年的学生，今天的袁督师，已无须服从老师的意见。

他召集军队，开始了一种极为诡异的行动方式。

十一月十一日，袁崇焕率军对皇太极发动追击，说错了，是只追不击。

皇太极绕过蓟州，开始北京近郊旅游，三河、香河、顺义一路过去，所到之处都抢劫留念。袁崇焕一直跟着他，抢到哪里就跟到哪里。

就这样，袁崇焕几万人，皇太极十万人，共十多万人在北京周围转悠，从十一日到十五日，五天一仗没打。

袁崇焕在这五天里的表现，是有争议的，争议了几百年，到今天都没消停。

争议的核心只有一个：他到底想干什么？

大敌当前，既不全力进攻，也不部署防守，为什么？

当时人民群众的看法比较一致：袁崇焕是叛徒。

不攻也不守，跟着人家兜圈子，不是叛徒是什么？

更重要的是，皇太极在这五天里没闲着，四处抢劫，抢了又没人做主，郊区居民异常愤怒，都骂袁崇焕。

朝廷的许多高级官员也很愤怒，也骂袁崇焕，因为他们也被抢了（北京城市土地紧张，园林别墅都在郊区）。

民不聊生，官也不聊生，叛徒的名头算是背定了。

所以每当翻阅这段史料时，我总会寻找一样东西——动机。

叛徒是不对的，要叛变不用等到今天，他手下的关宁军是战斗力最强的部队，将领全都是他的人，只要学习吴三桂同志，把关一交，事情就算结了。

失误也不对，凭他的智商和水平，跟着敌人兜圈之类的蠢事，也还干不出来。

所以我很费解，费解他的举动为何如此奇怪，直到我想起了三年前他对熊廷弼说过的四个字，才终于恍然大悟：

"主守，后战。"

致命漏洞

袁崇焕很清楚，以战斗力而言，如果与后金军野战，就算是最精锐的关宁铁骑，也只能略占上风，要想彻底击败皇太极，必须用老方法：凭坚城，用大炮。

而这里，唯一的坚城，就是北京。

为实现这一战略构想，必须故意示弱，引诱皇太极前往北京，然后以京城为依托，发动反击。

鉴于袁崇焕同志已经死了，也没时间告诉我他的想法，但事情的发展印证了这一切。

十一月十六日，当皇太极终于掉头，冲向北京时，袁崇焕当即下令，向北京进发。

袁崇焕坚信，到达京城之时，即是胜利到来之日。

但事实上，命令下发的那天，他的死期已然注定。

因为在计划中，他忽视了一个十分不起眼，却又至关重要的漏洞。

一直以来，袁崇焕的固定战法都是坚守城池，杀伤敌军，待敌疲惫再奋勇出击，从宁远到锦州，屡试不爽。

所以这次也一样，将敌军引至城下，诱其攻坚，待其受挫后，全力进攻，可获全胜。

很完美，很高明。如此完美高明的计划，大明最伟大的战略家、城里的孙承宗先生竟然没想到？

孙承宗想到了。

他坚持在北京外围迎敌，不想诱敌深入，不想大获全胜，并不是他愚蠢，而是因为他不但知道袁崇焕的计划，还知道这个计划的致命漏洞。

这个漏洞，可以用五个字来概括：这里是北京。

无论理论还是实战，这个计划都无懈可击，之前宁远的胜利已经证明，它是行得通的。

但是这一次，它注定会失败，因为这里是北京。

宁远也好，锦州也罢，都是小城市，里面当兵的比老百姓还多，且位居前线，都是袁督师说了算，让守就守，让撤就撤，不用讨论，不用测评。

但在京城里，说话算数的人只有一个，且绝不会是袁崇焕。

袁督师这辈子什么都懂，就是不懂政治。皇上坐在京城里，看着敌军跑来跑去，就在眼皮子底下转悠，觉都睡不好，把你叫来护驾，结果你也跑来跑去，就是不动手，把皇帝当猴耍，现在连招呼也没打，就突然冲到北京城下，到底想干什么？！

洞悉这一切的人，只有孙承宗。

所以谦虚的老师设置了那个无比保守，却也是唯一可行的计划。

然而，骄傲的学生拒绝了这个计划，他认为，自己已经超越了老师。

就在袁崇焕率军到达北京的那一天，孙承宗派出了使者。

这位使者前往袁崇焕的军营，只说了一段话：皇上十分赏识你，我也相信你的忠诚，但是你杀掉了毛文龙，现在又把军队驻扎在城外，很多人都怀疑你，希望你尽力为国效力，若有差错，后果不堪设想。

虽然在史料上，这段话是使者说的，但很明显，这是一个老师，对他学生的最后告诫。

孙承宗的判断一如既往，很准。

袁崇焕到北京的那一天，是十一月十七日，很巧，他刚到不久，另一个人就到了——皇太极。

跳进黄河都洗不清了。

我查过当时的布阵方位，皇太极的军队在北城，而袁崇焕在南城的广渠门，虽说比较远，但你刚来，人家就到，实在太像带路的，要人民群众不怀疑你，实在很难。

更重要的是，明朝有规定，边防军队，未经皇帝允许，不得驻扎于北京城下。但袁崇焕同志实在很有想法，谁都没请示，就到了南城。

到这份儿上，如果还不怀疑袁崇焕，就不算正常了。

京城里大多数人很正常，所以上到朝廷，下到卖菜的，全都认定，袁崇焕有问题。

唯一不正常的，是崇祯。

他没有骂袁崇焕，只是下令袁崇焕进城，他要亲自召见。

召见的地点是平台，一年前，袁崇焕在这里，得到了一切。现在，他将在这里，失去一切。

其实袁崇焕本人是有思想准备的，一年过去，寸土未复不说，还让皇太极打到了城下，实在有点儿说不过去，皇帝召见，大事不妙。

如果是叛徒，是不会去的，然而他不是叛徒，所以他去了。

跟他一起进去的，还有三个人，分别是总兵满桂、黑云龙、祖大寿。

祖大寿是袁崇焕的心腹，而满桂跟袁崇焕有矛盾，黑云龙是他的部下。

此前我曾一度纳闷儿，见袁崇焕，为什么要拉这三个人进去，后来才明白，其中大有奥妙。

袁崇焕的政治感觉相当好，预感今天要挨整，所以进去时脱掉了官服，穿着布衣，戴黑帽子以示低调。

然而，接下来的事情却是他做梦都想不到的。

崇祯没有发火，没有训斥，只是做了一个动作：

他解下了自己身上的大衣，披到了袁崇焕的身上。

袁督师目瞪口呆。

一年多啥也没干，敌人都打到城下了，竟然还这么客气，实在太够意思了。

在以往众多的史料中，对崇祯同志都有个统一的评价：急躁。

然而，这件事情充分证明，崇祯，是一个成熟、卓越的政治家。

一年前开会，要钱给钱，要粮给粮，看谁顺眼就提谁（比如祖大寿），看谁不顺眼就换谁（比如满桂），无所谓，只要把活干好。

一年了，寸土未复，却干掉了牵制后金的毛文龙；皇太极来了，也不玩命打，倒跟他在城边兜圈子；还严重违反治安规定，擅自带兵进驻城下，还是那句话，你到底想干什么？

在这种情况下，只要是正常人，就要解决袁崇焕了。

崇祯不是正常人，他是皇帝，一个有着非凡忍耐力和政治判断力的皇帝。

以他的脾气，换在以往，早就把袁崇焕给剁了，现在情况紧急，必须装孙子。

所以自打袁崇焕进来，他一直都很客气，除了脱衣服，就是说好话，你如何辛苦、如何忠心、我如何高兴等。

其实千言万语就一句话：你的工作干得很不好，我很不高兴，但是现在不能收拾你。

到这个份儿上，还能如此克制，实在难得，如果要给崇祯同志的表现打分的话，应该是十分。

而袁崇焕同志之后的表现，应该是负分。

说的事情没有做到，做的事情不应该做，又让皇帝大人吃那么多苦头，却得到了这样的嘉奖，袁崇焕受宠若惊。

所谓受宠若惊，是受宠后自己吃惊，他接下来的举动，却让别人吃惊。

在感谢皇帝大人的恩典后，袁崇焕开始了一场让无数人匪夷所思许多年的演说：

他首先描述了敌情，按照他的说法，敌军异常强大，且倾尽全力，准备拿下北京，把皇帝陛下赶出去，连继位的日子都定好了，很难抵挡。

这段话是彻头彻尾的胡说，且是故意的胡说，皇帝大人不懂业务，或许还会乱想，袁崇焕是专业人士，明知皇太极是穷得没办法，才来抢一把的，抢完了人家即回去了，竟然还要蒙领导，实在太不像话了。

但问题的关键在于，为什么？

袁崇焕的这一表现，被当时以及后来的许多人认定，他是跟皇太极勾结的叛徒。

从经济学的观点来看，这是不太可能的。所谓勾结，总得有个理由，换句话说，有个价钱，但问题是，当年皇太极同志，可是很穷的。

要知道，皇太极之所以来抢，是因为家里没钱，没钱，怎么跟人勾结呢？

虽说此前也有李永芳、范文程之类的人前去投奔，但事实上，也都并非什么大人物。比如李永芳，只是个地区总兵，而且就这么个小人物，努尔哈赤同志都送了一个孙女、一个驸马的（额驸）头衔，还有无数金银财宝，才算把他套住。

范文程更不用说，大明混不下去，到后金混饭吃的，只是一个举人而已，皇太极都给个大学士，让他当主力参谋。

李永芳投降的时候，是地区副总兵，四品武官，努尔哈赤就搭进去一个孙女，按照这个标准，如果要买通明代最大地方官，总管辽东、天津、登州、莱州、蓟州五个巡抚的袁崇焕，估计他就算把女儿、孙女全部打包送过去，也是白搭。

至于分地盘，就更不用说了，皇太极手里的地方，也就那么大，要分都拿不出手，谁跟你干？

当然，如果你非要较真儿，说他们俩一见如故，不要钱和地盘，老子也豁出去跟你干，我也没办法。

所以从经济学的角度讲，只要袁崇焕智商正常，是不会当叛徒的。

他糊弄皇帝的唯一原因，是两个字——心虚。

没法不心虚，跟皇帝吹了牛，说五年平辽，不到一年，人家就带兵来平你了，之前干掉了毛总兵，在北京城下又跟人兜圈，不经许可冲到城下，这事干得实在太糙。

不把敌人说得狠点儿，不把任务描述得艰巨点儿，怎么混过去？

可他万万没想到，这一糊弄，就糊弄过了。

皇帝当场傻眼不说，大臣们都吓得不行，户部尚书毕自严的舌头伸了出来，半天都没收回去。

客观地讲，袁督师干了一件相当缺德的事。但精彩的表演还没完，等大家惊讶完后，他又说了这样一句话。

我始终认为，这句话让他最终送了命：

"我的士兵连日征战，希望能够进城休整。"

没救了。

在明朝，边防军队未经许可进驻城下，基本就算造反，竟然还要兵马入城休息，实在太嚣张了。

当然，这个要求是有前科的，之前不久，满桂在城外与后金军大战，中途曾经进入德胜门瓮城休息。按袁崇焕的想法，他的地位比满桂高，满桂能进瓮城，他也能进。

举动如此可疑，大家本来就猜忌你，还要带兵入城，辽东人参吃多了。

所以，崇祯立即做出了答复：不行。

袁督师倒也不依不饶：那我自己进城。

答复：不行。

会议就此结束。

这一天是崇祯二年（1629）十一月二十三日，根据种种迹象显示，崇祯判定，袁崇焕不可再用。

但除掉此人，还需要时间，至少七天。

幕后人物

袁崇焕的宿命已经注定。

但他的悲剧，不在于他最后被杀，而是他直到被杀，也不知道为什么。

事实上，置他于死地的那几条罪状里，有一条是很滑稽的。

这条滑稽的罪状，源于三天前的一次偶然事件。

三天前，是十一月二十日。

在这一天，皇太极率军发动了进攻。

这是自于谦保卫战后，京城发生的最大规模的战斗，皇太极以南北对进战术，分别进攻北城的德胜门和南城的广渠门。

为保证不白来，皇太极下了血本，北路军五万余人，由他亲自率领，随同攻击的包括大贝勒代善、济尔哈朗等，而守卫北城的，是满桂。

南路军也不白给，共四万人，三贝勒莽古尔泰带队，还包括后来辫子戏里的主要角色多尔衮、多铎，守在这里的，就是袁崇焕。

战斗同时开始。

袁崇焕率所部九千余人，在城外列阵迎敌。

莽古尔泰虽然比较蠢，但算术还是会的，四万对九千，往前冲就是了。

但战术还是要讲的，他率军先冲袁崇焕的左翼，冲不动，退了。

过了一会儿，又率军冲击明军右翼，还是冲不动，又退了。

估计是自尊心受到了伤害，第三次，他率领全部主力，直接扑袁崇焕。

后果很严重。

袁崇焕带来的，是明军最精锐的部队——关宁铁骑。

而且据某些史料讲，包括祖大寿、吴襄在内的一干猛人，都在这支部队里。

几乎就在莽古尔泰冲锋的同时，袁崇焕发动了反冲锋。

此战无须介绍战术，因为基本没有战术，双方骑兵对冲，谁更能砍，谁就能赢。

战斗过程极其惨烈，四小贝勒之一的阿济格的坐骑被射死，他身中数箭，差点儿当场完蛋，莽古尔泰本人被击伤。

袁崇焕也很悬，为鼓励士兵，他亲自上阵参加冲锋。据史书记载，他左冲右突如入无人之境，身中数箭，竟然毫发无伤，有如神助。

同样身中数箭，阿济格被射得奄奄一息，袁督师还能继续奋斗，秘诀在于四个字——"重甲难透"。

这四个字的意思是，袁督师身上的盔甲厚，箭射到他身上，一点儿事都没有。

在关宁铁骑的攻击下，后金军开始败退。

但八旗军的战斗力相当强悍，加上莽古尔泰虽然脑子不好用，倒是还有几把力气，再次集结部队，发动了第二次冲锋。

死磕的力量是很大的，袁督师的中军被冲散，他在乱军之中被人围攻，差点儿被剁，好在部下反应快，帮他格了几刀（格之获免），才从鬼门关爬出来。

稳住阵脚后，关宁军开始反击。然后又是你打过来，我打过去，一直折腾了八个钟头，直到傍晚六点，莽古尔泰终于支持不住，败退，没来得及跑的，都被赶进了护城河。

广渠门之战结束，后金累计伤亡一千余人，明军大胜。

南城胜利之际，北城的满桂正在苦苦支撑。

进攻德胜门的军队，包括皇太极的亲军主力，战斗力非常强，满桂先派部将迎战，没一会儿就被打回来了。关键时刻，满桂同志表现出了高昂的革命斗志，亲自上阵，并指挥城头炮兵开炮支援。

在他的光辉榜样映照下，城下明军勇猛作战，城上明军勇猛开炮，后金军死伤惨重。但不知城头上的哪位仁兄，点炮的时候太过勇猛，一哆嗦偏了准头，一炮直奔满桂同志，当场就把他撂倒，遍体鳞伤，好在捡了条命，被人护着回去养伤了。

主帅虽然撤走，但在大炮的掩护下，明军依然奋战不已。付出重大伤亡后，皇太极被迫撤退，德胜门之战就此结束。

这一天对袁崇焕而言，是很光荣的，他凭借自己的精兵良将，在京城打败了实力强劲的八旗军。

更重要的是，同一天出战的满桂，是他的死敌，当着皇帝的面，一个打出去，一个抬回来，实在很有面子。

可是他想不到，满桂同志的这笔账，最终会算到他的身上，因为在那天战役结束时，一个流言开始在京城流传：

开炮打伤满桂的，就是袁崇焕。

这个说法是不可信的，因为满桂在德胜门作战，而袁崇焕在广渠门，今天在北京，要跑个来回，估计都要一个钟头，无论如何，袁崇焕都是过不去的。

但袁督师背这个黑锅，也不是全无道理。他跟满桂从宁远就开始干仗，后来硬把满总兵挤回关内，从来就不待见这人，现在满桂受伤了，算在他头上也不奇怪。

从毛文龙开始，到满桂，再到崇祯，袁崇焕一步步将自己逼入绝境，虽然他自己并不知晓。

袁崇焕，广西藤县人。自"蛮夷之地"而起，奋发读书，然资质平平，四次落第，以三甲侥幸登科。后赴辽东，得孙承宗赏识，于辽东溃败之时，以独军守孤城，屹然不倒，先后击溃努尔哈赤、皇太极父子，护卫辽东。

后受阉党所迫离职，蒙崇祯器重再起，然性格跋扈，调离满桂，安插亲信，以尚方宝剑杀毛文龙，奉调守京，不顾大局，擅自驻防于城下，致京郊怨声四起，后不惜性命，与皇太极苦战，大破敌军，不顾生死，身先士卒。

我想，差不多了。

最终命运揭晓之前，袁崇焕的表现大致如此。

他并不是一个天赋异禀的人，经过努力和奋斗，还有难得的机遇（比如遇到孙承宗），才最终站上历史的舞台。

他并不完美，不守规章，不讲原则，想怎么干就怎么干，私心很重，听话的就提，不听话的就整（或杀）。

而某些所谓"专家"的所谓"力挽狂澜"，基本就是扯淡。关于这个问题，我曾在社科院明史学会的例会上，跟很多专家讨论过多次。客观地讲，以他的战略眼光（跟着皇太极绕京城跑圈）和实际表现（擅杀毛文龙），守城出战确属上乘。让他继续镇守辽东，还能闹出什么事来也难说，所谓挽救危局，随便讲讲吧。

袁崇焕绝不是叛徒，也绝不是一个关键性人物，他存在与否，并不能决定明朝的兴衰成败。换句话说，以他的才能，无论怎么折腾，该怎么样还怎么样。

对于这个悲剧性的结论，我不知道袁崇焕是否知道。他的一生丰富多彩：困守孤城、决死拼杀、遭人排挤、纵横驰骋、身处绝境，人家遇不上的事，他大都遇上了。

但无论何时、何地，得意、失意，他一直在努力，他坚信，自己的努力终将改变一切。

他始终没有放弃过

崇祯二年（1629）十一月二十七日，京城九门换防，一切准备就绪。

最终的结局已经注定，无须改变，也无法改变。

就在这天，坚定的袁崇焕开始了自己人生中的最后一战——左安门之战。

袁崇焕列队于城外。

因为不能入城，只能背城布阵，背对着冰冷的墙砖，在京城凛冽的寒风中，他面对皇太极，展开了波澜壮阔人生的最后一幕。

后金军用潮水般的进攻，证明了自己还想进北京抢一把的美好愿景，但关宁铁骑用倒在他们面前的无数尸体证明，你们不行。

双方在左安门外持续激战，经过长达五个多小时的拉锯战，皇太极终于支持不住，再次败退。左安门之战，以明军获胜告终。

结束了，都结束了。

一个将军最好的归宿，就是在最后一场战役中，被最后一颗子弹打死。

——巴顿

我原先认为，说这句话的人，应该是吃饱了撑的外加精神失常，现在我明白了，他是对的。

第八章

坚持到底的人

刚刚得到指示，马上就从马头上领工资这种鬼事都是跑着去的，袁崇焕二话不说，往城里跑，所以他忽略了如下问题：既然是汉奸，为什么要拉上祖大寿？跑到城下，却没人迎接，也不给开城门，等了半天，丢下来个筐子，让袁督师蹲进去拉上来。这种入城法虽说比较寒碜，但好歹是进去了，在城内守军的指引下，他来到了平台，满桂和黑云龙也来了，正等待着他。在这个曾带给他无比荣誉和光

崇祯二年（1629）十二月一日，袁崇焕得到指示，皇帝召见立即进城。

召见的理由是议饷，换句话说就是发工资。

命令还说，部将祖大寿一同觐见。

从古到今，领工资这种事都是跑着去的，袁崇焕二话不说，马上往城里跑，所以他忽略了如下问题：既然是议饷，为什么要拉上祖大寿？

跑到城下，却没人迎接，也不给开城门，等了半天，丢下来个筐子，让袁督师蹲进去，拉上来。

这种入城法虽说比较寒碜，但好歹是进去了，在城内守军的指引下，他来到了平台。

满桂和黑云龙也来了，正等待着他。

在这个曾带给他无比荣誉和光辉的地方，他第三次见到了崇祯。

第一次来，崇祯很客气，对他言听计从，说什么是什么，要什么给什么。第二次来，还是很客气，十一月份了，城头风大（我曾试过），二话不说就脱衣服，很够意思。

第三次来，崇祯很直接，他看着袁崇焕，以低沉的声音，问了他三个问题：

一、你为什么要杀毛文龙？

二、敌军为何能长驱直入，进犯北京？

三、你为什么要打伤满桂？

袁崇焕没有回答。

对于他的这一反应，许多史书上说，是没能反应过来，所以没说话。

事实上，他就算反应过来，也很难回答。

比如毛文龙同志，实在是不听话外加不顺眼，才剁了的，要跟崇祯明说，估计是不行的。再比如敌军为何长驱直入，这就说来话长了，最好拿张地图来，画几笔，解释一下战术构思，最后再顺便介绍自己的作战特点。

至于最后的满桂问题，对袁督师而言，是很有点儿无厘头的，因为他确实不知道这事。

总而言之，这三个问题下来，袁督师就傻了。

对于袁督师的沉默，崇祯更为愤怒，他当即命令满桂脱下衣服，展示伤疤。

其实袁崇焕是比较莫名其妙的，说得好好的，你脱衣服干吗？又不是我打的，关我屁事。

但崇祯就不这么想了，袁崇焕不出声，他就当是默认了，随即下令，脱去袁崇焕的官服，投入大牢。

这是一个让在场所有人都很惊讶的举动，虽然有些人已经知道，崇祯今天要整袁崇焕，但万万没想到，这哥们儿竟然玩大了，当场就把人给拿下，更重要的是，袁崇焕手握兵权，是城外明军总指挥，敌人还在城外呢，你把他办了，谁来指挥？

所以内阁大学士成基命、户部尚书毕自严马上提出反对，说了一堆话，大致意思是：敌人还在，不能冲动，冲动是魔鬼。

但崇祯实在是个四头牛都拉不回来的人物，老子抓了就不放，袁崇焕军由祖大寿率领，明军总指挥由满桂担任，就这么定了！

现在你应该明白，为什么两次平台召见，除袁崇焕外，还要叫上满桂、黑云龙和祖大寿。

祖大寿是袁崇焕的心腹，只要他在场，就不怕袁军哗变，而满桂是袁崇焕的死敌，抓了袁崇焕，可以马上接班，如此心计，令人胆寒。

综观崇祯的表现，断言如下：但凡说他蠢的，真蠢。

但这个滴水不漏的安排，还是漏水。

袁崇焕被抓的时候，祖大寿看上去并不吃惊。

他没有大声喧哗，也没有高调抗议，甚至连句话都没说。毕竟抓了袁崇焕后，崇祯就马上发了话，此事与其他人无关，该干什么还干什么。

但史书依然记下了他的反常举动——发抖、出门的时候迈错步等。

对于这一迹象，大家都认为很正常——领导被抓了，抖几抖没什么。

只有一个人发现了其中的玄妙。

这个人叫余大成，时任兵部职方司郎中。

祖大寿刚走，他就找到了兵部尚书梁廷栋，对他说：

"敌军兵临城下，辽军若无主帅，必有大乱！"

梁廷栋毫不在意：

"有祖大寿在，断不至此！"

余大成答：

"作乱者必是此人！"

梁廷栋没搭理余大成，回头进了内阁。

在梁部长看来，余大成说了个笑话，于是，他就把这个笑话讲给了同在内阁里的大学士周延儒。

这个笑话讲给一般人听，也就是笑一笑，但周大学士不是一般人。

周延儒，字玉绳，常州人，万历四十一年（1613）进士。

周延儒同志的名气，是很大的，十几年前我第一次翻《明史》的时候，曾专门去翻他的列传，没有翻到，后几经查找才发现，这位仁兄被归入了特别列传——《奸臣传》。

奸臣与否不好说，奸是肯定的，此人天资聪明，所谓万历四十一年（1613）进士，那是谦虚的说法，事实上，他是那一年的状元，不但考试第一，连面试

（殿试）也第一。

听到这句话，嗅觉敏锐的周延儒立即起身，问：

"余大成在哪里？"

余大成找来了，接着问：

"你认为祖大寿会反吗？"

余大成回答：

"必反。"

"几天？"

"三天之内。"

周延儒立即指示梁廷栋，密切注意辽军动向，异常立即报告。

第一天，十二月二日，无事。

第二天，十二月三日，无事。

第三天，十二月四日，出事。

祖大寿未经批示，于当日凌晨率领辽军撤离北京，他没有投敌，临走时留下话，说要回宁远。

回宁远，也就是反了，皇帝十分震惊，关宁铁骑是精锐主力，敌人还在，要都跑了，这烂摊子怎么收拾？

周延儒很镇定，他立即叫来了余大成，带他去见皇帝谈话。

皇帝问：祖大寿率军出走，怎么办？

余大成答：袁崇焕被抓，祖大寿心中畏惧，不会投敌。

皇帝再问：怎么让他回来？

余大成答：只有一件东西，能把他拉回来。

这件东西，就是袁崇焕的手谕。

好办，马上派人去牢里，找袁督师写信。

袁督师不写。

可以理解，被人当场把官服收了，关进了号子，有意见难免，加上袁督师本非善男信女，任你说，就不写。

急眼了，内阁大学士，外加六部尚书，搞了个探监团，全跑到监狱去，轮流劝说，口水乱飞，袁督师还是不肯，还说出了不肯的理由：

"我不是不写，只是写了没用，祖大寿听我的话，是因为我是督师，现我已入狱，他必定不肯就范。"

这话糊弄崇祯还行，余大成是懂业务的：什么你是督师，他才听你的话，那崇祯还是皇上呢，他不也跑了吗？

但这话说破，就没意思了，所以余大成同志换了个讲法，先捧了捧袁崇焕，然后从民族大义方面，对袁崇焕进行了深刻的教育，说到最后，袁督师欣然拍板，马上就写。

拿到信后，崇祯即刻派人，没日没夜地去追，但祖大寿实在跑得太快，追上的时候，人都到锦州了。

事实证明，袁督师就算改行去卖油条，说话也是管用的，祖大寿看见书信（还没见人），就当即大哭失声，二话不说就带领部队回了北京。

局势暂时稳定，一天后，再度逆转。

十二月十七日，皇太极再度发起攻击。

这次他选择的目标，是永定门。

估计是转了一圈，没抢到多少实在玩意儿，所以皇太极决定，玩一把大的，他集结了所有兵力，猛攻永定门。

明军于城下列阵，由满桂指挥，总兵力约四万，迎战后金。

战役的结果再次证明，古代游牧民族在玩命方面，有优越性。

经过整日激战，明军付出重大伤亡，主将满桂战死，但后金军也损失惨重，未能攻破城门，全军撤退。

四年前，四品文官袁崇焕站在那座叫宁远的孤城里，面对着只知道攒钱的满桂、当过逃兵的赵率教、消极怠工的祖大寿，说：

"独卧孤城，以当虏耳！"

在绝境之中，他们始终相信，坚定的信念，必将战胜强大的敌人。

之后，他们战胜了努尔哈赤，战胜了皇太极，再之后，是反目、排挤、阵亡、定罪、叛逃。

赵率教死了，袁崇焕坐牢了，满桂指认袁崇焕后，也死了，祖大寿终将走上那条不归之路。

共患难者，不可共安乐，世上的事情，大致都是如此吧。

密谋

永定门之战后，一直没捞到硬货的皇太极终于退兵了——不是真退。

他派兵占据了遵化、滦城、永平、迁安，并指派四大贝勒之一的阿敏镇守，以此为据点，等待时机再次发动进攻。

战局已经坏到不能再坏的地步，虽然外地勤王的军队已达二十多万，鉴于满桂这样的猛人也战死了，谁都不敢轻举妄动，朝廷跟关外已基本失去联系，辽东如何，山海关如何，鬼才知道，京城人心惶惶，形势极度危急。

然后，真正的拯救者出现了。

半个月前，草民孙承宗受召进入京城，皇帝对他说，从今天起，你就是大学士，这是上级对你的信任。

然后皇帝又说，既然你是孙大学士了，现在出发去通州，敌人马上到。

对于这种平时不待见，临时拉来背锅的欠揍行为，孙承宗没多说什么，在他看来，这是义务。

但要说上级一点儿不支持，也不对。孙草民进京的时候，身边只有一个人，他去通州迎敌的时候，朝廷还是给了孙大学士一些人。

一些人的数量是，二十七个。

孙大学士就带着二十七个人，从京城冲了出来，前往通州。

当时的通州已经是前线了，后金军到处劫掠，杀人放火兼干车匪路霸，孙大学士路上就干了好几仗，还死了五个人，到达通州的时候，只剩二十二个。

通州是有兵的，但不到一万人，且人心惶惶。总兵杨国栋本来打算跑路了，孙承宗把他拉住，硬拽上城楼，巡视一周，说明白不走，才把大家稳住。

通州稳定后，作为内阁大学士兼兵部尚书，孙承宗开始协调各路军队，组织作战。

以级别而言，孙大学士是总指挥，但具体实施起来，却啥也不是。

且不说其他地区的勤王军，就连嫡系袁崇焕都不听招呼。孙承宗说，你别绕来绕去，在通州布防，把人挡回去就是了，偏不听。协调来协调去，终于把皇太极协调到北京城下。

然后又是噼里啪啦一阵乱打，袁督师进牢房，皇太极也没真走，占着四座城池，随时准备再来。京城附近的二十多万明军，也是看着人多，压根儿没人出头，关宁铁骑也不可靠，祖大寿都逃过一次了，难保他不逃第二次。

据说孙承宗是个水命，所以当救火队队员实在是再适合不过了。

他先找祖大寿。

祖大寿是个比较难缠的人，且向来嚣张跋扈，除了袁崇焕，谁的面子都不给。

但孙承宗是例外，用今天的话说，当年袁督师都是给他提包的，老领导的老领导，就是领导的平方。

孙大学士说，袁督师已经进去了，你要继续为国效力。

祖大寿说，袁督师都进去了，我不知哪天也得进去，还效力个屁。

孙承宗说，就是因为袁督师进去了，你才别闹腾，赶紧给皇帝写检讨，就说你要立功，为袁督师赎罪。

祖大寿同意了，立即给皇帝写信。

这边糊弄完了，孙承宗马上再去找皇帝，说祖大寿已经认错了，希望能再有个机会，继续为国效命。

话刚说完，祖大寿的信就到了，皇帝大人非常高兴，当即回复，祖大寿同志放心去干，对你的举动，本人完全支持。

虽然之前他也对袁崇焕说过这句话，但这次他做到了，两年后祖大寿在大凌河与皇太极作战，被人抓了，后来投降又放回来，崇祯问都没问，还接着用，如此铁杆，就是孙承宗糊弄出来的。

孙承宗搞定了祖大寿，又去找马世龙。

马世龙也是辽东系将领，跟祖大寿关系很好，当时拿着袁崇焕的信去追祖大寿的，即是此人。这人的性格跟祖大寿很像，极其强横，唯一的不同是，他连袁崇焕的面子都不给，此前有个兵部侍郎刘之纶，带兵出去跟皇太极死磕，袁崇焕命令他带兵救援，结果直到刘侍郎战死，马世龙都没有来。

但是孙大学士仍然例外，什么关宁铁骑、关宁防线，还有这帮认人不认组织的武将，都是当年他弄出来的，能压得住阵的，也只有他。

但手下出去找了几天，都没找到这人，因为马世龙的部队在西边被后金军隔开，没消息。

但孙承宗是有办法的，他出了点儿钱，找了几个人当敢死队，拿着他的手书，直接冲过后金防线，找到了马世龙。

老领导就是老领导，看到孙承宗的信，马世龙当即表示，服从指挥，立即前来会师。

至此，孙承宗终于集结了辽东系最强的两支军队，他的下一个目标是：击溃入侵者。

皇太极退出关外，并派重兵驻守遵化、永平四城，作为后金驻关内办事处，下次来抢东西也好有个照应。

这种未经许可的经营行为，自然是要禁止的。崇祯三年（1630）二月，孙承宗集结辽东军，发起进攻。

得知孙承宗进攻的消息时，皇太极并不在意，按年份算，这一年，孙承宗都六十八了，又精瘦，风吹都要摆几摆，看着且没几天蹦头了，实在不值得在意。

结果如下：

第一天，孙承宗进攻滦城，一天，打下来了。

第二天，进攻迁安，一天，打下来了。

第三天，皇太极坐不住了，他派出了援兵。

带领援兵的，是皇太极的大哥，四大贝勒之一的阿敏。

阿敏是皇太极的大哥，在四大贝勒里，是很能打的，派他去，显示了皇太极对孙承宗的重视，但我始终怀疑，皇太极跟阿敏是有点儿矛盾的。

因为战斗结果实在是惨不忍睹。

阿敏带了五千多人到了遵化，正赶上孙承宗进攻，但他刚到，看了看阵势，就跑路了。

孙承宗并没有派兵攻城，他只是在城下，摆上了所有的大炮。

战斗过程十分无聊，孙承宗对炮兵的使用已经炉火纯青，几十炮打完，城墙就轰塌了，阿敏还算机灵，早就跑到了最后一个据点——永平。

如果就这么跑回去，实在太不像话，所以阿敏在永平城下摆出了阵势，要跟孙承宗决战。

决战的过程就不说了，直接说结果吧，因为从开战起，胜负已无悬念，孙承宗对战场的操控，已经到了炉火纯青的地步，大炮轰完后，骑兵再去砍，真正实现了无缝对接。

阿敏虽久经沙场，但在孙老头面前，军事技术还是小学生水平，连一天都没撑住，白天开打下午就跑了，死伤四千余人，连他自己都负了重伤，差点儿就回不去了。

就这样，皇太极固守的关内四城全部失守，整个过程只用了五天。

消息传到京城，崇祯激动了，他二话不说，立马跑到祖庙向先辈汇报，并认定，从今以后，就靠孙承宗了。

事情就这样结束了，自崇祯二年（1629）十一月起，皇太极率军进入关内，威胁北京，沿途烧杀抢掠，所过之地实行屠城，尸横遍野，史称"己巳之变"。

在这场战争中，无辜百姓被杀戮，经济受到严重破坏，包括满桂在内的几位总兵阵亡，袁崇焕下狱，明朝元气大伤。

但一切已经过去，对于崇祯而言，明天比昨天更重要。

当然，在处理明天的问题前，必须先处理昨天的问题。

这个问题的名字叫作袁崇焕。

对话

怎么处理袁崇焕，这是个问题。

其实崇祯并不想杀袁崇焕。

十二月一日，逮捕袁崇焕的那天，崇祯给了个说法——解任听勘。

这四个字的意思是，先把职务免了，再看着办。

看着办，也就是说可以不办。

事实上，当时帮袁崇焕说话的人很多，看情形关几天没准儿就放了，将来说不定还能复职。

但九个月后，崇祯改变了主意，他已下定决心，处死袁崇焕。

为什么？

对于这一变化，许多人的解释，都源于一个故事。

故事是这样的：

崇祯二年（1629）十一月二十八日，在北京城外无计可施的皇太极，决定玩个阴招。

他派人找来了前几天抓住的两个太监，并把他们安排到了一个特定的营帐里，派专人看守。

晚上，夜深人静之时，在太监的隔壁营帐，住进了两个人，这两个人用人类能够听见的声音（至少太监能听见），说了一个秘密。

秘密的内容是袁崇焕已经和皇太极达成了密约，过几天，皇太极攻击北京，就能直接进城。

这两个太监不负众望，听见了这个秘密，第二天，皇太极又派人把他们给送了回去。

他们回去之后，就找到了相关部门，把这件事给说了，崇祯大怒，认定袁崇焕是个叛徒，最终把他给办了。

故事讲完了。

这是个相当智慧且相当胡扯的故事。

二十年前，我刚上小学二年级的时候，相信过这个故事，后来我长大了，就不信了。

但把话说绝了，似乎不太好，所以我更正一下：如果当事人全都是小学二年级水平，故事里的诡计是可以成功的。

因为这个故事实在太过幼稚。

首先，你要明白，崇祯不是小学二年级学生，他是一个老练成熟的政治家，也是大明的最高领导。

三年前，满朝都是阉党，他啥都没说，只凭自己，就摆平了无法无天的魏忠贤；两年前，袁崇焕不经许可，干掉了毛文龙，他还是啥都没说。

明朝的言官很有职业道德，喜欢告状，自打袁崇焕上任，针对他的检举信就没停过，说得有鼻子有眼，某些问题可能还是真的，他仍然没说。

敌军兵临城下，大家都骂袁崇焕是叛徒，他脱掉自己的衣服，给袁崇焕披上，打死他都没说。

所以最后，他听到了两个从敌营里跑出来的太监的话，终于说了：杀掉袁崇焕。

无语，彻底的无语。

我曾十分好奇，这个让人无语的故事到底是怎么来的。

经过比对记载此事的几十种史料，我确定，这个故事最早出现的地方，是清军入关后，由清朝史官编撰的《清太宗实录》。

明白了。

记得当年我第一次去看清朝入关前的原始史料，曾经比较烦恼。因为按照常规，这些由几百年前的人记录的资料，是比较难懂的，而且基本都是满文，我虽认识几个，但要看懂，估计是很难的。

结果大吃一惊。

我看懂了，至少明白这份资料说些什么，且毫不费力，因为在我翻开的那本史料里，有很多绣像。

所谓绣像，用今天的话说就是插图，且画工很好，很详细，打仗、谈事都画出来，是个人就能看明白。

后来我又翻过《满洲实录》，也有很多插图，比如宁远之战、锦州之战，都画得相当好。

这是个比较奇怪的现象，古代的插图本图书很多，比如《金瓶梅》《西游记》等，但通常来讲，类似政治文书、历史记录之类的玩意儿，为示庄重，是没有插图的，从司马迁、班固，到修明史的张廷玉，二十五史，通通没有。顺便说句，如果哪位仁兄能够找到司马迁版原始插图史记，或是班固版插图汉书，记得通知我，多少钱我都收。

疑惑了很久后，我终于找到了答案——文化。

后金是游牧民族，文化比较落后，虽说时不时也有范文程之类的文化人跑过去，但终究是差点儿，汉字且不说，满文都是刚造出来的，认识的人实在太少。

但这么多年，都干过些什么事，必须要记，开个会、谈个话之类的，一个个传达太费劲儿，写成文字印出去，许多人又看不懂，所以就搞插图版，认字的看字，不认字的就当连环画看，都能明白。

而在军事作战上，这点就更为明显了。

努尔哈赤、皇太极以及后来的多尔衮，都是卓越的军事家，能征善战，但基本都是野路子练出来的，属于实干派。在这方面，明朝大致相反，孙承宗、袁崇焕都是考试考出来的，属于理论派。

打仗这个行当，和打架有点儿类似，被人拍几砖头，下次就知道该拿菜刀还是板砖，朝哪儿下手更狠，老是当观众，很难有技术上的进步。

所以在战场上，卷袖子猛干的实干派往往比读兵书的理论派混得开。

但马克思同志告诉我们，理论一旦与实践结合，就会产生巨大的能量，成功范例如孙承宗等，都是旷世名将。

皇太极等人及时意识到了自己工作中的不足，于是他们摆事实、找差距，决定普及理论。

在明朝找人来教，估计是不行了，所以教育的主要方法，是读兵书。反正兵书也不是违禁品，找人去明朝采购回来，每人发一本，慢慢看。

工作进行得十分顺利，托人到关内去买，但采购员到地方，就傻眼了。

因为从古至今，兵书很多，什么《太公兵法》《孙子兵法》《六韬》《三略》且不说，光是明代，兵书就有上百种，是出版行业的一支生力军。

面对困难，皇太极们没有气馁，他们经过仔细研讨比较，终于确定了最终的兵法教材，并大量采购，保证发到每个高级将领手中。

此后无论是行军还是打仗，后金军的高级将领们都带着这本指定兵法教材，早晚阅读。

这本书的名字，叫作《三国演义》。

其实没必要吃惊，毕竟《孙子兵法》之类的书，确实比较深奥，到京城街上拉个人回来，都未必会读，要让天天骑马打仗的人读，实在勉为其难，当时《三国演义》里的语言，大致就相当于是白话文了，方便理解，而且我相信，这本书很容易引起后金将领们的共鸣——有插图。

没错，答案就在这本书中。

所谓"反间计"的故事，如不知来源，可参考《三国演义》之"蒋干中计"，综合上述资料，以皇太极们的文化背景，能编出这个故事，差不多了。

但更关键的，是下一个问题——为什么要编这个故事。

这个问题困惑了我三年，一次偶然的机会，让我找到了答案——我的答案。

我认定，这是一个阴谋，一个蓄谋已久且极其高明的阴谋。

关于此阴谋的来龙去脉，鉴于本人为此思考了很久，所以我决定，歇口气，等会儿再讲。

其实改变崇祯主意的，并不是那个幼稚的反间计，而是一次谈话。

这次谈话发生在一年前，谈话的两个人，分别是内阁大学士钱龙锡，和刚刚上任的蓟辽督师袁崇焕。

谈话内容如下：

钱龙锡："平辽方略如何？"

袁崇焕："东江、关宁而已。"

钱龙锡："东江何解？"

袁崇焕："毛文龙者，可用则用之，不可用则除之。"

翻译一下，意思大致是这样的：钱龙锡问，你上任后准备怎么干。袁崇焕答，安顿东江和关宁两个地方。钱龙锡又问，为什么要安顿东江。

袁崇焕答：东江的毛文龙，能用就用，不能用就杀了他。

按说这是两人密谈，偏偏就被记入了史料，实在是莫名其妙。

而且这份谈话记录看上去似乎也没啥，钱龙锡问袁崇焕的打算，袁崇焕说准备收拾毛文龙，仅此而已。

但杀死袁崇焕的，就是这份谈话记录。

崇祯二年（1629）十二月七日，御史高捷上疏，弹劾钱龙锡与袁崇焕互相勾结，一番争论之后，钱龙锡被迫辞职。

著名史学家孟森曾说过，明朝有两大祸患：第一是太监，第二是言官。

我认为，这句话是错的，言官应该排在太监的前面，如太监是流氓，言官就是流氓2.0版本——文化流氓。

鉴于明代政治风气实在太过开明，且为了保持政治平衡，打朱元璋起，皇帝就不怎么管这帮人，结果脾气越惯越大，有事说事，没事说人，逮谁骂谁，见谁踩谁（包括皇帝），到了崇祯时，基本已经形成了有组织、有系统的流氓集团，许多事情就坏在他们的手里。

在这件事上，他们表现得非常积极。此后连续半年，关于袁崇焕同志叛变、投敌乃至于生活作风等多方面问题的黑材料源源不断，一个比一个狠（许多后人认定所谓袁崇焕投敌卖国的铁证，即源自此）。

就这么骂了半年，终于出来个更狠的。

崇祯三年（1630）八月，山东道御史史堃上疏，弹劾钱龙锡收受袁崇焕贿赂几万两，连钱放在哪里，都说得一清二楚。

太阴险了。

在明代，收点儿黑钱，捞点儿外快，基本属于内部问题，不算啥事，但这封奏疏却截然不同。

因为他说，送钱的人是袁崇焕。

这钱就算是阎王送的，都没问题，唯独不能是袁崇焕。

因为袁崇焕是边帅，而钱龙锡是内阁大臣，按照明朝规定，如果边帅勾结近臣，必死无疑（有谋反嫌疑）。

十天后，崇祯开会，决定，处死袁崇焕。

崇祯二年（1629）十二月袁崇焕入狱，一群人围着骂了八个月，终于，骂死了。

事情就是这样吗？

不是。

在那群看似漫无目的、毫无组织的言官背后，是一双黑手，更正一下，是两双。

这两双手的主人，一个叫温体仁，一个叫周延儒。

周延儒同志前面已经介绍过了，这里讲一下温体仁同志的简历：男，浙江湖州人，字长卿，万历二十六年（1598）进士。

这两人后面还要讲，这里就不多说了，对这二位有兴趣的，可以去翻翻《明史》，顺提一下，很好找，直接翻《奸臣传》，周延儒同志就在严嵩的后面，接下来就是温体仁。

应该说，袁崇焕从"听勘"，变成了"听斩"，基本上就是这二位的功劳。但这件事情，最有讽刺意味的，也就在这里。

因为温体仁和周延儒，其实跟袁崇焕没仇，且压根儿就没想干掉袁崇焕。

他们真正想要除掉的人，是钱龙锡。

有点儿糊涂了吧，慢慢来。

一直以来，温体仁和周延儒都想解决钱龙锡，可是钱龙锡为人谨慎，势力很大，要铲除他非常困难。十分凑巧，他跟袁崇焕的关系很好，这次恰好袁崇焕又出了事，所以只要把袁崇焕的事情扯大，用他的罪名，把钱龙锡拉下水，就能达到目的。

袁崇焕之所以被杀，不是因为他自己，而是因为钱龙锡，钱龙锡之所以出事，不是因为他自己，而是因为袁崇焕。

幕后操纵，言官上疏，骂声一片，只是为了一个政治目的。

接下来要解开的谜题是，他们为什么要除掉钱龙锡。

有所谓专家认为，这是一个复仇的问题，是由于党争引起的，周延儒和温体仁都是阉党，因为被整，所以借此事打击东林党，报仇雪恨。

我认为，这是一个历史基本功问题，是由于史料读得太少引起的。

周延儒和温体仁绝不是阉党，虽然他们并非什么好鸟，但这一点我是可以帮他们二位担保的，事实上，阉党要有他们这样的人才，估计也倒不了。

崇祯元年（1628），就在崇祯大张旗鼓猛摧阉党的时候，温体仁被光荣提任礼部尚书，周延儒荣升礼部侍郎，堂堂阉党，如此顶风作案，公然与严惩阉党的皇帝勾结获得提升，令人发指。

在攻击袁崇焕的人中，确实有阉党，但这件事情的幕后策划者，却绝非同类，当一切的伪装去除后，真正的动机始终只有俩字——权力。

内阁的权力很大，位置却太少，要把自己挤上去，只有把别人挤下来。事实上，他们确实达到了目的，由于袁崇焕的事太大，钱龙锡当即提出辞职，而跟钱龙锡关系很好的大学士成基命几个月后也下课，周延儒和温体仁先后入阁，顶替了他们，成为了大学士。

而袁崇焕，只是一个无辜的牺牲品。

崇祯三年（1630）八月十六日，崇祯在平台召开会议——第四次会议。

第一次他提拔袁崇焕，袁崇焕很高兴。第二次，他脱衣服给袁崇焕，袁崇焕很感动。第三次，他抓了袁崇焕，袁崇焕很意外。第四次，他要杀掉袁崇焕，袁崇焕不在。

袁崇焕虽没办法与会（坐牢中），却毫不妨碍会议的盛况，参加会议的各单位有内阁、六部、都察院、大理寺、通政司、五府、六科、锦衣卫等，连翰林院都来凑了人数。

人到齐了，崇祯开始发言，发言的内容，是列举袁崇焕的罪状，主要包括给钱给人给官，啥都没干，且杀掉毛文龙，放纵敌人长驱而入，消极出战等。

讲完了，问：

"三法司如何定罪？"

没人吱声。

弄这么多人来，说这么多，还问什么意见，想怎么办就怎么办吧。

于是，崇祯说出了他的裁决：

依律，凌迟。

现场鸦雀无声。

袁崇焕的命运就这样确定了。

他是冤枉的。

在场的所有人，都是凶手。

温体仁、周延儒未必想干掉袁崇焕，崇祯未必不知道袁崇焕是冤枉的，袁崇焕未必知道自己为什么会死。

但他就是死了。

很滑稽，历史有时候就是这么滑稽。

袁崇焕被押赴西市，行刑。

或许到人生的最后一刻，他都不知道自己为什么会死。他永远也不会知道，在这个世界上，有着许多或明或暗的规则，必须适应，必须放弃原则，背离良知，和光同尘，否则，无论你有多么伟大的抱负、多么光辉的理想，都终将被湮灭。

袁崇焕是不知道和光同尘的，由始至终，他都是一个不上道的人，他有才能、有抱负、有个性，施展自己的才能，实现自己的抱负，彰显自己的个性，如此而已。

那天，袁崇焕走出牢房，前往刑场，沿途民众围观，骂声不绝。

他最后一次看着这个他曾为之奉献一切的国家，以及那些他用生命护卫，却谩骂指责他的平民。

倾尽心力，呕心沥血，只换来了这个结果。

我经常在想，那时候的袁崇焕，到底在想些什么。

他应该很绝望、很失落，因为他不知道，什么时候他的冤屈才能被洗刷，他的抱负才能被了解，或许永远也没有那一天，他的全部努力，最终也许只是遗臭万年的骂名。

然而，就在行刑台上，他念出了自己的遗言：

一生事业总成空，半世功名在梦中。
死后不愁无勇将，忠魂依旧守辽东。

这是一个被误解、被冤枉、且即将被千刀万剐的人，在人生的最后时刻留下的诗句。

所以我知道了，在那一刻，他没有绝望、没有失落、没有委屈，在他的心中，只有两个字——坚持。

一直以来，几乎所有的人都告诉我，袁崇焕的一生是一个悲剧。

事实并非如此。

因为在我看来，他这一生，至少做到了一件事，一件很多人无法做到的事——坚持。

蛮荒之地的苦读书生，福建的县令，京城的小小主事，坚守孤城的宁远道，威震天下的蓟辽督师，逮捕入狱的将领，背负冤屈死去的囚犯。

无论得意、失意、起或是落，始终坚持。

或许不能改变什么，或许并不是扭转乾坤的关键人物，或许所作所为并无意义，但他依然坚定地、毫无退缩地坚持下来。

直到生命的最后一刻，他也没有放弃。

第九章 阴谋

盘踞了我很久的人国是非非,叛徒也罢,年吵下来,毫无消停迹象,但一直以来,我都感到很纳闷儿,因为就历史学而言,历史人物的分类大致分为三级:第一级:关键人物,对历史发展产生过转折性影响的,典型代表:张居正。如果没这人,就没有张居正改革,万历同志幼小的心灵没准

袁崇焕是一个折腾了我很久的人。

围绕这位仁兄的是是非非，叛徒也罢，英雄也好，几百年吵下来，毫无消停迹象。

但一直以来，对袁崇焕这个人，我都感到很纳闷儿。因为就历史学而言，历史人物的分类大致分为三级：

第一级：关键人物，对历史发展产生过转折性影响的，归于此类。

典型代表：张居正。如果没这人，就没有张居正改革，万历同志幼小的心灵没准儿能茁壮成长，明朝也没准儿会早日完蛋。总而言之，都没准儿。再比如秦桧，也是关键人物，他要不干掉岳飞，不跟金朝和谈，后来怎么样，也很难说。总而言之，他们是能给历史改道的人。

第二级：重要人物，对历史产生重大影响的，归于此类。

典型代表：戚继光。没有戚继光，东南沿海的倭寇很难平息。但此级人物与一级人物的区别在于，就算没有戚继光，倭寇也会平息，无非是个时间问题。换句话说，这类人没法改道，只能在道上一路狂奔。

第三级：鸡肋人物，但凡史书留名，又不属于上述两类人物的，皆归于此类。

典型代表：太多，就不扯了，这类人基本都有点儿用，但不用似乎也没问题，属路人甲乙丙丁型。

袁崇焕，是第二级。

明末是一个特别乱的年代，朱氏公司已经走到悬崖边，就快掉下去了，还有人往下踹（比如皇太极之流），也有人往上拉（比如崇祯、杨嗣昌），出场人物很多，但大都是二、三级人物，折腾来折腾去，还是亡了。

一级人物也有，只有一个。

只有这个人，拥有改变宿命的能力——我说过了，是孙承宗。

关宁防线的构建者，袁崇焕、祖大寿、赵率教、满桂的提拔者，收拾烂摊子、收复关内四城、赶走皇太极的护卫者。

从头到尾，由始至终，都是他在忙活。

其实二级人物袁崇焕和一级人物孙承宗之间的差距并不大，他有坚定的决心、顽强的意志、卓越的战斗能力，只差一样东西——战略眼光。

他不知道为什么不能随便杀总兵，为什么不能把皇太极放进来打，为什么自己会成为党争的牺牲品。

所以他一辈子，也只能做个二级人物。

好了，现在最关键的时刻到了：

为什么一个二级人物，会引起这么大的争议呢？不是民族英雄，就是个卖国贼？

卖国贼肯定不是。那些指认袁崇焕是所谓卖国贼的资料，大都出自当时言官们的奏疏，要么是家在郊区，被皇太极烧了，要么是跟着温体仁、周延儒混，至少也是看袁崇焕不顺眼。这帮人搞材料，那是很有一套的，什么黑写什么，偶尔几份流传在外，留到今天，还被当成宝贝。

其实这种黑材料，如果想看，可以找我，外面找不到的，我这里基本都有，什么政治问题、经济问题、生活作风问题，应有尽有，编本《袁崇焕黑材料全集》，绰绰有余。

至于民族英雄，似乎也有点儿悬。毕竟他老人家太有个性，干过些不地道的事，就水平而言，也不如孙老师，实在有点儿勉为其难。

所以一直以来，我都在思考这个问题，从未间断，因为我隐约感到，在所谓民族英雄与卖国贼之争的背后，隐藏着不为人知的秘密。

直到有一天，我找到了这个秘密的答案：阴谋。

那一天，我跟几位史学家聊天，偶尔有人说起，据某些史料及考证，其实弘光皇帝（朱由崧，南明南京政权皇帝）跟崇祯比较类似，也是相当勤政，卖命干没结果。

这位弘光同志，在史书上，从来就是皇帝的反面教材，吃喝嫖赌无一不精，所以我很奇怪，问：

"若果真如此，为何这么多年，他都是反面形象？"

答：

"因为他是清朝灭掉的。"

都解开了。

崇祯很勤政，崇祯并非亡国之君，弘光很昏庸，弘光活该倒霉，几百年来，我们都这样认为。

但我们之所以一直这样认为，只是因为有人这样告诉我们。

之所以有人这样告诉我们，是因为他们希望我们这样认为。

在那一刻，我脑海中的谜团终于解开，所有看似毫不相关的线索，全都连成了一线。

崇祯不该死，因为他是被李自成灭掉的，所以李自成在清朝所修明史里面的分类，是流寇。

而我依稀记得，清军入关时，他们的口号并非建立大清，而是为崇祯报仇，所以崇祯应该是正义的。

弘光之所以该死，因为他是被清军灭掉的，大清王朝所剿灭的对象，必须邪恶，所以，弘光应该是邪恶的。

在眼花缭乱的历史评论背后，还是只有俩字——利益。

但凡能争取大明百姓支持的，都要利用，但凡是大清除掉的，都是敌人。只为了同一个目的——维护大清利益，稳固大清统治。

掌握这把钥匙，就能解开袁崇焕事件的所有疑团。

其实袁崇焕之所以成为几百年都在风口浪尖上转悠的人物，只是因为一个意外事件的发生。

由于清军入关时，打出了替崇祯皇帝报仇的口号，所以清朝对这位皇帝的被害，曾表示极度的同情，对邪恶的李自成、张献忠等人，则表示极度的唾弃（具体表现，可参阅《明史·流寇传》）。

因此，对于崇祯皇帝，清朝的评价相当之高，后来顺治还跑到崇祯坟上哭了一场，据说还叫了几声大哥，且每次都以兄弟相称，很够哥们儿。但到康、乾时期，日子过安稳了，发现不对劲儿了。

因为崇祯说到底，也是大明公司的最后一任董事长，说崇祯如何好，如何死得憋屈，说到最后，就会出现一个悖论：

既然崇祯这么好，明朝百姓为什么还要接受大清的统治呢？

所以要搞点儿丑闻绯闻之类的玩意儿，把人搞臭才行。

但要直接泼污水，是不行的，毕竟夸也夸了，哭也哭了，连兄弟都认了，转头再来这么一出，太没水准。

要解决这件事，绝不能挥大锤猛敲，只能用软刀子背后捅人。

最好的软刀子，就是袁崇焕。

阴谋的来龙去脉大致如上，如果你不明白，答案如下：

要诋毁崇祯，无须谩骂、无须污蔑，只需要夸奖一个人——袁崇焕。

因为袁崇焕是被崇祯干掉的，所以只要死命地捧袁崇焕，把他说成千古伟人，而如此伟人，竟然被崇祯干掉了，所谓自毁长城，不费吹灰之力，就能把崇祯与历史上宋高宗（杀岳飞）之流归为同类。

当然了，安抚大明百姓的工作还是要做，所以该夸崇祯的，还是得夸，只是夸的内容要改一改，要着力宣传他很勤政，很认真，很执着，至于精明能干之类的，可以忽略忽略。总而言之，一定要表现人物的急躁、冲动，想干却没干成的形象。

而要树立这个形象，就必须借用袁崇焕。

之后的事情就顺理成章了，把袁崇焕树立为英雄，没有缺点，战无不胜，只要有他在，就有大明江山，再适当渲染气氛，编实录，顺便弄个反间计故事，然后，在戏剧的最高潮，伟大的英雄袁崇焕——

被崇祯杀掉了。

多么愚蠢，多么自寻死路，多么无可救药。

就这样，在袁崇焕的叹息声中，崇祯的形象出现了：

一个很有想法、很有能力，却没有脑子、没有运气、没有耐心、活活被憋死的皇帝。

最后，打出主题语：

如此皇帝，大明怎能不亡？

收工。

袁崇焕就这样变成了明朝的对立面，由于他被捧得太高，所以但凡跟他作对的（特别是崇祯），都成了反面人物。

肯定了袁崇焕，就是否定了崇祯，否定了明朝，清朝弄到这么好的挡箭牌，自然豁出去用，所以几百年下来，跟袁督师过不去的人也很多，争来争去，一直争到今天。

说到底，这就是个套。

几百年来，崇祯和袁崇焕，还有无数的人，都在这个套子里，被翻来覆去，纷争、吵闹，自己却浑然不知。

所以，应该戳破它。

当然，这一切只是我的看法，不能保证皆为真理，却可确定绝非谬误。

其实无论是前世的纷争，还是后代的阴谋，对袁崇焕本人而言，都毫无意义，他竭尽全力，立下战功，成为了英雄，却背负着叛徒的罪名死去。

很多人曾问我，对袁崇焕，是喜欢，还是憎恶。

对我而言，这是个没有意义的问题，因为我坚信历史的判断和评价，一切的缺陷和荣耀，都将在永恒的时间面前，展现自己的面目，没有伪装，没有掩饰。

所以我竭尽所能，去描述一个真实的袁崇焕：并非天才，并非优等生，却运气极好，受人栽培；意志坚定，却又性格急躁；同舟共济，却又难以容人；一个极其单纯，却又极其复杂的人。

在这世上，只要是人，都复杂，不复杂的，都不是人。

袁崇焕很复杂，他极聪明，也极愚蠢，曾经正确，也曾经错误，其实他被争议，并不是他的错，因为他本就如此。他很简单的时候，我们以为他很复杂，他很复杂的时候，我们以为他很简单。

事实上，无论叛徒，或是英雄，他都从未变过，变的，只是我们自己。

越过几百年的烟云，我看到的袁崇焕，并没有那么复杂，他只是一个普通的人，在那个风云际会的时代，抱持着自己的理想，坚持到底。

即使这理想永远无法实现，即使这注定是个悲剧的结尾，即使到人生的最后一刻，也永不放弃。

有时候，我会想起这个人，想起他传奇的一生，他的光荣，他的遗憾。

有时候，我看见他站在我的面前，对我说：

我这一生，从没有放弃。

抽签

对袁崇焕而言，一切都结束了，但对崇祯而言，生活还要继续。明天，又是新的一天，当然，未必会更好。

他亲手除掉了有史以来最庞大、最邪恶的阉党，却惊奇地发现，另一个更强大的敌人，已经站立在他的面前。

这是一个看不见的敌人。

崇祯上台不久，就发现了一件奇怪的事：他是皇帝，大家也认这个皇帝，交代下去的事，却总是干不成，工作效率极其低下。

因为自登基以来，所有的大臣都在干同一件事——吵架。

今天你告我，明天我告你，瞎折腾，开始崇祯还以为这是某些阉党的反扑，但时间长了才发现，这是纯粹、无组织、无纪律的吵架。

一夜之间，朝廷就变了，正事没人干，净吵，且极其复杂。当年朝廷斗争，虽说残酷，好歹还分个东林党、阉党，带头的也是魏忠贤、杨涟之类的大腕；而今不同了，党争标准极低，只要是个人，哪怕是六部里的一个主事处长，都敢拉帮结伙，逮谁骂谁，搞得崇祯摸不着头脑：是谁弄出来这帮龟孙？

就是他自己。

这一切乱象的源头，源自一年前崇祯同志的一个错误决定。

解决魏忠贤后，崇祯认为，除恶务尽，矫枉必须过正，干人必须彻底，所以开始拉清单、整阉党，但凡跟魏忠贤有关系的、拍马屁的、站过队的，通通滚他娘的。

这是一个极其不地道的举动，大家到朝廷来，无非是混，谁当朝就跟谁混，说几句好话，服软低头，也就是混碗饭吃，像杨涟那样的英雄人物，我们都是身不能至，心向往之，起码在精神上支持他，现在反攻倒算，打工一族，何苦呢？

但崇祯同志偏要把事做绝，砸掉打工仔的饭碗，那就没办法了，大家都往死里整,当年你说我是阉党,整顿我,没事,过两年我上来,不玩死你不算好汉。

特别是东林党,那真不是善人,逮谁灭谁,不听话的、有意见的,就打成阉党,啥事都干不成。

比如天启七年(1627),除掉魏忠贤后,崇祯打算重建内阁,挑了十几个人候选,官员就开始骂,这个有问题,那个是特务,搞得崇祯很头疼,选谁都有人骂,都得罪人,抓狂不已。

在难题面前,崇祯体现出了天才政治家的本色,闭门几天,想出了一个中国政治史上前所未有的绝招,只要用这招,无论选谁,大家都服气,且毫无怨言——枚卜。

天启七年(1627)十二月,在崇祯的亲自主持下,枚卜大典召开。

就读音而言,枚卜和没谱是很像的,实际上,效果也差不多,因为所谓枚卜,用今天的话说,就是抓阄。

具体方法是,把候选人的名字写在字条上,放进金瓶,然后摇一摇,再拿夹子夹,夹到的上岗,没夹到下课,完事。

内阁大学士,大致相当于内阁成员,首辅大学士就是总理,其他大学士就是副总理,是大明帝国除皇帝外的最高领导——抓阄抓出来的。

有人曾告诉我,论资排辈是个好政策,我不信,现在我认为,抓阄也是个好政策,你最好相信。

抓阄抓出来的,谁也没话说,且防止走后台、告黑状、搞关系等,好歹就是一抓,都能服气,实为中华传统厚黑学、稀泥学之瑰宝。

崇祯同志的首任内阁就此抓齐,总共九人,除之前已经在位的三个,后面六个全是抓的,包括后来被袁崇焕拖下水的钱龙锡同志,也是这次抓出来的。

这是明朝有史以来最庞大的内阁之一,具体都是谁就不说了,因为没过一年,除钱龙锡外,基本都下课了。

下课的原因不外乎以下几种:被骂走、被挤走、被赶走、自己走。

不是不想干，实在是环境太恶劣。明朝这帮大臣都不省油，个个开足马力，谁当政，就把谁往死里骂，特别是言官，人送外号"抹布"：干净送别人，肮脏留自己，贴切。

但归根结底，还是这帮孙子欠教育，内阁大臣又比较软，好好说话，就是不听，首任内阁刚成立，就一拥而上，弹来骂去，当即干挺五个。

这下皇帝也不干了，你们把人赶走，是痛快了，老子找谁干活？

所以崇祯元年（1628）十一月，崇祯决定，再抓几个。

吏部随即列出候选名单，准备抓阄。

在这份名单上，有十一个人，按说抓阄这事没谱，能不能入阁全看运气，但这一次，几乎所有的人都认定，有一个人，必定能够入阁。

这个人的名字，叫作钱谦益。

《三国演义》到了八十回后，猛人基本都死绝了，稍微有点儿名的，也就是姜维、刘禅之类的杂鱼。明末倒也凑合，还算名人辈出，特别是干仗的武将，什么袁崇焕、皇太极、张献忠、李自成，知名度都高。

文臣方面就差多了。到了明末，特别是崇祯年间，十几年里，文臣无数，光内阁大臣就换了五十个，都是肉包子打狗，就算研究历史的，估计也不认识，而其中唯一的例外，就是钱谦益。

钱谦益，字受之，苏州常熟人，万历三十六年（1608）进士，名人，超级名人。

钱谦益之所以有名，很大原因在于，他有个更有名的老婆——柳如是。

关于这个人的是是非非，以后再说，至少在当时，他就很有名了。

因为他不但饱读诗书，才华横溢，且是东林党的领导。阉党倒台，东林党上台，理所应当，朝廷里从上到下，基本都是东林党，现在领导要入阁，就是探囊取物。

所以连钱谦益自己都认为，抓阄只是个程序问题，入阁只是个时间问题，洗个澡，换件衣服，就准备换单位上班了。

可这世上，越是看上去没事的事，就越容易出事。

作弊

钱谦益入内阁，一般说来是没有对手的，而他最终没有入阁，是因为遇上了非同一般的对手。

在崇祯十余年的统治中，总共用过五十个内阁大臣，鉴于皇帝难伺候，下属不好管，大部分只干了几个月，就光荣下岗。

只有两个人，能够延续始终，把革命进行到底。这两个人，一个是周延儒，一个是温体仁。

虽然二位兄弟在历史上的名声差点儿（名列《奸臣传》），但要论业务能力和智商，实在无与伦比。

不幸的是，钱谦益的对手，就是这两位。

之所以要整钱谦益，不是因为他们也在吏部候选名单上，实际上，他们连海选都没入，第一轮干部考察就被刷下来了。

海选都没进，为什么要坑决赛选手呢？

因为实在太不像话了。

海选的时候，钱谦益的职务是礼部右侍郎，而周延儒是礼部左侍郎，温体仁是礼部尚书。

同一个部门，副部长入阁，部长连决赛都没进，岂有此理。

所以两个岂有此理的人，希望讨一个公道。

在后世的史书里，出于某种目的，温体仁和周延儒的归类都是奸臣，也就是坏人，但仔细分析，就会发现，至少在当时，这两个坏人，都是弱势群体。

在当时的朝廷，东林党势力极大，内阁和六部，大都是东林派，所以钱谦益基本上算是个没人敢惹的狠角色。

但温部长和周副部长认为，让钱副部长就这么上去，实在太不公平，必须闹一闹。

于是，他们决定整理钱谦益的黑材料，经过不懈努力，他们找到了一个破绽，七年前的破绽。

七年前（天启元年）。

作为浙江乡试的主考官，钱谦益来到浙江监考，考试、选拔、出榜，考试顺利完成。

几天后，他回到了北京，又几天后，礼部给事中顾其中上疏弹劾钱谦益，罪名，作弊。

批判应试教育的人曾说，今日之高考，即是古代之进士科举，罪大恶极。

我觉得这句话是不恰当的，因为客观地讲，高考上榜的人，换到明代，最多就是秀才，举人可以想想，进士可以做梦。

明代考完，如果没有意外，基本能有官做，且至少是处级（举人除外），高考考完，大学毕业，如果没有意外，且运气好点儿，基本能有工作。

明代的进士考试，每三年一次，每次录取名额，大概是一百五十多人，现在高考，每年一次，每次录取名额……

所以总体说来，明代的进士考试，大致相当于今天的高考+公务员考试+高级公务员选拔。

只要考中，学历有了，工作有了，连级别都有了，如此好事，自然挤破头，怕挤破头，就要读书，读不过，就要作弊。

鉴于科举关系重大，明代规定，但凡作弊查实，是要掉脑袋的。但由于作弊前景太过美妙，所以作弊者层出不穷，作弊招数也推陈出新。由低到高，大致分为四种。

最初级的作弊方式，是夹带。所以明朝规定，进入考场时，每人只能携带笔墨，进考场就把门一锁，吃喝拉撒都在里面，考完才给开门。

为适应新形势的需要，同学们开动脑筋，比如把毛笔凿空，里面塞上小抄，或是在砚台里面夹藏，更牛一点儿的，就找人在考场外看准地方，把答案绑在石头上扔进去，据说射箭进去的也有。面对新局面，朝廷规定，毛笔只能用实心笔杆、砚台不能太厚、考场内要派人巡逻等。

这是基本技术，更高级一点儿的，是第二种方法：枪手代考。明朝的同学们趁着照相技术尚未发明，四处找人代考，当然朝廷也不是吃素的，在准考证上，还加上了体貌特征描述，比如面白、无须、高个儿等。

以上两项技术，都是常用技术，且好用，为广大人民群众喜闻乐见，所以流传至今，且发扬光大，今日之大学，继承前辈遗志者，大有人在。

但真正有钱、有办法的，用的是第三种方法——买考题。

考试最重要的，就是考题，只要知道考题，不愁考不上，所以出题的考官，都是重点对象。

但问题是，明代规定，知情人员如果卖题，基本是先下岗再处理，轻则坐牢，重则杀头，风险太大；而且明朝为了防止作弊，还额外规定，所有获知考题人员，必须住进考场，无论如何，不许外出。

所以在明朝，卖考题的生意是不好做的。

虽然买不到考题，但天无绝人之路，有权有势的同学们还有最后一招，此招一出，必定上榜——买考官。

不过，这些考官并不是出题的考官，而是改题的考官。

是的，知不知道题目并不重要，就算你交白卷，只要能搞定改题的人，就能金榜题名。

但问题是，给钱固然容易，那么多卷子，怎么对上号呢？

最原始的方法，是认名字，毕竟跟高考不同，考试的人就那么多，看到名字就录取。

魔高一尺，道高一丈。从此以后，试卷开始封名，实行匿名批改。

但作弊的同学们是不会甘心失败的，有的做记号，有的故意在考卷里增大字体，只为对改卷的考官说一句话：我就是给钱的那个！

这几招相当有效，且难以禁止，送进去不少人，面对新形势朝廷不等不靠，经过仔细钻研，想出了一个绝妙的对策。

具体方法是，所有的考卷收齐后，密封姓名，不直接交给考官，而是转给一个特别的人。

这个人并非官员，他收到考卷后，只干一件事——抄。

所有的考卷，都由他重新抄写，然后送给考官批改，全程由人监督。

这招实在太狠，因为所有的考卷，是统一笔迹、统一形式，考官根本无从判断，且毫不影响考试成绩，可谓万无一失。

综上所述，作弊与反作弊的斗争是长期的、艰苦的、没有尽头的，同学们为了前途，虽屡战屡败，但屡败屡战。到明代，斗争达到了高潮。

高潮，就发生在天启元年的浙江。

在这次科举考试中，监考程序非常严密，并实行了统一抄写制度，按说是不会有问题的。

但偏偏就出了问题。

因为有人破解了统一抄写制度。

虽然笔迹相同、试卷相同，但这个方法，依然有漏洞，依然可以作弊。

作弊的具体方法是：考生事前与考官约定密码，比如一首唐诗，或是几个字，故意写在试卷的开头，或是结尾，这样即使格式与字迹改变，依然能够辨别出考卷作者。

在这次考试中，有一个叫钱千秋的人，买到了密码。

密码是七个字——一朝平步上青云。按照约定，他只要将这七个字，写在每段话的末尾，就能平步青云，金榜题名。

事情非常顺利，考试结束，钱千秋录取。

这位钱同志也相当守规矩，录取之后，乖乖地给了钱，按说事情就该结了。

可是意外发生了。

因为这种事情，一个人是做不成的，必须是团伙作案。既然是团伙，就要分赃，既然分赃，就可能不均，既然不均，就可能闹事，既然闹事，就必定出事。

钱千秋同志的情况如上，由于卖密码给他的那帮人分赃不均，某些心态不好的同志就把大家都给告了，于是事情败露，捅到了北京。

但这件事情说起来，跟钱谦益的关系似乎并不大，虽然他是考官，并没有直接证据证实他就是卖密码的人，最多也就背个领导责任。

不巧的是，当时，他有一个仇人。

这个仇人的名字，叫作韩敬，而滑稽的是，他之所以跟钱谦益结仇，也是因为作弊。

十年前，举人钱谦益从家乡出发，前往北京参加会试，而韩敬，是他同科的同学。

在考场上，他们并未相识，但考试结束时，就认识了，以一种极为有趣的方式。

跟其他人不同，在考试成绩出来前，钱谦益就准备好当状元了，因为他作弊了。

但他作弊的方式，既不是夹带，也不是买考官，甚至不是买密码，而是作弊中的最高技巧——买朝廷。

买考题、买考官都太小儿科了，既然横竖要买，还不如直接买通朝廷，让组织考试的人，给自己定个状元，直接到位，省得麻烦。

所以在此之前，他已经通过熟人，买通了宫里能说得上话的几个太监，找好了主考官，考完后专门找出他的卷子，给个状元了事。

当然，办这种事，成本非常巨大，据说钱同志花了两万两白银，按今天的人民币算，大概是一千二百万。

能出得起这个价钱，还要作弊，可见作弊之诚意。

两万白银，买个官也行了，钱谦益出这个价，就是奔着状元名头去的，但他万没想到，还有个比他更有诚意的。

在考试前，韩敬也很自信，因为他也出了钱，且打了包票，必中状元。

可是卷子交上去后，他却得到了一个让人震惊的消息——他的卷子被淘汰了。

淘汰是正常的，要真有水平，就不用出钱了。

可问题是，人找了钱出了，怎么能收钱不办事呢？

韩敬在朝廷里是有关系的，于是连夜找人去查，才知道他的运气不好，偏偏改他卷子的人，是没收过钱的，看完卷子就怒了，觉得如此胡说八道的人，怎么还能考试，就判了落榜。

落榜不要紧，找回来再改成上榜就行。

韩敬同学毕竟手眼通天，找到了其他考官，帮他找卷子重新改。

可是找来找去，竟然没找到，后来才知道，因为那位考官太讨厌他的卷子，直接就给扔废纸堆里了，翻了半天垃圾，才算把卷子给淘回来。

按常理，事已至此，重新改个上榜进士，也就差不多了，但韩敬同学对名次的感情实在太深，非要把自己的卷子改成第一名。

但名次已经排定，且排名都是出了钱的（比如钱谦益），你要排第一，别人怎么办？

关键时刻，韩敬使出了绝招——加钱。

钱谦益找太监，出两万两；他找大太监，加价四万两。跟我斗，加死你！

四万两，大致是两千四百万人民币，出这个价钱，买个状元，无语。

更无语的，是钱谦益，出了这么多钱，都打了水漂，好在太监办事还比较地道，虽然没有状元，也给了个探花（第三名）。

花这么多钱，买个状元，并不是吃饱了撑的，要知道，状元不光能当官，还能名垂青史。自古以来，状元都是最高荣誉，且按规定，每次科举的录取者，都刻在石碑上，放在国子监里供后代瞻仰（现在还有），状元的名字就在首位，几万两买个名垂青史，值了。

但钱谦益同志是不值的，虽说也是探花，但花了这么多钱，只买了个次品，心理极不平衡，跟韩敬同学就此结下梁子。

韩敬是幸运的，也是不幸的，他虽然加了钱，买到了状元，却并不知道得罪钱谦益的后果。

因为钱同学虽然钱不够多，关系不够硬，却很能混，进朝廷后没多久就交了几个朋友，分别叫作孙承宗、叶向高、杨涟、左光斗。

概括成一句话，他投了东林党。

万历末年，东林党是很有点儿能量的，而钱谦益也并不是个很大度的人，所以没过几年搞京察的时候，韩敬同志就因为业绩不好，被整走了。

背负血海深仇的韩敬同志，终于等到了现在的机会，他大肆宣扬，应该追究钱谦益的责任。

但是说来说去，毕竟只是领导责任，经过朝廷审查，钱千秋免去举人头衔，充军，主考官（包括钱谦益）罚三个月工资。

七年之后。

在周延儒和温体仁眼前的，并不是一起无足轻重的陈年旧案，而是一个千载难逢的机会。

在很多史书里，这都是一段催人泪下的段落，强大且无耻的温体仁和周延儒，组成了恶毒的同盟，坑害了无辜弱小的钱谦益。

我觉得，这个说法，如果倒转过来，是比较符合事实的。

首先，温体仁和周延儒无不无耻，还不好讲；但说钱谦益无辜，肯定不是。

温体仁之所以要整钱谦益，是个心态问题。

他是当年内阁首辅沈一贯的门生，钱谦益刚入伙的时候，他就是老江湖了，在朝廷里混迹多年，威望很高，而且他还是礼部部长，专管钱谦益，居然还被抢了先，实在郁闷。

周延儒则不同，他是真吃亏了，且吃的就是钱谦益的亏。

其实原本推选入阁名单时，排在第一的，应该是周延儒，因为他是状元出身，且受皇帝信任，但钱谦益感觉此人威胁太大，怕干不过他，就下了黑手，派人找到吏部尚书王永光，做了工作，把周延儒挤了。

其次，在当时朝廷里，强大的那个，应该是钱谦益。他是东林党领袖，一呼百应，从上到下，都是他的人，温体仁、周延儒基本算是孤军奋战。

当时的真实情况大致如此。

形势很严峻，但同志们很勇敢，在共同的敌人面前，温体仁、周延儒擦干眼泪，决定跟钱谦益玩命。

周延儒问温体仁，打算怎么干。

温体仁说，直接上疏弹劾钱谦益。

周延儒问，然后呢？

温体仁说，没有然后。

周延儒很生气，因为他认为，温体仁在拿他开涮，一封奏疏怎么可能干倒钱谦益呢？

温体仁没有回答。

周延儒告诉温体仁，先找几个人通通气，做些工作，搞好战前准备，别急着上疏。

第二天，温体仁上疏了。

就文笔而言，这封奏疏非常一般，主要内容是弹劾钱谦益主使作弊，也没玩什么写血书、沐浴更衣之类的花样，也没做工作，没找人，递上去就完了。

然后他告诉周延儒，必胜无疑。

周延儒认为，温体仁是疯了。

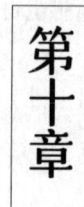

第十章 斗争技术

事情的发展,跟周延儒估计得差不多,浙江作弊案一开审,钱谦益有无责任此一辩论议题,辩论双方:正方,没有责任,辩论队成员:钱谦益、内阁大学士李标、钱龙锡、刑部尚书乔允升、吏部尚书王永光(以下省略若干人)。反方,有责任,辩论队成员:温体仁、周延儒(以下无省略)。崇祯元年(1628)

辩论

事情的发展，跟周延儒想的差不多，朝廷上下一片哗然，崇祯也震惊了，决定召开御前会议，辩论此事。

辩论议题：浙江作弊案，钱谦益有无责任。

辩论双方：

正方，没有责任，辩论队成员：钱谦益、内阁大学士李标、钱龙锡、刑部尚书乔允升、吏部尚书王永光（以下省略若干人）。

反方，有责任，辩论队成员：温体仁、周延儒（以下无省略）。

崇祯元年（1628）十一月六日，辩论开始。

所有的人，包括周延儒在内，都认定温体仁必败无疑。

奇迹，就是所有人都认定不可能发生，却终究发生的事。

这场惊天逆转，从皇帝的提问开始：

"你说钱谦益受贿，是真的吗？"

温体仁回答："是真的。"

于是崇祯又问钱谦益：

"温体仁说的话，是真的吗？"

钱谦益回答："不是。"

辩论陈词就此结束，吵架开始。

温体仁先声夺人，说："钱千秋逃了，此案未结。"

钱谦益说："查了，有案卷为证。"

温体仁说："没有结案。"

钱谦益说："结了。"

刑部尚书乔允升出场。

乔允升说："结案了，有案卷。"

温体仁吃了秤砣："没有结案。"

吏部尚书王永光出场。

王永光说："结案了，我亲眼看过。"

礼部给事中章允儒出场。

章允儒说："结案了，我看过口供。"

温体仁很顽强："没有结案！"

崇祯做第一轮辩论总结：

"都别废话了，把案卷拿来看！"

休会，休息十分钟。

再次开场，崇祯问王永光："刑部案卷在哪里？"

王永光说："我不知道，章允儒知道。"

章允儒出场，回答："现在没有，原来看过。"

温体仁骂："王永光和章允儒是同伙，结党营私！"

章允儒回骂："当年魏忠贤在位时，驱除忠良，也说结党营私！"

崇祯大骂："胡说！殿前说话，竟敢如此胡扯！抓起来！"

这句话的对象，是章允儒。

章允儒被抓走后，辩论继续。

温体仁发言："推举钱谦益，是结党营私！"

吏部尚书王永光发言："推举内阁人选，出于公心，没有结党。"
内阁大臣钱龙锡发言："没有结党。"
内阁大臣李标发言："没有结党。"
崇祯总结陈词："推举这样的人（指钱谦益），还说出于公心！"

二次休会

再次开场，钱龙锡发言："钱谦益应离职，听候处理。"
崇祯发言："我让你们推举人才，竟然推举这样的恶人，今后不如不推。"
温体仁发言："满朝都是钱谦益的人，我很孤立，恨我的人很多，希望皇上让我告老还乡。"
崇祯发言："你为国效力，不用走。"
辩论结束，反方，温体仁获胜，逆转，就此完成。
史料记载大致如此，看似平淡，实则暗藏玄机。

这是一个圈套，是温体仁设计的完美圈套。
这个圈套分三个阶段，共三招。
第一招，开始辩论时，无论对方说什么，一口咬定，没有结案。
这个举动毫不明智，许多人被激怒，出来跟他对骂指责他。
然而，这正是温体仁的目的。
很快，奇迹就发生了，章允儒被抓走，崇祯的天平向温体仁倾斜。

接下来，温体仁开始实施第二步——挑衅。
他直接攻击内阁，攻击所有大臣，说他们结党营私。
于是大家都怒了，纷纷出场，驳斥温体仁。
这也是温体仁的目的。
至此，崇祯认定，钱谦益与作弊案有关，应予罢免。

第三阶段开始，内阁的诸位大人终于意识到，今天输定了，所以主动提出，让钱谦益走人，温体仁同志随即使出最后一招——辞职。

当然，他是不会辞职的，但走到这一步，摆摆姿态还是需要的。

三招用完，大功告成。

温体仁没有魔法，这个世界上也没有奇迹，他之所以肯定他必定能胜，是因为他知道一个秘密，崇祯心底的秘密。

这个秘密的名字，叫作结党。

温体仁老谋深算，他知道，即使朝廷里的所有人，都跟他对立，只要皇帝支持，就必胜无疑，而皇帝最不喜欢的事情，就是结党。

崇祯登基以来，干掉了阉党，扶植了东林党，却没能消停，朝廷党争不断，干什么什么都不成，所以最恨结党。

换句话说，钱谦益有无作弊，并不重要，只要把他打成结党，就必定完蛋。

事实上，钱谦益确实是东林党的领袖，所以在辩论时，反方务必不断挑事，耍流氓，吸引更多的人来骂自己，都无所谓。

因为最后的决断者，只有一个。

当崇祯看到这一切时，他必定会认为，钱谦益的势力太大，结党营私，绝不可留。

这就是温体仁的诡计，事实证明，他成功了。

通过这个圈套，他骗过了崇祯，除掉了钱谦益，所有的人都被他蒙在鼓里，至少他自己这样认为。

但事实可能并非如此，这场辩论的背后，真正的胜利者，是另一个人——崇祯。

其实温体仁的计谋，崇祯未必不知道，但他之所以如此配合，是因为这是一个千载难逢的机会。

当时的朝廷，东林党势力很强，从内阁到言官，都是东林党，虽说就工作业绩而言，比阉党要强得多，但归根结底，也是个威胁，如此下去再不管，就管不住了。

现在既然温体仁跳出来，主动背上黑锅，索性就用他一把，敲打一下，提提醒，换几个人，阿猫阿狗都行，只要不是东林党，让你们明白，都是给老子打工的，老实干活！

当然明白人也不是没有，比如黄宗羲，就是这么想的，还写进了书里。

但搞倒了钱谦益，对温体仁而言，是纯粹的损人不利己，因为他老兄太过讨嫌，没人推举他，闹腾了半天，还是消停了。

消停了一年，机会来了，机会的名字，叫袁崇焕。

画了一个圈，终于回到了原点。

之后的事，之前都讲了，袁督师很不幸，指挥出了点儿问题，本来没事，偏偏和钱龙锡拉上关系，就这么七搞八搞，自己进去了，钱龙锡也下了水。

在很多人眼里，崇祯初年是很乱的，钱谦益、袁崇焕、钱龙锡，作弊、通敌、下课。

现在你应该明白，其实一点儿也不乱，事实的真相就是这么简单，只有两个字——利益，周延儒的利益、温体仁的利益，以及崇祯的利益。

钱谦益、袁崇焕，还有钱龙锡，都是利益的牺牲品。

而这个推论，有一个最好的例证，袁崇焕被杀掉后，钱龙锡按规定，也该干掉，死刑批了，连刑场都备好，家人都准备收尸了，崇祯突然下令：不杀了。

关于这件事，许多史书上都说，崇祯皇帝突然觉悟。

我觉得，持这种观点的人，确实应该去觉悟一下，其实意思很明白，教训教训你，跟你开个玩笑，临上刑场再拉下来，很有教育意义。

周延儒和温体仁终究还是成功了，崇祯三年（1630）二月，周延儒顺利入阁，几个月后，温体仁入阁。

第十章　斗争技术

温体仁入阁，是周延儒推荐的，因为崇祯最喜欢的，就是周延儒，但周兄还是很讲义气，毕竟当年全靠温兄在前面踩雷，差点儿被口水淹死，才有了今天的局面，拉兄弟一把，是应该的。

其实就能力而言，周延儒和温体仁都是能人，如果就这么干下去，也是不错的，毕竟他们都是恶人，且手下并非善茬儿，换个人，估计压不住阵。

但所谓患难兄弟，基本都有规律，拉兄弟一把后，就该踹兄弟一脚了。

最先开踹的，是温体仁。

钱龙锡被皇帝赦免后，第一个上门问候的，不是东林党，而是周延儒。

周兄此来的目的，是邀功，什么皇上原本很生气、很愤怒、很想干掉你，但是关键时刻，我挺身而出，在皇帝面前帮你说了很多好话，你才终于脱险云云。

这种先挖坑，再拉人，既做婊子，又立牌坊的行为，虽很无聊，却很有效，钱龙锡很感动，千恩万谢。

周延儒走了，第二个上门问候的来了，温体仁。

温体仁的目的，大致也是邀功，然而，意外发生了。

因为钱龙锡同志刚从鬼门关回来，且经周延儒忽悠，异常激动，温兄还没开口，钱龙锡就如同连珠炮般，把监狱风云、脱离苦海等前因后果全盘托出。

特别讲到皇帝愤怒，周延儒挺身而出，力挽狂澜时，钱龙锡同志极为感激，眼泪哗哗地流着。

温体仁安静地听完，说了句话。

这句话彻底止住了钱龙锡的眼泪：

"据我所知，其实皇上不怎么气愤。"

啥？不气愤？不气愤你邀什么功？浑蛋！

所以钱龙锡气愤了。类似这种事情，自然有人去传，周延儒知道后，也很气愤——我拉你，你踹我？

温体仁这个人，史书上的评价，大都是八个字：表面温和，深不可测。

其实他跟周延儒的区别不大，只有一点：如果周延儒是坏人，他是更坏的坏人。

对他而言，敌人的名字是经常换的，之前是钱谦益，之后是周延儒。

所以在搞倒周延儒这件事上，他是个很坚定、很有毅力的人。

不久之后，他就等到了机会，因为周延儒犯了一个与钱谦益同样的错误——作弊。

崇祯四年，周延儒担任主考官，有一个考生跟他家有关系，就找到他，想走走后门，周考官很大方，给了个第一名。

应该说，对此类案件，崇祯一向是相当痛恨的，更巧的是，这事温体仁知道了，找了个人写黑材料，准备下点儿猛药，让周延儒下课。

不幸的是，周延儒比钱谦益狡猾得多，听到风声，不慌不忙地做了一件事，把问题搞定了，充分反映了他的厚黑学水平。

他把这位考生的卷子，交给了崇祯。

应该说，这位作弊的同学还是有点儿水平的，崇祯看后，十分高兴，连连说好，周延儒趁机添把火，说打算把这份卷子评为第一，皇帝认为没有问题，就批了。

皇帝都过了，再找麻烦，就是找抽了，所以这事也就过了。

但温体仁这关，终究是过不去的。

崇祯年间的十七年里，一共用了五十个内阁大臣，特别是内阁首辅，基本只能干几个月，任期超过两年的，只有两个人。

第二名，周延儒，任期三年。

第一名，温体仁，任期八年。

温首辅能混这么久，只靠两个字，特别。

特别能战斗，特别能折腾。

在此后的一年里，温体仁无怨无悔、锲而不舍地折腾着，他不断地找人黑周延儒，但皇帝实在很喜欢周首辅，虽屡败屡战，却屡战屡败，直到一年后，他知道了一句话。

就是这句话，最终搞定了千言万语都搞不定的周延儒。

全文如下：

"余有回天之力，今上是羲皇上人。"

前半句很好懂，意思是我的能量很大。

后半句很不好懂，却很要命。

今上，是指崇祯，所谓羲皇上人，具体是谁很难讲，反正是原始社会的某位皇帝，属于七十二帝之一，就不扯了，而他的主要特点，是不管事。

翻译过来，意思是，我的能量很大，皇上不管事。

这句话是周延儒说的，是跟别人聊天时说的，说时旁边还有人。

温体仁把这件事翻了出来，并找到了证人。

啥也别说了，下课吧。

周延儒终于走了，十年后，他还会再回来，不过，这未必是件好事。

朝廷就此进入温体仁时代。

按照传统观点，这是一个极其黑暗的时代，在无能的温体仁的带领下，明朝终于走向了不归路。

我的观点不太传统，因为我看到的史料告诉我，这并非事实。

温体仁能够当八年的内阁首辅，只有一个原因——他能够当八年的内阁首辅。

作为内阁首辅，温体仁具备以下条件：首先，他很精明强干，据说一件事情报上来，别人还在琢磨，他就想明白了，而且能很快做出反应；其次，他熟悉政务，而且效率极高，还善于整人（所以善于管人）。最后，他不是个好人。当然，对朝廷官员而言，这一点在某些时候，绝对不是缺点。

估计很多人都想不到，这位温体仁还是个清官，不折不扣的清官，做了八年首辅，家里还穷得叮当响，从来不受贿、不贪污。

相对而言，流芳千古的钱谦益先生，就有点儿区别了，除了家产外，也很能挣钱（怎么来的就别说了），经常出没红灯区，六十多岁了，还娶了柳如是。明朝亡时，说要跳河殉国，脚指头都还没下去，就缩了回来，说水冷，不跳了，就投降了清朝。清朝官员前来拜访，看过他家后，发出了同样的感叹：你家真有钱。

温体仁未必是奸臣，钱谦益未必是好人，不需要惊讶，历史往往跟你所想的并不一样。英雄可以写成懦夫，能臣可以写成奸臣，史实并不重要，重要的是，谁来写。

温体仁的上任，对崇祯而言，不算是件坏事。就人品而言，他确实很卑劣、很无耻，且工于心计，城府极深，但要镇住朝廷那帮大臣，也只能靠他了。

应该说，崇祯是有点儿想法的，毕竟他手中的，不是烂摊子，而是一个烂得不能再烂的摊子，边关战乱，民不聊生，政治腐败，朝廷混乱，如此下去，只能收摊。

崇祯同志一直很担心，如果在他手里收摊，将来下去了，没脸见当年摆摊的朱重八（后来他用一个比较简单的方法办到了）。

所以执政以来，他干了几件事，希望力挽狂澜。

第一件事，就是肃贪。

到崇祯时期，官员已经相当腐败，收钱办事，就算是好人了。对此，崇祯非常不满，决心肃贪。

问题在于，明朝官场，经过二百多年的磨砺，越来越光，越来越滑，潜规则、明规则，基本已经形成一套行之有效的规章，大家都在里边混，就谈不上什么贪不贪了，所谓天下皆贪，即是天下无贪。

当然，偶尔也有个把人，是要突破规则，冒冒头的。

比如户科都给事中韩一良，就是典型代表。

当崇祯下令整顿吏治时，他慷慨上疏，直言污秽，而且还说得很详细，什么考试作弊内幕、买官卖官内幕、提成、陋规等，为达到警醒世人的目的，他还坦白，自己身为言官，几个月之内，已经推掉了几百两银子的红包。

崇祯感动了，这都什么年月了，还有这样的人啊。感动之余，他决定在平台召开会议，召见韩一良及朝廷百官，并当众嘉奖提升。

皇帝很激动，后果很严重。

因为韩一良同志本非好鸟，也没有与贪污犯罪死磕到底的决心，只是打算骂几句出出气，没想到皇帝大人反应如此强烈，无奈，事儿都干了，只能硬着头皮去。

在平台，崇祯让人读了韩一良的奏疏，并交给百官传阅，大为赞赏，并叫出韩一良，提升他为都察院右佥都御史。

原本只是七品，一转眼，就成了四品。

我研读历史，曾总结出一条恒久不变的规律——世上的事，从没有白给的。

韩一良同志还没高兴完，就听到了这样一句话：

"此文甚好，希望科臣（指韩一良）能指出几个贪污的人，由皇帝惩处，以示惩戒。"

说话的人，是吏部尚书王永光。

王永光很不爽，自打听到这封奏疏，他就不爽了。因为他是吏部尚书，管理人事，说朝廷贪污成风，也就是说他管得不好，所以他决定教训韩一良同志。

这下韩御史抓瞎了，因为他没法开口。

自古以来，所谓集体负责，就是不负责，所以批评集体，就是不批评。韩御史本意，也就是批评集体，反正没有具体对象，没人冒头反驳，可以过过嘴瘾。

现在一定要你说出来，是谁贪污，是谁受贿，就不好玩了。

但崇祯似乎很有兴趣，当即把韩一良叫了出来，让他指名道姓。

韩一良想了半天,说:"现在不能讲。"

崇祯说:"现在讲。"

韩一良说:"我写这封奏疏,都是泛指,不知道名字。"

崇祯怒了:"你一个名字都不知道,竟然能写这封奏疏,胡扯!五天之内,把名字报来!"

事儿大了,照这么搞,别说升官,能保住官就不错,韩一良回去了,在家抓狂了五天,憋得脸通红,终于憋出了一份奏疏。

很明显,韩一良是下了功夫的,因为在这份奏疏里,他依然没有说出名字,却列出了几种人的贪污行径,并希望有关部门严查。当然,他也知道,这样是过不了关的,就列出了几个人——已经被处理过的人。

反正处理过了,骂绝祖宗十八代,也不要紧。

这封极为滑头的奏疏送上去后,崇祯没说什么,只是下令在平台召集群臣,再次开会。

刚开始的时候,气氛是很和谐的,崇祯同志对韩一良说,你文章里提到的那几个人,都已经处理了,就不必再提了。

然后,他又很和气地提到韩一良的奏疏,比如他曾经拒绝红包,达几百两之多的优秀事迹。

戏演完了,说正事:

"是谁送钱给你的?说!"

韩一良同志蒙了,但优秀的自律精神鼓舞了他,秉承着打死也不说的思想,到底也没说。

崇祯也很干脆,既然你不说,就不要干了,走人吧。

韩一良同志的升官事迹就此结束,御史没捞到,给事中丢了,回家。

然而最伤心的,并不是他,而是崇祯。

他想不明白,自己如此坦白、如此真诚、如此想干点儿事,怎么连句实话都换不到呢？

这个问题，没人能回答。

但要说他啥事都没干成，也不对，事实上，崇祯二年（1629），他就干过一件大事，且相当成功。

这年四月，刑部给事中刘懋上疏，请求清理驿站。

所谓驿站，就是招待所，著名的伟大的政治家、军事家、哲学家王守仁先生，就当过招待所的所长。

当然，王守仁同志干过的职务很多，这是最差的一个。因为在明代，驿站所长虽说是公务员，论级别，还不到九品，算是不入流，还要负责接待沿途官员，可谓人见人欺。

所以一直以来，驿站都没人管。

但到崇祯这段，驿站不管都不行了。

因为明代规定，驿站接待中央各级官员，由地方代管。

这句话不好理解，说白了，就是驿站管各级官员吃喝拉撒睡，但费用自负。

因为明代地方政府，并没有办公经费，必须自行解决，所以驿站看起来，级别不高，也没人管。

但驿站还是有油水的，因为毕竟是官方招待所，上面来个人没法接待，追究到底，还是地方官吃亏，所以每年地方花在驿站上的钱，数额也很多。

而且驿站还有个优势，不但有钱，且有政策——摊派。

只要有接待任务，就有名目，就能逼老百姓，上面来个人，招待所所长自然不会自己出钱请人吃饭，就找老百姓摊，你家有钱，就出钱，没钱？无所谓，你们要相信，只要是人，就有用处，什么挑夫、轿夫，都可以干。

其实根据规定，过往官员，如要使用驿站，必须是公务，且出示勘合（介绍信），否则，不得随便使用。

也就是说说。

到崇祯年间，驿站基本上就成了车站。按说勘合用完了，就要上交，但这事也没人管，所以许多人用了，都自己收起来，时不时出去旅游，都用一用，更缺德的，还把这玩意儿当礼物，送给亲朋好友，让大家都捞点儿实惠。

鉴于驿站好处如此之多，所以但凡过路官员，无论何等妖魔鬼怪，都是能住就住，不住也宰点儿钱，既不住也不宰的，至少也得找几个人抬轿子，顺便送一程。

比如我国最伟大的地理学家徐霞客，云游各地（驿站），拿着勘合四处转悠，绝对没少用。

刘懋建议，整顿驿站，不但可以节省成本，还能减轻地方负担。

但问题是，怎么整顿。

刘懋的方法很简单，一个字——裁。

裁减驿站，开除富余人员，减开支，严管介绍信，非紧急不得使用。

按照他的说法，只要执行这项措施，朝廷一年能省几十万两白银，且地方负担能大大减轻。

崇祯很高兴，同意了，并且雷厉风行地执行了。

一年之后，上报执行成果，裁减驿站二百余处，全国各省累计减少经费八十万两，成绩显著。

不久之后，刘懋就滚蛋了。

这世上，有很多事情，看上去是好事，实际上不是，比如这件事。

刘懋同志干这件事，基本是"损人不利己"，国家没有好处，地方经费节省了，也省不到老百姓头上，地方吃驿站的那帮人又吃了亏，要跟他拼命，闹来闹去折腾一年，啥都没有，只能走人。

崇祯同志很扫兴，好不容易干了件事，又干成这副熊样，好在没有造成严重后果，反正驿站有没有无所谓，就这么着吧。

事实上，如果他知道刘懋改革的另一个后果，估计就不会让他走了，他会把刘懋留下来，然后，砍成两截。

因为汇报裁减业绩的人，少报了一件事：之所以减掉了八十余万两白银的经费，是因为裁掉驿站的同时，还裁掉了上万名驿卒。

崇祯二年（1629），按照规定，银川驿站被撤销，驿卒们通通走人。

一个驿卒无奈地离开了，这里已无容身之所，为了养活自己，他决定，去另找一份工作，一份更有前途的工作。

这个驿卒的名字，叫作李自成。

第十一章

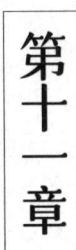

投降？

崇祯就是这么个朝廷,没法干,所以他很失落,很伤心,但更伤心的事,还在后头,因为上面这些事,最多是不能干,但下面的事情,是不能不干。

崇祯四年(1631)辽东总兵祖大寿急报:被围。他被围的地方,叫作大凌河。

一年前,孙承宗接替了袁崇焕

换句话说，崇祯上台以后，是很想干事的，但有的事，干了也白干，有的事，干了不如不干，朝廷就是这么个朝廷，大臣就是这帮大臣，没法干。

所以他很失落、很伤心，但更伤心的事，还在后头。

因为上面这些事，最多是不能干，但下面的事情，是不能不干。

崇祯四年（1631），辽东总兵祖大寿急报：被围。

他被围的地方，叫作大凌河。

一年前，孙承宗接替了袁崇焕的位置，成为蓟辽总督。

虽然老头已经七十多了，但实在很靠谱，上任不久，就再次巡视辽东，转了一圈，回来给崇祯打了个报告。

报告的主要内容是，关锦防线非常稳固，但锦州深入敌前，孤城难守，建议在锦州附近的大凌河筑城，扩大地盘，稳固锦州。

这个报告体现了孙承宗同志卓越的战略思想。七年前，他稳固山海关，恢复了宁远，稳固宁远，恢复了锦州，现在，他稳固锦州，是打算恢复广宁，照这么个搞法，估计是想稳固沈阳，恢复赫图阿拉，把皇太极赶进河里。

想法好，做得也很好，被派去砌城的，是总兵祖大寿、副总兵何可纲。

在袁崇焕死前，曾向朝廷举荐过三个人，分别是赵率教、祖大寿、何可纲。

他在举荐三人时，曾说过：

"臣选此三人，愿与此三人共始终，若到期无果，愿杀此三人，然后自动请死。"

袁崇焕的意思是，我选了这几个人，工作任务要是完不成，我就先自相残杀，然后自杀。

这句话比较准，却也不太准。

因为袁崇焕还没死，赵率教就先死了。袁崇焕死的时候，祖大寿也没死，逃了。

现在，只剩下了祖大寿和何可纲，他们不会自杀，却将兑现这个诺言的最后一部分——自相残杀。

投降

带了一万多人，祖大寿跟何可纲去砌砖头了，砌到一半，皇太极来了。

皇太极之所以来，也是不能不来，因为当他发现明军在大凌河筑城时，就明白，孙老头又使坏了。

如果让明军在大凌河站住脚，锦州稳固，照孙承宗的风格，接下来必定是蚕食，慢慢地磨，今天占你十亩地，占住了，明天再来，还是十亩，玩死你。

所以，他亲率大军，前往大凌河，准备拆迁。

但祖大寿辛苦半年多，自然不让拆，早早收工，把人都撤了回来，准备当钉子户。

然而，当皇太极气喘吁吁地赶到大凌河城下时，却又不动手了。

他只是远远地扎营，然后在城下开始挖沟。

皇太极很卖力，在城下待了一个多月，也不开打，只是围城挖沟，挖沟围城，经过不懈努力，竟然沿着大凌河城挖了个圈。此外，他还很有诚意地找来木头，围城修了一圈栅栏。

如此用功，只因害怕。

鉴于此前他在宁远、锦州吃过大亏，看见城头的大炮就哆嗦，所以决定，不攻城，只围城，等围得差不多了，再攻。

对于这一举动，祖大寿嗤之以鼻，并不害怕，事实上，得知围城后，他还派人在城头喊话：

"我军粮草充足，足以支撑两年，你奈我何？"

皇太极听到了，并不生气，想了个很绝的回答，又派了个人去回话：

"那就困你三年！"

所谓粮食支撑两年，自然是吹牛的，几天倒还成，而且祖大寿当时手下的部队，有一万多人，虽然皇太极的兵力是两万多，但以他的水平，守半个月没问题。

更重要的是，他还有个指望——援军。

大凌河被围的消息传来后，孙承宗立刻开始组织援军，先派了几拨小部队，由吴襄带头，往大凌河奔，据说后来的著名人物吴三桂也在部队里。

可惜，这支部队刚到松山，就被打回去了。

皇太极早有准备，因为他的部队，攻城不在行，打野战没问题，反正这破楼拆定了，来几拨打几拨！

孙承宗也很硬，这城楼修定了，就是用人挤，也要挤进去！

崇祯四年（1631），最大规模的援军出发了。

这支援军由大将张春率领，共四万余人，奔袭大凌河，列阵迎敌。

大客户上门，皇太极自然亲自迎接，到阵前一看，傻眼了。

统帅张春是个不怎么出名，却有点儿水平的人，他千里迢迢赶到大凌河，却摆出防守的阵势，收缩兵力，广建营寨，然后架起大炮，等皇太极来打。

因为就双方军事实力而言，跟皇太极玩骑兵对砍，基本等于自杀。摆好阵势，准备大炮，还能打几天。

这是个极为英明的抉择，可惜，还不够。

战斗开始，皇太极派出精锐骑兵，以左右对进战术，攻击张春军两翼。

但张春同志很有水平，阵势摆得很好，大炮打得很准，几轮下来，后金军队损失惨重。

在战场上，英明是不够的，决定战争胜负的，是实力。

进攻失败后，皇太极拿出了他的实力——大炮。

由于之前被大炮打得太惨，皇太极决定，开发新技术，造大炮。

经过刻苦偷学，后金军造出了自己的大炮，共三十门，虽说质量如何不能保证，至少能响。

所以当巨大的轰鸣声从后金军队中传出时，张春竟然产生错觉，认为是自己的大炮炸膛，还派人去查，但残酷的事实告诉他，敌人已经马刀换炮了。

但张春认定，无论如何，都要顶住，他亲自上阵督战，希望稳住阵脚。

这个愿望落空了。

为保证此战必胜，张春来的时候，还带上了一员猛将——吴襄。按原先的想法，吴将军是本地人，跟皇太极也打了不少仗，熟悉情况。

应该说，这个说法是很对的，吴襄到底了解情况，一看仗打成这样，立马就跑了。

这种搞法极其恶心，并直接导致了张春的溃败。

明朝四万援军就此覆灭，而城内的祖大寿，基本可以绝望了。

但绝望的祖大寿不打算放弃，他决定突围。

突围的地点，选在南城，据他观察，南城敌人最为薄弱。

按祖大寿的想法，能突出去最好，突不出去就回来，也就是试试。但他万没想到，这一试，竟然解决了一个贝勒。

几天后，祖大寿发动突围，与后金军发生激战。

围困南城的，是皇太极的哥哥莽古尔泰，此人属于大脑很稀缺、四肢很发达类型，故被称为后金第一猛将（粗人代名词），但这次，他遇上了更猛的祖大寿。

第十一章 投降？

战斗非常激烈，祖大寿不愧为名将，带着城里的兵（并非关宁军）往死里冲，重创城南军队。

莽古尔泰感觉不对，便向皇太极请求援兵。但出乎意料的是，援兵竟然迟迟不到，莽古尔泰只能亲自督阵，用上所部全部兵力，才挡住了祖大寿的突围，损失极为惨重。

莽古尔泰在四大贝勒里，排行第三（皇太极第四），被弟弟忽悠了，实在是气不过，所以他立即找到皇太极，说自己损失过重，要求换防。

但皇太极压根儿不搭理他，莽古尔泰气不过，就把刀抽了出来，要砍皇太极，幸好被人拦住，才没出事。

搞笑的是，莽古尔泰同志回去后，居然尿了，且越想越怕，连夜跑到皇太极那里承认错误。

皇太极倒也干脆，直接绑了关进牢房，不久，莽古尔泰就死了，死因不明。

这已经不是皇太极第一次耍诈了，他老人家虽然靠兄弟上台，却很信不过兄弟，按照他的想法，四大贝勒是没有必要的，只要一个就够了。

为达到这一目的，每到打硬仗时，他都故意安排兄弟上阵，所谓"打死敌人除外患，打死自己除内乱"。

比如崇祯三年（1630），他听说孙承宗出兵关内四城，明知敌人很猛，就派二贝勒阿敏出征，被打了个稀里哗啦回来，趁机撤了兄弟的职。

这次也差不多，如此说来，他大概还差祖大寿个人情。

但祖大寿的情况并未改变，他依然出不去，援军依然没法来，他依然不投降。

皇太极想招降祖大寿，很想，所以他费尽心机，先是往城里射箭，夹带信件，可是祖大寿的习惯很不好，总不回。

打了个把月，回信了。

这也是迫不得已，当初被围的时候，实在太过突然，按照明朝规定，军事部队执行任务时，身边只带三天干粮，现在都三十天了，吃什么？

吃人。

大凌河城里，除了一万多军队外，还有两万多民工，几千匹马。

还好，没有粮食，吃马也能活，过了几十天，马吃完了。

没办法，只能吃人了。

当兵的开始吃民工，而且很有组织性，今天吃几个，就杀几个，挑好人，组织起来杀掉，分吃。

杀掉的人除了肉吃完外，连骨头都没剩，收起来当柴火烧，用人骨烤人肉，真正是物尽其用。

就是这样，也没有投降。

但祖大寿已经到极限了，这样下去，没被后金军打死，也被城里的兵给吃了。所以他开始跟皇太极联系。

联系的话题很简单，两个字——投降。

皇太极知道城里很困难、很缺粮食，但他并不知道，祖大寿很坚忍。

祖大寿根本不想投降，他只是拖延时间，等待援军，但时间越来越长，援军却越来越少，于是，经过审慎思考，祖大寿做出了一个抉择，脱离苦海的抉择。

他与皇太极的使者进行了会谈，表示愿意投降。

崇祯四年（1631），祖大寿召集众将，宣布决定，投降。

所有的人都赞成，只有一个人反对——何可纲。

袁崇焕没有看错人，何可纲是一个靠得住的人，他严词拒绝了祖大寿的提议，即使饿死，绝不投降！

袁崇焕也没有说错，他的魔咒最终应验了。

大家都投降，你不投降，就只有杀了你了。

祖大寿用行动，完成了袁崇焕诺言的最后部分：自相残杀。

他命令将拒不投降的何可纲推出城外，斩首示众。

何可纲死前，并不惊慌，也不愤怒，只有鄙视，对叛徒祖大寿的鄙视。或许在他看来，这是最后的解脱，他终究没有辜负袁崇焕的期望。

但他并不知道，坚持到底的人，并不止他一个，坚持的方式，除死外，还有其他方式，比死更痛苦的方式。

杀死何可纲后，祖大寿出城投降。

对于祖大寿同志，皇太极显示了最高程度的敬意，比对兄弟还客气，带着所有高级官员出营迎接，连跪拜礼都免了，拉进大营后，管吃管喝，吃完喝完又送土特产，安排休息。

祖大寿很感动，随即提出，希望为后金立功，并拟出了一个方案：

锦州的守将，都是自己的手下，虽然现在有巡抚丘禾嘉坐镇，但只要能潜入城内，召集部下，就能杀掉丘禾嘉，攻陷锦州。

皇太极同意了他的方案，给祖大寿凑了几百人，假装大凌河逃兵，护送他进入锦州，并派出多尔衮率领军队，隐藏在锦州附近，等待祖大寿的信号。

信号是炮声，按照约定，祖大寿如顺利入城，应于十一月二日放炮，第二天动手，杀掉丘禾嘉，如一切顺利，就鸣炮通知城外后金军，里应外合，攻克锦州。

两天后，在皇太极的注视下，祖大寿率领随从，出发前往锦州。

事情非常顺利，十一月一日，在后金军的暗中护送下，祖大寿顺利入城。

从某个角度看，皇太极是个生意人。

其实他并不相信祖大寿，之所以劝降又放走，还客客气气地请客送礼，只是希望得到更大的回报。

十一月二日，当他听到锦州城内传来炮声时，他终于放心了，祖大寿传出入城信号，这次生意不会亏本了。

但是第二天，他没有听到炮声，很明显，祖大寿还没有动手。

第三天，也没有炮声。

就在他极度怀疑之际，却收到了祖大寿的密信。

这封信是祖大寿派人从城中送出的，大致内容是说，由于出发仓促，且锦州军队很多，身边的人又少，暂时无法动手，过两天再说。

既然如此，就多等两天。

两天，没信。

又两天，还没信。

到第三个两天，终于有信了。

皇太极又收到了祖大寿的信，写得相当客气，首先感谢皇太极同志的耐心等待，然后诉苦，说锦州城内防布森严，难以动手，希望皇太极继续等着，估计到来年，就能办这事了。

被人涮了。

其实从一开始，祖大寿就没打算投降，堂堂大明总兵，怎么能投降呢？

但不投降就出不去，所以他决定，投个降，先出去。

但是何可纲反对。

此时，祖大寿有两种选择，第一，当着大家的面告诉何可纲，我们不是投降，是忽悠皇太极的，等出去后，我们就找个机会跑路，回家洗了睡。

但这么干，难保不被人举报，保密起见最好别讲。且何可纲本是个二杆子，要死就死，投降就投降，投什么假降？

第二，杀了他。

只能这样。

于是何可纲死去了，祖大寿活下来，为了同一个目标。

事实上，祖大寿回到锦州后，啥都没干，就说自己跑回来了，继续一心一意地镇守锦州，坚决打击皇太极。

但刚涮完人家，就不认账，实在太过缺德，所以他在十一月二日的时候，还是按约定放了几炮，就当是给皇太极同志留个纪念，说声拜拜。

至于送信解释情况，说自己暂时无法下手，倒也并非客气，实在是没办法，因为他的许多部下和亲属，还在皇太极那边，自己跑了，还不客气客气，就扯淡了。所以这几封信的意思也很明确，就是说我虽然骗了你，但你也消消气，别把事情做绝，将来没准儿还能合作。

当然，关于这件事，也有争议说祖大寿同志不是诈降，是真降，只不过回锦州后人手不足没法下手，所以才没干。

这种说法是不太靠谱的，因为很快，他就接受了锦州防务，镇守锦州，要多少人手有多少人手，也没干。

袁崇焕终究没有看错人。

但这件事情最奇特的地方，既不是祖大寿忽悠，也不是皇太极被忽悠，而是崇祯。

锦州守将，巡抚丘禾嘉是一个极其谨慎的人，虽然祖大寿没说实话，但他已多方查证，确认了祖大寿的投降，并且写成了报告，上报崇祯。

奇怪的是，报告送上去了，崇祯也看了，却没有任何反应，压根儿就没理这事，依然委任祖大寿镇守锦州。

在这世上混，大家都不容易，睁只眼闭只眼算了吧。

最倒霉的反倒是孙承宗，他开始砌墙的时候，很多人就不服气，现在墙没砌好，就给人拆了，还收拾了施工队，于是又是一片口水铺天盖地而来，孙承宗比较识趣，一个月后就辞职走人了。

历经三朝风云，关宁防线的构架者，袁崇焕、祖大寿的提拔者，忠诚的爱国者，力挽狂澜的伟大战略家孙承宗，就这么不干了。

但这并不是他的终点，七年之后，他将在另一个舞台上，演出他人生最辉煌的一刻，以最壮烈的方式。

意外的意外

大凌河失陷了，皇太极走了，孙承宗也走了，这就是崇祯四年（1631）大凌河之战的结果。

但还有一个结果，是很多人并不知道，也没有料到的。

而这个结果的出现，和袁崇焕同志有莫大的关系。

袁崇焕杀掉毛文龙后，皮岛的局势很稳定，过了一年，就开始闹事。

闹事的根本原因，还是毛文龙，因为这位兄弟太有才能，以至于他在岛上的时候，大肆招兵，不但招汉人，还招满人。

毕竟不管汉人、满人，都认钱，而且满人作战勇猛，更好用，加上毛文龙会忽悠，越招越多，许多关外的人还专程坐船来参军，到最后竟然有上千人。

但毛文龙死后，继任的人能力差点儿，没法控制局面，就兵变了，先是士兵互砍，然后是将领互砍，最后总兵黄龙专程带兵上岛，才算把局面镇住。

但这件事一闹，许多人都不想在岛上待了，其中有两个人，这两个人是孔有德和耿仲明。

但到底去哪里，还是个问题，这二位仁兄都是山东人，原先还是矿工，出来闯关东，现在闯不下去，一合计，还是回老家。

当然，回去挖矿是不能的，既然是兵油子，还是当兵合算，找来找去，听说登莱巡抚孙元化那里缺人，就去了。

孙元化，明代伟大的科学家，徐光启的学友，特长是炸药学、弹道学，简而言之，是搞大炮的。

据说这人不但精通物理、化学，还懂葡萄牙语，当年还上过葡萄牙火炮培训班，属于放炮专家。

当时他正跟葡萄牙人搞科学试验（造大炮），手下缺人，孔有德带人跑过来，他十分之高兴，当即就把人给收编了。

其实孙先生虽说致力于科学研究，也曾打过仗，之前还曾当过宁远副使，给袁崇焕打过工，也见过世面。可惜，知识分子就是知识分子。

他并不知道，所谓孔有德、耿仲明，属于有奶便是娘型，是典型的兵油子，给钱就开工，不给钱就打老板，招这么俩员工，只好认倒霉。

其实刚开始的时候，这两位矿工兄弟还是很听话的，也服管，估计换了老板，也想好好干两天。

然而，意外发生了。

祖大寿在大凌河筑城，被人围攻，朝廷四处调援兵，孙元化归孙承宗管，孙承宗找他要兵，他就把孔有德派去了。

孔有德很听话，立马就出发，前去拯救祖大寿。

走到半路，意外的意外发生了。

因为此时已经是十月份（阴历），天开始下雪，孔有德估计是走得急了点儿，不知是粮食没带够，还是当兵的想开小灶，反正是几个人私自到老百姓家打猎，把人家里的鸡给吃了。

吃完了，被人发现了。

吃了就吃了吧，并非什么大事，大不了赔几只。

可问题是，当地的老百姓比较剽悍，且没说赔鸡，把人抓住以后，先修理了一顿，打得很惨。

消息传上去，当即炸锅，孔有德怒了，这还了得，后金军老子都没怕过，怕老百姓？二话不说，索性抢你娘的。

问题是，抢完了怎么办，毕竟大明是法治社会，犯了法，是要杀头的，所以孔有德破罐子破摔，反了。

孔有德同志原本是挖矿的，也没什么政治目标，更不打算替天行道，但既然反了，替天抢一把还是要的。

他带领部队，开始沿路抢劫。

此时，得到消息的孙元化急得不行，连忙找来山东巡抚余大成商量对策，谈来谈去，谈出一个结果——招安。

想出这么个招，原因在于他们认定，孔有德的反叛是出于误会，只要把他拉回来，安慰安慰，没准儿再给几只鸡，就能解决问题。

更重要的是，这件事如果追究起来，黑锅就背定了，趁着现在事情还不大，瞒报情况拉人回来，还能保住官位，所以不能动武，只能招安。

事实证明，瞒报注定是要穿帮的。

孙元化派出使者，找到孔有德，告诉他，赶紧归队投降，否则就什么什么。

孔有德很害怕，当即表示愿意投降，前往登州接受整编。

孙元化很满意，坐在城里等着孔有德，几天后，孔有德顺利到达登州，干的第一件事，就是攻城。

孙元化同志毕竟是知识分子，他并不知道，像孔有德这种兵油子，本没有道德观念，算是无赖，而能镇得住他的，也只有更无赖的无赖，比如毛文龙。

而孙专家最多也就是个技术员，对孔有德而言，不欺负是白不欺负。

还好守军反应快，立即出城迎敌。

但就战斗力而言，双方差距实在太大，登州城里的部队，平时最多也就打打土匪，跟从皮岛来的孔有德相比，只能算仪仗。

所以没过多久，部队就被孔有德军击溃，退回城内。

虽然失利，但大体还算不错，因为登州城有大炮，据城坚守，应该没有问题。

可惜孙元化同志疏忽了极为重要的一点——他忘记了一个人：耿仲明。

耿仲明还在城内，作为孔有德的铁杆、老乡、战友兼同事，如果不拉兄弟一把，是不地道的。

耿仲明很地道，所以他连夜打开了城门，放孔有德进城，登州沦陷了。

孙元化很有点儿骨气，听说叛军入城，就准备自杀，但手慢了点儿，导致自杀未遂，被俘。

孔有德到底是混社会的，讲点儿江湖道义，没有杀孙元化，只是把他扣作人质，同时，他又致信山东巡抚余大成，要求和谈。

好在余大成还比较清醒，知道事情闹大了，当即上报朝廷，登州失陷。

崇祯大怒，搞这么大的事，现在才来汇报，干什么吃的！

他马上下令，免去孙元化、余大成的职务，委派谢琏为登莱巡抚，接替孙元化，平定叛乱。

很快，孔有德也得知了这个消息，他明白，只能一条路走到黑了。

但他对孙元化似乎很有感情，到这份儿上，都没动他一根指头，竟然给放了。

但他做梦都没想到，自己难得干了件好事，也能把孙专家害死。

因为这事从头到尾，孙专家的责任太大，所以孙元化千里迢迢投奔朝廷后，就被朝廷逮了，送到京城，审讯完毕，竟然判了死刑，拉出去砍了。

现在的孔有德很麻烦，他虽然占据了登州，但也就是个小城，且还在明朝腹地，上天没路，下地没门，渡海没船，基本是歇菜了。

但非常难得，孔有德同志很乐观，他非但没有走，还干起了大买卖，找来了当年的同事李九成、耿仲明、陈友时，还拉上毛文龙的儿子毛承禄，并广泛招募各地犯罪分子，扩编军队。

更搞笑的是，他们还组织政府，开始封官，封到一半，发现没有官印，还专门抓了几个刻印章的，帮他们刻印，很有点儿过日子的意思。

当然，他们在百忙之中，没有忘记自己的主业——抢劫，原先只抢个把县，现在牛了，组团抢劫，分兵几路，从登州开始，沿着山东半岛去抢，搞得民不聊生。

崇祯决定解决问题。

但新任巡抚谢涟刚到任，就发现，在围剿孔有德之前，他必须先突围。

孔有德同志手下这帮兵，打后金军，只能算是凑合，但打关内这帮人，实在是绰绰有余，谢涟到达莱州之后，就被围了。

但孔有德攻城的水平明显是差点儿，双方陷入僵持，你进不来，我出不去。

朝廷倒真急眼了，听说新到的巡抚又被围住，立即增兵，两万多人，直奔莱州。

孔有德听说朝廷援兵到了，也不含糊，加班加点地攻城，现炒现卖，拉出了登州城里的大炮，猛轰城头，竟然轰死了新到任的山东巡抚（谢琏是登莱巡抚）。

谢琏虽说打仗没谱，还是比较硬的，死撑，等援兵来。

他等来的不是援兵，而是一个做梦也想不到的消息。

围城的孔有德派出了使者，交给他一封信，信中表示，希望谢大人开恩，愿意投降。

听明白了，不是要谢大人投降，而是要谢大人接受投降。

这是个比较搞笑的事，深陷重围还没投降，包围的人倒要投降了，鬼才信。

谢琏信了，因为形势摆在眼前，朝廷援兵即刻就到，孔有德是聪明人，投降是他仅存的选择。

他决定亲自出城，接受投降。

谢大人到底还是知识分子，他不知道，孔有德同志虽然是个聪明人，却是个聪明的坏人，从他反叛那天起，就没打算回头。

时候到了，孔有德张灯结彩，锣鼓喧天，亲自在城门迎接。谢巡抚很受感动，带着几个随从出城受降。

为示庄重，他还去找莱州总兵，让他一起出城。

总兵不去。

不但不去，还劝谢巡抚，最好别去。

跟谢琏不同，这位总兵，是从基层干起来的，比较了解兵油子的特点，认定有诈，坚持不去。

保住莱州，就此一举。

接下来的过程很有戏剧性，谢琏出城后，受到了孔有德的热情接待，手下纷纷上前，亲密地围住了谢巡抚，把他直接拉到了大营。

一进去，就变脸了。

孔有德的打算是，先把谢巡抚绑起来，当作人质，然后又把随同的一个知府

第十一章 投降？

拉到城下，逼他传话，让里面的人投降。

这位知府表示配合，到城下，让喊话，就真喊了：

"我死后，你们要好好守城（汝等固守）！"

按常规，此时发生的事情，应该是贼兵极其愤怒，残忍地杀害了知府大人。

但事情并非如此，因为知府大人固然有种，但更有种的，是那位不肯出城的总兵。

他听说巡抚被人劫了，知府在下面喊话，二话不说，就让人装炮弹，看准敌人密集地区，开炮。

敌人的密集地，也就是知府大人所在地，几炮打下去，叛军死伤惨重，知府大人也在其中，壮烈捐躯。

虽然巡抚够傻，好在知府够硬，总兵够狠，莱州终究守住了。

但孔有德还是溜了，赶在援军到来之前。

这么闹下去，就没完了，崇祯随即下令，出狠招，调兵。

照目前情况看，要收拾这帮人，随便找人没效果，要整，就必须恶整。

所以，他调来了两个猛人。

第一个，新任山东巡抚朱大典，浙江金华人，文官出身，但此人性格坚毅，饱读兵书，很有军事才能。

但更猛的，是第二个。

此时的山东半岛，基本算孔有德主管，巡抚的工作，他基本都干，想怎么来怎么来，看样子是打算定居了。

而且此时他的手下，已经有四五万人，且很有战斗经验，对付一般部队，绰绰有余。

所以派来打他的，是特种部队。

崇祯五年（1632）七月，明军先锋抵达莱州近郊，与孔有德军相遇，大败之。

孔有德很不服气，决定亲自出马，在沙河附近布下阵势，迎战明军。

他迎战的，是明军先锋，明军先锋，是关宁铁骑，统领关宁铁骑的，是吴三桂。

第二人，吴三桂也。

虽然按年龄推算，此时的吴三桂，还不到二十，但已经很猛，只要开战就往前冲，连他爹都没法管，对付孔有德之流，是比较合适的。

战斗的进程可以用一个词形容——杀鸡焉用牛刀。

关宁铁骑的战斗力，已经讲过了，这么多年来，能跟皇太极打几场的，也就这支部队。

而孔有德的军队，虽然也在辽东转悠，但基本上算是游击队，逢年过节也就跟着毛文龙出来打黑枪，与关宁铁骑实在没法比。

反映在战斗力上，效果非常明显。

孔有德的军队一触即溃，被吴三桂赶着跑了几十里，死了近万人，才算成功逃走。

原本孔有德的战术，是围城打援，围着莱州，援军来一个打一个。

但这批援军实在太狠，别说打援，城都不围了，立马就撤。

莱州成功解围，但吴三桂的使命并未结束，他接下来的目标，是登州。

被彻底打怕的孔有德退回登州，在那里，他纠集了耿仲明、李九成、毛承禄的所有军力，共计三万余人固守城池，他坚信，必定能够守住。

其实朱大典也这么想，倒不是孔有德那三万人太多，而是因为登州城太厚。

登州，是明代重要的军事基地，往宁远、锦州送粮食，大都由此地起航，所以防御极其坚固。

更要命的是，后来孙元化来了，这位兄弟是搞大炮的，所以他修城墙的时候，是按炮弹破坏力来算的。

换句话说，平常的城墙，也就能抗凿子凿，而登州的城墙，是能抗大炮的，抗击打能力很强。

更麻烦的是，孙巡抚是搞理科的，比较较真儿，把城墙修得贼厚且不说，还充分利用了地形，把登州城扩建到海边，还专门开了个门，即使在城内支持不住，只要打开此门，就能立刻乘船溜号，万无一失。

所以朱大典很担心，凭借目前手中的兵力，如果要硬攻，没准儿一年半载还打不下来。

按朱大典的想法，这是一场持久战，所以他筹集了三个月的粮食，准备在登州城过年。

到了登州，就后悔了，不用三个月，三天就行。

孔有德到底还是文化低，对于登州城的技术含量，完全无知。听说明军到来，跟耿仲明一商量，认为如果龟缩城内，太过认怂，索性出城迎战，以示顽抗到底之决心。

这个决心，只维持了一天。

率军出城作战的，是跟孔有德共同叛乱的李九成，他威风凛凛地列队出城，摆好阵势，随即，就被干掉了。

明军出战的，依然是关宁铁骑，来去如风，管你什么阵势不阵势，就怕你没出来，出来就好办，骑兵反复冲锋，见人就打，叛军四散奔逃，鉴于李九成站在队伍最前面（最威风），所以最快被干掉，没跑掉的全数被歼。

此时城里的叛军，还有上万人，但孔有德明显对手下缺乏信心，晚上找耿仲明、毛承禄谈话，经过短时间磋商，决定跑路。

说跑就跑，三个人带着部分手下、家属、沿路抢劫的成果，连夜坐船，从海边跑了。

按孔有德的想法，跑他个冷不防，这里这帮傻人不知道，还能顶会儿，为自己争取跑路时间。

然而，意外发生了，他过高估计了自己手下的道德水准，毕竟谁都不傻，孔有德刚跑，消息就传了出去，而类似孔有德这类黑社会团伙，只要打掉领头的，剩下的人用扫把都能干掉。

于是还没等城外明军动手，城里就先乱了，登州城门洞开，逃跑的逃跑，投降的投降，跳海的跳海，朱大典随即率军进城，收复登州。

事情算是结了，但孔有德这帮人在山东乱搞了半年，不抓回来修理修理太不像话，所以将领们纷纷提议，要率军追击孔有德。

但朱大典没有同意。

不同意出兵，是因为不需要出兵。

逃到海上的孔有德很得意，虽说登州丢了，但半年来东西也没少抢，地主当不成，还能当财主。

得意到半路，遇上个人，消停了。

他遇上的这个人，名叫黄龙。

孔有德跟黄龙算是老熟人，因为黄龙当过皮岛总兵，还管过孔有德。

孔有德怕的人比较少，而黄龙就属于少数派之一，孔有德之所以投靠孙元化，就是因为黄龙太厉害，在他手下太难混。

在最不想见人的地方、最不想见人的时候，遇上了最不想见的人，孔有德很伤心。

老领导黄龙见到了老部下孔有德，倒也没客气，上去就打，孔先生当即被打蒙了，部下伤亡过半，连他的亲人都没幸免（他抢劫是带家属的），纷纷坠海而亡。

但最不幸的还不是他，而是毛承禄。

这位仁兄先是老爹（毛文龙）被杀，朝廷给了个官，也不好好干，被孔有德拉下水搞叛乱，落到这般地步。而关键时刻，孔有德不负众望，毅然抛弃了这位老上级的公子，把他丢给了黄龙。

而孔有德和耿仲明不愧干过海盗，虽说打海战差点儿，但逃命还凑合，拼死杀出血路，保住了性命。

毛承禄就不行了，被抓住后送到了京城，被人千刀万剐。

黄龙的战役基本上彻底摧毁了叛军，孔有德和耿仲明逃上岸的时候，已经是光杆司令了。山东叛乱就此结束。

这次叛乱历时半年，破坏很大，而最关键的是，叛乱造成了两个极为重要的结果——足以影响历史的结果。

第一个是坏结果：鉴于生意赔得太大，既没钱，也没人了，回本都回不了，孔有德、耿仲明经过短时间的思想斗争，决定去当汉奸，投靠皇太极。

其实这两个人投降，倒也没什么，关键在于他们在孙元化手下混过，对火炮技术比较了解，且由于一贯打劫，却在海上被人给劫了，很是气愤，不顾知识产权，无私地把技术转让给了皇太极，从此火炮部队成为了后金的固定组成部分。虽说孔有德、耿仲明文化水平不高，学得不地道，造出来的大炮准头也差点儿，但好歹是弄出来了。

更重要的是，由于他们辛苦折腾半年，弄回来的本钱，连同家属，都被明军赶进海里喂鱼，亏了老本，所以全心全意给后金打工，向明朝复仇。

一年后，他们找到了复仇的机会。

除锦州、宁远外，明朝在关外的重要据点，大都是海岛，这些海岛有重兵驻守，时不时出来打个游击，是后金的心腹大患，其中实力最强的守岛人，叫作尚可喜。

之前我说过，孔有德、耿仲明、尚可喜是山东老乡，且全都是挖矿的，现在孔有德决定改行挖人，劝降尚可喜。

一边是国家利益、民族大义，一边是老乡、老同事，尚可喜毫不为难地做出了抉择——当汉奸。

当英雄很累，当汉奸很轻松。

第二个是好结果，经过这件事，崇祯清楚地认识到，关内的军队，是很废的，关外的军队，是很强的，所以有什么麻烦事，可以找关外军队解决（比如打农民军）。

第十二章

纯属偶然

比如这笔生意能做多少年、有什么忌讳等。据说那位算卦的半仙想了很久,说了八个字:始于东南,终于西北。朱元璋建都南京,就是东南,按照这句话的指示,最后收拾他的人,是从西北过来的。这句话看起来很玄,实

山东的叛乱是个麻烦事，但要看跟谁比，要跟西北比，就不算个事。

据说朱元璋当年建都的时候，找人算过一卦，大致内容跟现在做生意的差不多，比如这笔生意能做多少年、有什么忌讳等。

据说那位算卦的半仙想了很久，说了八个字：

始于东南，终于西北。

朱元璋建都南京，就是东南，按照这句话的指示，最后收拾他的人，是从西北过来的。

这句话看起来很玄，实际上倒未必。这位半仙懂不懂算卦我不知道，但他肯定是懂历史的。自古以来，中原政权完蛋，自己把自己折腾死的除外，大多数外来的什么匈奴、蒙古，都在西北一带。

但就崇祯而言，肯定是不信的，因为对明朝威胁最大的，是后金。而后金的位置是东北，就算是被灭了，也是始于东南，终于东北。

但事实告诉我们，算卦这种事，有时是很准的。

西北很早就有人闹事了，但原先并不大，最多就是几十个人，抢个商铺，拿几把菜刀，闹完后上山当匪，杀掉的最高官员，也就是个知县，如果混得好，没准儿将来还能招安，当正规军。

但到崇祯元年，事情闹大了。

整个陕西、甘肃一带，民变四起，杀掉知县，只能算起步了，个别地方还干掉了巡抚，而且杀完抢完且不散伙，经常到处流窜，到哪儿抢哪儿。

这种团伙，史书上称之为"流贼"。

流贼的特点是，四处跑，抢完就走，打一枪换个地方，组织性不强，昨天抢完，今天就走，可以，昨天被抢，今天加入抢别人，也可以。成员流动性很大，但都有固定领导团队。

当时的西北，类似的这种团队有很多，优秀的团队管理者也很多，但久而久之，问题出现了，由于成员流动性太大，且没有固定办公场所，团伙成员文化又低，天天跟着混，时间长了，很难分清谁是谁。

为妥善解决这个问题，团队首领们想出了一个绝招——取外号。

所以在崇祯元年，陕西巡抚呈交皇帝的报告上，有如下称呼：

飞天虎、飞山虎、混天王、王和尚、黑杀神、大红狼、小红狼、一丈青、上天龙、过天星。

全是外号。

取这样的外号，是很符合实际需要的，毕竟团队成员文化比较低，你要取个左将军、右都督之类的称号，他也不知道是啥意思，而且这种外号，大都是神魔鬼怪，叫起来相当威风。

至于这上面提到的诸位神魔到底是谁，别问我，我也不知道。

鉴于该行当风险很大，且从业者很多，要是运气不好，刚入行，把外号取好就被干掉，也很正常。而且许多外号由于过于响亮，使用率很高，经常是几个人共用一个外号，要搞清楚谁是谁，实在很难。

无论叫什么，姓甚名谁，其实都无所谓，说这么多，只是要你知道，当时的西北，已经不可收拾。

按一般史书的说法，这种情况之所以出现，是因为明朝末年，朝廷腐败，经济萧条，贪官污吏，苛捐杂税数不胜数，民不聊生，于是铤而走险。

这种说法，就是传说中的套话，虽说不是废话，也差不多。

因为事实并非如此。

很多人并不知道，明朝末年的民间经济并没有萧条，比如东南沿海，经济真是没法再好，开生意做买卖，相当红火，大家齐心协力，正在搞资本主义萌芽，萧什么条？

赋税也没多少，以往二百多年，官田的赋税，只有百分之十，民间地主的赋税，最多也就收百分之二十。后来开征三饷也才到百分之四十。当然，个把地主恶霸除外。

西北之所以涌出这么多英雄好汉，只是因为崇祯的运气不好，遇到了一件东西。

《中庸》有云：国之将兴，必有祯祥；国之将亡，必有妖孽。

其实遇到妖孽，倒也没什么，毕竟还有实体，实在不行，找人灭了它。

崇祯遇上的，叫作灾荒。

翻开史书，你会不禁感叹，崇祯同志的运气实在太差：

崇祯元年，陕西旱灾。崇祯二年，陕西旱灾。崇祯三年，陕西旱灾。崇祯四年，陕西旱灾……

灾荒之后，没有粮食吃，就是饥荒。

没有粮食吃，就吃人。

对受灾的人而言，吃人，并非童话。

据说当时西北各地的小孩，是不能四处乱跑的，如果没看住，跑了出去，基本就算没了。

注意，不是失踪，是没了。

失踪的意思，是被拐卖了，没了的意思，是被吃了。

据说，当时还有人肉市场，具体干什么买卖，看名字就知道。

说这么多，只想告诉你，这并不是童话，也不是神话，而是真话。

既然有灾荒，朝廷为什么不赈灾呢？

答案很简单，没钱。

此前有个经济学家对我说，明朝灭亡的真正原因，是没钱。

我表示同意，财政赤字太多，挣的没有花的多，最后垮台。

但他看了看我，说："我说的没钱，不是没有收入，是没钱。"

有什么区别吗？

然后，他讲了一个小时，再然后，我翻了一个月的经济学，明白了区别。

我很想从头到尾，把我明白的事情告诉你们。但如果这样做，我会很累，你们也会很累，所以我决定，用几句话，把这个问题说清楚。

明朝灭亡，并非是简单的政治问题，事实上，这是世界经济史上的一个重要案例。

所谓没钱，是没有白银。

明朝，是当时世界上最先进的国家之一，到崇祯接班的时候，商品经济已经十分发达，而商品经济十分发达的标志，就是货币。

明朝的货币，是白银。

简单地说，没钱的意思，就是没有白银，没有白银，无论你有多少经济计划，有多少财政报表，都是胡扯淡。

举个例子，陕西受灾，朝廷估算，要赈灾，必须一百万两白银，但是就算你把皇帝的圣旨拿到陕西，也换不来一两银子，因为没有白银，所以无法赈灾。

好了，下一个问题，为什么没有白银。

先纠正一下，不是没有白银，而是白银不够。

为什么白银不够？

这是个很复杂的经济学问题，我不太想讲，估计大家也不太想听。但不讲似乎也不行，简单说两句。

用大家都能明白的话说，就是白银有限，朝廷用掉了一两白银，未必能挣回来一两，加上我国人民，素来以勤俭节约闻名，许多人拿到真金白银，不喜欢花，要么存在家里，要么熔掉，做几个香炉、人像之类的，还能美化环境，所以市场上的白银越来越少。

更重要的是，明朝的商品经济实在太过发达，经济越发达，需要的白银就越多，可是白银就那么多，所以到最后，白银就不够用了。这种现象，在经济学上有一个通称——通货紧缩。

我知道，有人会提出这样的问题——为什么不用纸币？

很好，如果你提出这个问题，说明你很聪明。

但我要告诉你，在你之前的六百多年，有人问过这个问题。这个人的名字，叫朱元璋。

六百多年前，他就想到了这个问题，所以开始发行纸币。

在经济学中，有这样一句谚语：棍棒打不垮经济理论。

这句话的通俗意思是，无论你多牛，都要照规矩来。

朱元璋就是牛人，也要按规矩来。虽然他发行了纸币，一千、一万都印过，可惜的是，几百年来，大家还是认白银，就不认纸币，再牛都没用。

这个问题到此为止，多余的话就不说了，你只要知道，崇祯同志是想赈灾的，之所以赈灾不成，是因为没有钱，之所以没有钱，是因为没有白银，之所以没有白银……

当然，之所以西北先闹起来，除去天灾、银祸外，还有点儿地方特色。

西北一带，向来比较缺水，比较穷困，比较没人理，外加地方官比较扯淡，所以这个地方的人，过得比较苦。

生活艰苦，饭都没处吃，自然没条件读书。

没条件读书，自然考不上功名，考不上功名，自然没官做。

没官做，也得找事做。

西北一带的人，主要的工作，就是当兵。

生活艰苦，民风自然剽悍，当兵是最合适的工作。

除了当兵之外，还有一份极为合适的工作——驿站。

驿站虽说比较小，但好歹是官办的，也算是吃皇粮的，而且各省都有拨款，搞点儿潜规则，多少能捞点儿油水，养活自己，是不成问题的。

据统计，光是甘肃、陕西，就有几万人指着驿站过日子。

崇祯二年（1629），驿站没了。

之前我说过，被裁掉了，裁掉它的，是一个叫作刘懋的好人。

崇祯同志的运气实在太差，灾荒、钱荒，又夺了人家的饭碗，如果不闹，就不正常了。

他不是故意的。

所有的一切，都是偶然。偶然的灾荒，偶然裁掉驿站，偶然的地点。

如果其中任意一个偶然没有发生，也许就不会有最后的灭亡。

可惜，全都偶然了。

我曾经百思不得其解，因为我认定，在这些偶然的背后，隐藏着一个必然，一个真正的、决定性的原因。

就是这个原因，导致了明朝的灭亡。

我想了很久，终于想出了这个最终的原因，四个字——气数已尽。

这个世界上的一切，大致都是有期限的，一个人能红两年，很可能是偶然的；能红十年，就是有道行的；能红二十年，那是刘德华。

公司也一样，能开两年，很正常；能开二十年，不太正常；能开二百年的，自己去数。

封建王朝跟公司差不多，只开个几年就卷铺盖的，也不少。最多也不过三百年，明朝开了二百多年，够意思了。

抚战

当然，崇祯是不会这样想的，无论如何，他都要撑下去，否则将来到地下，没脸见开铺的朱元璋。

所以他派出了杨鹤。

杨鹤，湖广武陵（今湖南常德）人，时任都察院右佥都御史。经朝廷一致推荐，杨鹤被任命为兵部右侍郎、陕西三边总督，接替之前总督武之望的职务。

工作交接十分简单，应该说，基本不用交接，因为杨鹤到任的时候，武之望已经死了。

不是他杀，是自杀。

武总督是个很有责任感的人，鉴于西北民变太多，估计回去也没什么好果子吃，索性自杀。

而杨鹤之所以接替这个职务，是因为一次偶然的谈话。

杨鹤是一个进步比较慢的人，在朝廷里混了三十多年，才当上右佥都御史，混成这样，全靠他那张嘴。

皇帝喜欢魏忠贤，他骂魏忠贤，皇帝讨厌熊廷弼，他为熊廷弼辩护。想什么说什么，几起几落，该怎么来还怎么来。

崇祯元年，他被重新委任为御史，当时民变四起，大家都在商议对策。

有一次，几个人聚到一起，聊天，聊的就是这个，杨鹤就在其中。

杨鹤是都察院的，这事跟他本无关系，他之所以掺和进来，还是两个字——嘴欠。

反正是吹牛，不用动真格的，就瞎聊，这个说要打，那个说要杀，如此热闹，杨鹤终于忍不住了，他说，不能打，也不能杀。

然后他提出了自己的理论——元气说。

在他看来，造反的人，说到底，也还是老百姓，如果杀人太多，就是损伤元气，国家现在比较困难，应该培养元气，不能乱杀。

几句话，就把大家彻底说蒙了，对于他的观点，大家有着相同的评价——胡说八道。

不杀人，怎么平乱？

这是一个不为绝大多数人接受的理论，不要紧，有一个人接受就行。

不久之后，崇祯知道了这个理论，十分高兴，召见了杨鹤。

好事一件接着一件，很快，吏部主动提出，鉴于杨鹤同志的理论很有使用价值，正好前任三边总督武之望死了，正式提名杨鹤同志升任该职务。

杨鹤不想去，原因很简单，本来就是吹吹牛的，压根儿不会打仗，去了干啥？被人打？

但是牛都吹了，外加吏部支持，皇帝支持，如此重任在肩，咬咬牙就去了。

可是杨同志不知道，吏部之所以支持他，是因为讨厌。皇帝之所以支持他，是因为省事。

和杨鹤不同，吏部的同志们都是见过世面的，知道平乱是要砍人的，砍人是要死人的，死人是要流血的。杨鹤这套把戏，也只能忽悠人，为达到前事不忘，后事之师的效果，让后来的无数白痴书呆子明白，乱讲话要倒霉，才着力推荐他去。

死在那边最好，就算不死，也能脱层人皮。

相比而言，崇祯的用心是比较善良的，他之所以喜欢杨鹤，是因为杨鹤提出了很好的理论——省钱的理论。

不花钱，不杀人，不用军饷，不用调兵，就能平息叛乱，太省了。

就算是忽悠人的，最多把杨鹤拉回来砍了，很省成本，如此生意，不做白不做。

就这样，一脑袋糨糊的杨鹤去陕西上任，至少在当时，他的自我感觉很好。

杨鹤理论之中，最核心的一条，叫作和气。

用他自己的话说，杀人是伤和气的，所以能救活一个，就是一个，毕竟参加民变的，原先就是民。

这个理论，一年前，应该是对的。

杨鹤同志到任后，就发现不对了。

有一次，农民军进攻县城，被击退，抓住了几个俘虏，由杨鹤审问。

但还没问，杨鹤就发现了一件极为诡异的事——他似乎见过这几个。

确实见过，阅兵的时候见过。

没错，这几个人曾经站在阅兵的队伍里，曾经是他的部下。

强，弱，之间

农民军的战斗力很强吗？

对于这个疑问，最好的答案，应该是个反问——农民军的战斗力怎么会强呢？

在中国历史上，造反这类活，从来都是被动式，闲着没事干，但凡有口饭吃，是不会有人造反的，成本高，门槛也高。

但遗憾的是，造反这份工作，除了成本、门槛高外，技术含量还高。

要知道，明朝参加这项活动的，主要是农民，农民的基本工作，是种地，基本工具，是锄头。

而阻止他们参与这项活动的，是明军士兵，士兵的基本工作，是杀人，基本工具，是刀剑。

所以在明末大多数情况下，几百个农民军跟几百个明军对战，是不太可能发生的，据史料记载，大部分情况，是几万农民军，战胜了几百明军，或是几百农民军，搞定十几个看衙门的捕快。

而更大多数情况，是几千明军追着几万，甚至十几万农民军跑。

没办法，毕竟打仗是个技术活，圣贤曾经说过，把武器交给没有受过训练的民众，让他们去打仗，就是让他们去送死。

没有训练，没有武器，没有兵法，没有指挥，就没有胜利。

但杨鹤先生惊奇地发现，他面对的情况，是完全不同的。

西北的民军里，除了业余造反的以外，还有很多专业造反的人士——明军，而且数量很多。

他们精通战术，作战狡猾，而且懂得明军的弱点，非常难以对付，且数量越来越多，民变越来越大。

出现此类情况，归根结底，原因就两个字——没钱。

之前我说过，朝廷没有钱，没有钱的结果，除了没钱赈灾外，还没钱发军饷。

据统计，当时全国的部队，大致有上百万人，而能够按时领军饷的，只有辽东军区的十余万人。

而且就连辽东军，也不能保证按时发工资，拖几个月，也是经常的事。袁崇焕同志就处理过相关事务。

辽东是前线，尚且如此，其他地方就别提了，西北一带，既然不是前线，自然没钱，有的人几年都没拿到工资，穷得叮当响，据说连武器都卖了，只求换顿饭吃。

没钱赈灾，老百姓吃苦，也没辙；没钱发饷，当兵的吃苦，就有辙了。

兜里没钱，手里有刀，怎么办？

凉拌，开抢！

情况就是如此，官兵越来越少，民军越来越多，局势越来越撑不住。

杨鹤面对的形势大致如此，大家都明白，就他不明白，等他明白了，跑也跑不掉了。

如果换个会打仗的，能用兵的，多少还能撑几天，但杨鹤同志的主要特长是招抚理论，这就比较麻烦了，据说当时朝廷里，有些人开玩笑，说杨鹤如果能撑一年，就倒着爬出去。

就当时的情况看，这位仁兄爬出去的可能性，大致是零。杨鹤同志的下岗日期，指日可待。

一年后，杨鹤向崇祯呈交了名单，在这份名单上，有这样十几个名字：

神一魁、王左桂、王嘉胤、红狼、小红狼、点灯子、过天星、独头虎……（以下略去××字）

以上人等，全部归降。

这些人是干吗的，看名字就能猜到，但这些人什么分量，估计你就不知道了。

在当时的起义军中，最能打的，就是神一魁，此人具体情况不详，但应该受过军事训练，作战十分强悍，属于带头大哥级人物。

王左桂、王嘉胤，如果你不知道，那不怪你，对这二位兄弟，只提一点就够了：当时，在王左桂的手下，有个小头目，叫作李自成。王嘉胤营门口站岗的，叫作张献忠。

至于后面那几位，就不说了，说了也没人知道，你只要明白，他们都是当时一等一的牛人，随便一个摆出来，都能搅得天翻地覆。

都投降了。

除这些人之外，当时陕西、甘肃境内几乎所有的农民军，都投降了。

他们投降的对象，就是那个一脑袋糨糊、啥也不懂、不会打仗的杨鹤。

奇迹就这样发生了，发生在所有人的眼前。

杨鹤不懂兵法，不熟军事，但他有一样别人没有的武器——诚意。

作为一个不折不扣的好人，杨先生很有诚意地寻找叛军，很有诚意地进行谈判，很有诚意地劝说投降，最后，他的诚意得到了回报。

事实证明，农民军之所以造反，并不是吃饱了撑的，只是因为吃不饱，现在既然朝廷肯原谅他们，给他们饭吃，自然愿意投降，毕竟造反这事，要经常出差，东跑西跑风险太大。

而对于杨总督，他们也是很客气的，很有点儿宋江喜迎招安的意思。

比如神一魁投降，约好地点，杨鹤打开城门，派出群众代表，热烈欢迎，众多民军头目大部分到场，在杨总督的率领下，前往关帝庙，在关老爷面前，宣誓投降（关老爷靠得住）。

虽然此前双方素未谋面（可能在往城下射箭时看过几眼），但双方都表现出了相当的热情，特别是杨总督，获得了民军的一致推崇，他们赶走了杨鹤的轿夫，坚持一定要亲自把他抬到总督府，并以此为荣。

一时间，西北喜讯接连，朝廷奔走相告，杨鹤跟各民军领袖的关系也相当好，逢年过节，还互相送礼，致以节日的问候。

局面大好，大好，有效期，半年。

杨鹤同志读过很多书，干过许多工作，明白很多道理，但是他并不知道，从招抚的第一天开始，他就已经失败了。

因为有一个问题，他始终没弄明白。

正是这个问题，注定了他的悲惨结局。

这个问题是，他们为什么要造反？

答案是，为了活下去。

怎样才能活下去呢？

有钱、有粮食。

要说明这个问题，可以用一个三段论：

造反，是因为没钱、没粮食；投降，是因为有钱、有粮食。

杨鹤有钱、有粮食吗？

没有。

所以停止投降，继续造反。

在招降之前，杨鹤曾经认为，只要民军肯投降，事情就结束了，可是投降之后，他才明白，事情才刚开始。

光是神一魁的部队，就有三万多人，这么多人，怎么安置？

招来当兵，就别扯了，连自己手下那点人的军饷都解决不了，招来这些人，喝西北风？

赶回家种地，似乎也是白扯，年年灾荒，要能回家种地，谁还造反？

对于这个悖论，崇祯同志是知道的，也想了办法。

他先找了几万两银子，安排发放。然后又从自己的私房钱（内库）里，拿出了十万两，交给杨鹤，让他拿去花。

应该说，这一招还是很有效果的，民军们拿到钱，确实消停了相当长的时间。

具体是多长呢？

我前面说过了，半年。

半年，把钱都花完了，自然就不投降了，该怎么着还怎么着，继续反！

为了活下去。

猛人出场

崇祯四年（1631），领了半年工资后，神一魁再次反叛，西北群起响应，而且这次阵势更大，合计有三十多万人。

搞到这个地步，朝廷极为不满，许多大臣纷纷上告。

杨鹤很委屈，他本来就不是武将，之所以跑来办这事，实在是被人弄来的。原来是吹吹牛而已，你偏认真，来了之后，都没闲着，天天忙活这事，钱花完了，人家又反了，我有什么办法？

崇祯更委屈，原本看你吹得挺好，觉得你能办事，才把你派过去，这么信任你，你招降了人，我立马就给你十几万两银子，连老子的私房钱都拿出来了，你把钱花完了，这帮人又反了，十万两都打了水漂，你干什么吃的？

杨鹤委屈，就写信给崇祯，说我本不想干，你硬要我干，我要招抚，也是没有办法。

崇祯委屈，就写了封命令：锦衣卫，把杨鹤抓起来。

崇祯四年（1631）九月，杨鹤被捕，后发配袁州。

鉴于杨鹤的黑锅实在太重，由始至终，朝廷没人替他说话。

例外总是有的。

命令传出后，一个山海关的参政主动上疏，要求替杨鹤承担处罚。

如此黑锅都敢背，是不正常的，但这个人帮杨鹤背锅，就是再正常不过了。

这位参政，是杨鹤的儿子，叫作杨嗣昌。

崇祯没有理睬，杨鹤先生的命运未能改变，依然去了袁州。

帮父亲背锅，看起来，是一件微不足道的小事，却导致了两个重大后果。

从这份奏疏上，崇祯看到了一个忠于父亲的人，按照当时的逻辑，忠臣，必定就是孝子，所以他记住了杨嗣昌的名字，他认定，此人将来必可大用。

而杨嗣昌背黑锅不成，父亲被发配了，对他而言，莫过于奇耻，从此，他牢牢记住了那些降而复叛的人，此仇，不共戴天。

杨鹤离开了，但这场大戏才刚开始，事实上，真正的猛人，才刚出场。

一年前，招抚失败后，民军首领王左桂派出起义军，进攻军事重镇韩城，韩城派人去找杨鹤，告急。

杨鹤很急，因为他的政策是招抚，手中实在没有兵，但到这节骨眼上，就是自己拿菜刀，也不能不去了。

但他终究没有掌握菜刀技术，无奈，他想起了一个人。

这个人的手上也没有兵，但杨鹤相信，这个人是有办法的。

第一个猛人就此登场，他的名字，叫作洪承畴。

洪承畴接到了救援的命令，从某种程度上说，这是个相当扯淡的命令，你是总督都没办法，我怎么办？

但他并未抱怨，召集了自己的下人和亲兵，并就地招募了一些人，踏上了前往韩城的道路。

这是文官、陕西参政洪承畴的第一次出征，这年，他三十七岁。

洪承畴，字彦演，号亨九。福建南安人。

根据记载，此人的家世，可谓显赫一时：

曾祖父洪以诜，字德谦，中宪大夫、太傅兼太子太师、武英殿大学士。

曾祖母林氏，一品夫人。

祖父洪有秩，资政大夫、兵部尚书兼都察院右副都御史。

祖母戴氏，夫人。

有这么一份简历，基本就可以吃闲饭了。

可惜，洪承畴没能吃闲饭，事实上，他连饭都吃不上。

因为所有的这些简历，都是后来封的，换句话说，是他挣回来的。

洪承畴出生时，他的父亲因为家境贫寒，外出打工去了，他的母亲虽然穷，却比较有文化，从小就教他读书写字。

洪承畴很聪明，据说七岁就能背全本《三字经》，这是很了不起的。比如说我，二十七岁的时候，还只能背"人之初，性本善"。

万历四十三年（1615），洪承畴二十三岁，参加全省统考（乡试），他的成绩很好，全省第十九名。

第二年，他到北京参加全国统考，成绩更好，全国第十七名，二甲。

然后分配工作，他被分配到刑部。

这个结果对他而言，是比较倒霉的。

原因我说过，在明代，要想将来入阁当大学士，必须当庶吉士，进翰林院。以洪承畴的成绩，应该能进，可是偏就没进。

此后的十几年，洪承畴混得还可以，当上了刑部郎中，又被外放地方，当了参政。

参政这个官，说大不大，说小不小，通常混到最后，就是光荣退休。

没考上翰林的进士，混饭吃的小参政，到历史留名、骂声不绝、余音绕梁的大人物，只是因为，他外放的地方，是陕西。

刚去陕西的时候，洪承畴带了很多书，因为他只是一个书生，他没有打过仗，也没有杀过人。

据说在世界上，有这样一种人，他们天生就会打仗，天生就会杀人。

这是事实，不是据说。

洪承畴是一个真正的天才，军事天才，他带着临时拼起来的家丁、仆人、伙夫，就这么上了战场，却没有丝毫的胆怯。

面对优势敌军，他凭借卓越的指挥，轻易击败了起义军，斩杀五百余人，解围韩城。

在洪承畴的人生中，有过无数次战役，有过无数个强大的对手，最重要的，是这一次。

这个微不足道的胜利，让洪承畴明白，他是多么强大，强大到可以力挽狂澜，可以改变无数人的命运。

他要凭借着自己的努力，挽救这个没落的王朝，创造太平的盛世。

讽刺的是，他最终做到了，却是以一种他做梦也未曾想到的方式。

洪承畴是一个务实的人，具体表现在，他正确地意识到，杨鹤是一个蠢货。

招抚是没有用的，钱是不够用的，唯一有用的方式，是镇压。

三十年以来，书，是他仅有的寄托。

此战后，他丢掉了书，做出了一个新的抉择——开战。

奇迹就是这样发生的，此后的两个月里，洪承畴率领这支纯粹的杂牌部队，连战连胜，民军闻之色变，望风而逃。

在历史上，他的这支军队，有一个专门的称呼——"洪兵"。

洪承畴是文官，杨鹤也是文官，这是两个人的共同点，也是他们唯一的共同点。

对待民军，杨鹤是很客气的，投降前，他好言好语招抚，投降后，他好吃好喝招待。

而洪承畴的态度有点儿差别，投降前，他说，如果不投降，就杀掉你们；投降后，他说，你们投降了，所以杀掉你们。

对于这件事情，我始终很疑惑，读圣贤书，就读出这么个觉悟？

自古以来，杀人放火之类的事，从来没断过，但公认最无耻的事，就是"杀降"，人家都投降了，你还要干掉他，太过缺德。

但更让我疑惑的是，这种缺德事，洪承畴同志非但干了，还经常干。

比如那位曾经围过韩城，被洪承畴打跑的王左桂，后来也投降了。洪承畴听说后，决定请他吃饭。

还没吃完，一群人冲进来，把王左桂剁了。

我始终觉得，这事干得相当龌龊，就算动手，起码也得等人家吃完饭。

落在他手上的民军头领，不是抵抗到底被杀，就是不抵抗投降被杀，总之，无论是抵抗到底，还是不抵抗到底，都得被杀。

但事实告诉我们，在某些时候，这种方法是有效的，至少对某些人很有效。

这个某些人，是指张献忠之类的人。

关于张献忠的具体情况，这里先不讲，关于他后来有没有在四川干过那些事，也不讲，只讲一个问题——投降的次数。

我曾经在图书馆翻过半个月的史料，查询张献忠先生投降的相关问题，我知道他是经常投降的，但我不知道，他能经常到这个份儿上。

简单地说，他的投降次数，用一只手，是数不过来的，两只手都未必，而且他投降的频率也很高，有一次，从投降到再反，只用了十几天。

这是难能可贵的，一般说来，投降之后，也得履行个程序，吃个饭，洗个澡，找个地方定居，以上工作全部忙完，至少也得个把月，但张先生效率之高，速度之快，实在令人咂舌。

相比而言，李自成就好得多了，虽然他也投降，但还是很有几分硬气的，说不投降，就不投降，属于硬汉型人物。

大体而言，当时许多民军的行为程序是，起兵、作战、被官军包围、投降，走出包围圈，拿起武器，继续作战。

此类表演，基本算是固定节目，数不胜数，很快，你就会看到两个典型案例。

洪承畴跟杨鹤不同，他是一个现实主义者，在他看来，要彻底扭转形势，不能招抚，不能受降，只有一个办法——赶尽杀绝。

这种方式的效果相当明显，短短几个月内，西北局势开始稳定，各路民军纷纷受挫，首领被杀。

他的优异表现得到了很多人的关注，包括崇祯。对他而言，高升是迟早的事。

但他毕竟太年轻，资历太浅，还要继续等。

两个月后，一件事情的发生，缩短了洪承畴的等待时间。

崇祯四年（1631），估计是有心脏病，或是胆囊炎，起义军进攻延绥的时候，这里的巡抚大人竟然被活活吓死。

没胆的人死了，就让有胆的人上，洪承畴接替了他的位置。

进步是没有止境的，又过了两个月，他的顶头上司杨鹤被抓了，总督的位置空了出来，没人能顶替，也没人愿意顶替，除了洪承畴。

崇祯四年（1631）十月，洪承畴正式接任三边总督。

噩梦开始了。

当时的起义军，已经遍布西北，人数有几十万，虽说其中许多都是凑人数的，某些部队还携家带口，什么八十老母，几岁小孩都带上，但看起来，确实相当吓人。

比如宁夏总兵贺虎臣，有一次听说起义军到境内观光，立即带了两千精兵，准备出战，到地方后，他看到了起义军的前锋队伍。

然而，他没有动手，就在那里看着，静静地看着，看了会儿，就走了。

因为他始终没有看到这支队伍的尾巴。

这是一列长队，从前到后，长几十里。

对这样的起义军，看看就行了，真要动手，就傻了。

问题在于，当时的西北，到处都是这样的队伍，穿街过巷，比游行还壮观，见着就发怵。

然后，洪承畴来了。

在这个世界上，洪承畴害怕的东西，大致还不多。

在给朝廷的报告里，他天才地解决了这个问题：

西北民变，人数虽多，但大都是胁从，且老幼俱在，并无战力，真正精壮之人，十之一二而已，击其首，即可大破之。

这意思是，虽然闹事的人多，但真正能打仗的，十个人里面，最多也就一两个，把这几个人干掉，事情就结了。

实践证明，他的理论非常正确，所谓几十万义军，真正能打仗的，也就几万人而已。

而这几万人中，最强悍的，是三个人，王左桂、王嘉胤、神一魁。

只要除掉这三个人，大局必定。

这三个人中，王左桂已经被杀掉了，所以下一个目标，是王嘉胤。

然而就在此时，洪承畴得知了一个惊人的消息——王嘉胤死了。

王嘉胤是被杀的，杀掉他的人，是他的部下。

他的部下之所以要杀他，实在是被人逼得没办法。

逼他们的人，叫作曹文诏。

第十三章

第二个猛人

[曹文诏这个人,出生于山东畴,没有什么评价,也没有什么背景,出人头地之前,他只是个小兵。

十年前,他在一个人的手下当兵,跟着此人去了辽东,这个人叫作熊廷弼。九年前,广宁兵败,明军溃败,他没有逃跑,而是坚持留了下来,见到了他第一个上司——孙承宗。

六年前,孙承宗走了,他还是留了下来,此时,他已经当上了游击,而他的新上司,就是袁]

对曹文诏这个人，洪承畴有过一个评价：世间良将，天下无双。

曹文诏，山西大同人，和洪承畴不一样，他没有履历，没读过书，没有背景，出人头地之前，他只是个小兵。

十年前，他在一个人的手下当兵，跟着此人去了辽东。这个人叫作熊廷弼。

九年前，广宁兵败，明军溃败，他没有逃跑，而是坚持留了下来，见到了他第二个上司——孙承宗。

六年前，孙承宗走了，他还是留了下来，此时，他已经当上了游击，而他的新上司，就是袁崇焕。

两年前，他跟着袁崇焕到了京城，守护北京，结果袁崇焕被抓，他依然留了下来。

一年前，他跟随孙承宗前往遵化，在那里，他奋勇作战，击退后金大将阿敏，并最终收复关内四城。

然后，他来到了西北。

对于这个人，我想就没必要多说了，从熊廷弼、孙承宗到袁崇焕，他都跟过，从努尔哈赤、皇太极到阿敏，他都打过。

什么世面都见过，什么牛人都跟过，现在把他调回来，打农民军。

而且他不是一个人回来的，跟着他回来的，还有一千人。

这一千人，是他的老部下，他们隶属于一支特殊的部队——关宁铁骑。

关宁铁骑，是明朝最精锐的特种部队，但人数并不多，大致在六千人，其中一半，在祖大寿的手中，曹文诏带回来的，只是六分之一。

而他的对手王嘉胤，手下的民军主力，在三万人左右。

王嘉胤什么来历，说法很多，靠谱的不多，但在当时那一拨人里，他是很牛的。之前我说过，在他手下，有个叫张献忠的小喽啰，顺便再说句，后来威震天下、被称为"闯王"的高迎祥（李自成是闯王2.0版本），都是他的人，给他打工。

而且这人很难得，很有点儿组织才能，连个县都没占住，就开始搞政府机构。但最搞笑的是，他还大胆地搞了机构改革，突破常规，明朝有的，他有，明朝没有的，他也有，不但有六部都察院，还有宰相。

当然，对于这些，曹文诏是没有兴趣的，到任后一个月，他就动手了。

按通常的说法，他率数倍于民军的官兵，以压倒性的优势，发动了进攻。

但事实是有点儿区别的，王嘉胤的兵力前面说过，是三万人，而曹文诏带去的人，是三千。

估计王嘉胤原先没在部队混过，也不大知道曹文诏何许人也，对曹总兵的来访，他倒不是很紧张，毕竟就三千人，还能咋样。

王嘉胤认为，就算曹文诏再强，就算他手下有关宁铁骑，但毕竟自己是十个打一个，无论如何，都是不会输的。所以他摆好了阵势，准备迎敌。

他太单纯了。

要知道，打了十几年仗，换了三任领导，从努尔哈赤打到皇太极，还能混到现在，光凭勇猛，十条命都是不够的。

曹文诏之所以出名，不是因为勇猛，而是因为耍诈。

此人身经百战，通晓兵法，到地方后，压根儿没动手，先断了王嘉胤的粮道。

王嘉胤慌了，要坚守，没有粮食，要突围，又没法冲出去。

就这样，王嘉胤冲了两个月，终于，在他即将放弃时，奇迹出现了。

曹文诏的包围圈，竟然出现了漏洞，王嘉胤终于找到机会，冲出重围。

王嘉胤感觉很幸运，虽说被困了两个月，但好歹还是出来了。换个地方，还能接着干。

可惜他并不知道，曹文诏是一个没有漏洞的人，他所有的失误，都是故意的。

把人围起来，然后死磕，是可以的，但是损失太大，最好的方法，是把他们放出来，然后一路追着打。

在这个思想的指导下，王嘉胤逃了出来，逃出来后，就后悔了。

因为从他逃出来那天起，曹文诏就跟在他屁股后面，紧追不放，追上就是一顿猛捶，五天之内打了五仗，王嘉胤一败涂地。

更可气的是，曹文诏似乎不打算一次把他玩死，每次打完就撤，等你跑远点儿，下次再打，反正他的部队是骑兵，对此，王嘉胤极为郁闷。

其实曹文诏也很郁闷，谁让你有三万人，我只有三千，只能慢慢打。

打了两个月，王嘉胤崩溃了，王嘉胤的部下也崩溃了，在某个混乱的夜晚，王嘉胤被部下杀死，部分投降了曹文诏。

王左桂死了，王嘉胤也死了，剩下的，还有神一魁。

在所有的起义军中，最能打的、最能坚持的，就是神一魁。

为了彻底铲除这个心腹之患，洪承畴决定，跟曹文诏合作。

所谓合作，就是客气客气，就官职而言，洪承畴是总督，曹文诏是总兵，洪承畴是进士，曹文诏是老粗，基本上，洪承畴怎么说，曹文诏就怎么做，相当听话。

几年后的那场悲剧，即源自此。

其实这个时候，神一魁已经挂了，真正掌控军权的，是四个人：红军友、李都司、杜三、杨老柴。

虽说头头死了，但势头一点儿没消停，光主力部队，就有五万人，聚集在甘肃镇原，准备进攻平凉。

所以洪承畴决定，一次性彻底解决问题。

除曹文诏之外，他还调来了王承恩、贺虎臣等人，基本上西北最能打的几个总兵，都到齐了。

到齐了，就是群殴。

群殴之后，民军撑不住了，决定向庆阳撤退。

想法是好的，可惜做不了，特别是曹文诏，由于他率领的关宁铁骑，每人都有两匹马，骑累一匹就换一匹，机动性极强，跟幽灵似的，民军往哪儿跑，他就等在哪儿。跑来跑去，没能跑出去。

经过两个月的僵持，双方终于在镇原附近的西濠决战，史称"西濠之战"。

整个战役的过程，大致相当于一堂生动的骑兵训练课，刚开打，还没缓过劲儿来，曹文诏就率军冲入了敌军，乱砍乱杀，大砍大杀，基本上是怎么砍怎么有。

砍完了，退回来，歇会儿，歇完了，再冲进去，接着砍。所谓如入无人之境，大致就是这个状态。

民军的阵脚大乱。与此同时，洪承畴派出了他的主力洪兵，连同贺虎臣的宁夏兵、王承恩的甘肃兵，发动总攻，敌军就此彻底崩溃。

此战，民军损失近万人，首领杜三、杨老柴被生擒（曹文诏抓的）。

残余部队全部逃散。

通常状态下，都打残了，也就拉倒了。

洪承畴不肯拉倒，打残是不够的，打死是必须的。

神一魁的四个头领，抓了两个，还剩两个——红军友、李都司。

这个艰巨的任务，由曹文诏接手，他率领自己的两千骑兵，开始了追击。

接下来，是曹文诏的表演时间。

面对曹文诏的追击，几万军队几乎无法抵抗，连战连败，死伤近万，主要原因，还是曹文诏太猛。

曹总兵是见过大世面的，最猛的八旗军他都没怕过，打败业余的民军，自然没问题。每次进攻，他都带头冲锋，打得民军头目胆战心惊，时人有云："军中有一曹，西贼闻之心胆摇。"

这种说法是客观的，却是不全面的，因为曹总兵不但玩硬的，还玩阴的。

在追击的路上，曹文诏的手下报告，他们抓住了一个叫李宫用的敌军将领。按日常惯例，处理方法都是拉出去砍了，但曹文诏想了想，对手下说，放了这个人。

此后的事情，用史书上的话说，"文诏乃纵反间，绐其党，杀红军友"。

这句话的意思是，曹文诏放走了这个人，并利用他使了个反间计，忽悠了他的同党，杀掉了四大首领中的红军友。

其实我也很想告诉你，这个反间计到底怎么使的，只是我查了很多史料，也没查个明白。

有一点是肯定的，对民军而言，曹文诏，是最为恐惧的敌人。

人恐惧了，就会逃跑，逃无可逃，就不逃了。

神一魁剩下的，只有李都司了。

他很恐惧，所以他逃跑，但残酷的事实告诉他，继续跑，是没有前途的。

所以他决定，不跑了，回头，决战曹文诏！

等等，再想想。

想明白了，不跑了，回头，伏击曹文诏！

没办法，对付这样的猛人，还是伏击比较靠谱。

他们伏击的地点，叫作南原。

为保证圈套成功，他们围住了附近的一群明军，吸引曹文诏前来救援。

曹文诏来了，但在这里，他看到了敌军上千名骑兵，二话不说就追。

追到了南原，钻进了圈套，伏兵四起。

应该说，伏兵还是有点儿作用的，受到突然袭击，曹文诏的部队被打乱，曹文诏被冲散。

李都司估计是读过史书的，至少看过淝水之战，他当即派人在军中大喊：曹文诏已死！

很快，就喊成了口号，鉴于曹文诏不知被冲到哪儿去了，所以这个谣言很有点儿用，明军开始动摇。

然后，曹文诏就开始辟谣了，不用话筒，用长矛。

精彩表演开始，史书上的说法，是"持矛左右突，匹马萦万众中，诸军望见"。

拿着长矛，左冲右突，单枪匹马在万军之中，如入无人之境，然后，大家都看见了他。

遇上这么个人，谣言是不管用了，伏击也别扯了，所以最后的结果，只能是"大败，僵尸蔽野"。

数过来，这应该是第二次大败了。但对于洪承畴和曹文诏而言，还没完。

残余部队的残余继续逃跑，曹文诏继续追击，然后是大败、复大败又复大败。一路败到平凉，李都司终于不用败了，洪承畴杀掉了他。神一魁的四大头领，最终无人幸免。

但到这个份儿上，曹总兵还没消停，他继续追击残敌，竟然追到了甘肃、宁夏，连续几战，把残敌赶尽杀绝，至此，神一魁的势力彻底退出历史舞台。西北之内，反军所剩无几。

王左桂、王嘉胤、神一魁，崇祯元年的三大民军领袖，就此结束了他们的戏份，在这个舞台上，他们注定只是个配角。

主角

配角死光了，但龙套并没死，因为活不下去的人，终究还是活不下去，头头死了，就另找活路。

秉持这个原则，王左桂、王嘉胤、神一魁的残部，以及所有无法活下去的人，为了生存，继续战斗。

但鉴于陕西、甘肃打得太狠，他们跑到了山西。

虽说是半业余组织，但吃了这么大的亏，总结总结经验是应该的，于是，在王嘉胤部将王自用的号召下，所有剩下来的民军领袖，聚集在一块，开了个会。

会议的内容，是检讨教训，互相学习，互相促进，顺便再选领导。

其实也不用选，一般这种事，都是论资排辈，经过群众推举，王自用以资历最深、工龄最长，顺利当选新任头头。

鉴于曹文诏、洪承畴之类猛人的出现，大家共同认为，必须团结起来，协同作战。

当时去开会的，共有三十六支部队，史称"三十六营"。

跟以往一样，这三十六位头目，有三十六个外号，大致如下：

紫金梁、闯王、八大王、曹操、闯塌天、闯将、扫地王、黑煞神……

就外号水平而言，跟《水浒传》还没在一个档次上，梁山好汉们的文化程度，估计是够格的，什么急先锋、拼命三郎、花和尚，都是现代的流行用语，相比而言，扫地王之类的外号，实在让人不知所谓。

而且就人数而言，也差点儿，水浒好汉们，总共是一百单八个，这次只有三十六个，也就够个天罡。

但在某一点上，他们跟梁山好汉是很相似的，不可思议的相似。

你应该还记得，梁山好汉排队时，排在第一的，并不是及时雨宋江，而是托塔天王晁盖。

然而，晁盖并不是真正的主角，因为后来他被人给挂了。

这次的三十六位老大也一样，排在第一的紫金梁，就是王自用，他是当时的首领，后来倒没被人挂，自己挂了。

真正的主角，是后面的五位，外号你不知道，那就对个号吧：

闯王——高迎祥；

八大王——张献忠；

曹操——罗汝才；

闯塌天——刘国能；

最后，是最牛的一位，闯将——李自成。

这是极为有趣的五个人，他们性格不同，关系不同，有的是上下级，有的是战友，有的是老乡，为了生存，揭竿而起。

然而，在此后的十几年里，他们终将因为各自的原因，选择各自的道路，或互相猜忌，或者互相排挤、互相残杀，直至人生的终点。

终点太远了，从起点说起吧。

开完这次会后，各位老大纷纷表示，要统一思想，集中力量，共同行动。

这次开会的起义军，总兵力，近二十万人，开完后就分开了。

分开去打仗。

他们兵分几路，开始向山西各地进军。

崇祯得知，立即下令山西巡抚，全力围剿。

当时的山西巡抚，是个水货。

这位仁兄调兵倒很有一套，听说敌人来了，马上四处拉人，陕西、甘肃、宁夏的兵都被他拉了过来，光是总兵，就有三个。

但这人有个毛病，喜欢排兵布阵，把人调来调去，指挥乱七八糟，还没等他布出个形状，几路民军连续攻克多地，闹得天翻地覆。

于是崇祯恼火了，他决定换人，换一个能让这三十六位首领做噩梦的人——曹文诏。

曹文诏算是出头了，原先在辽东系，也就是个游击，荣归故里后，短短一年时间，就升了副总兵，现在是总兵。

山西总兵，大致相当于军区司令员，但按崇祯的意思，这个总兵，大致相当于总司令，因为根据命令，所有追剿军，都要服从曹文诏的指挥。

对于这个安排，三十六位头头是有准备的，所以他们决定，以太原一带为基地，协同合作，集中优势兵力，击溃曹文诏。

崇祯六年（1633），曹文诏正式上任，积极备战，准备进攻。

大战即将开幕，但在开幕之前，这场戏又挤上来一个人。

对这个人，曹文诏是比较熟悉的，因为在到西北之前，他经常见到这个人。

此人之所以上场，是被崇祯临时硬塞进来，一般说来，但凡在历史舞台上混的，除个别猛人外（如朱元璋），艺术生涯都比较短，混个几年就得下场。

但这位仁兄，上场的时间实在很长，曹文诏下去了，他没下去，明朝亡了，他都没下去，直到死在场上，都是主角。

隆重介绍，第三个猛人，左良玉。

就知名度而言，左良玉是比较高的，在很大程度上，他要感谢孔尚任，因为这位仁兄把他写进了自己的戏里（《桃花扇》），虽然不是啥正面角色，但好歹是露了脸。

左良玉，字昆山，无学历，文盲。

左良玉的身世，是非常秘密的，秘密到连他自己都不知道，从小父母双亡，由叔父抚养长大，就这么个出身，你让他饱读诗书，就是拿他开涮。

没书读，也得找工作，长大以后，左良玉去当了兵，小兵。

他的成长经历，跟曹文诏类似，但他混得比曹文诏好，到崇祯元年的时候，就已经混到了都司。

顺便说一句，他之所以混得好，跟个人努力关系不大，只是因为一个偶然的机会。

天启年间，他还是个小兵时，有一次机缘巧合，遇到了一个人。

当时的左良玉，实在没啥特点，谁都瞧不上，但这个人算是例外，看见左良玉后，惊为天人，说他很好，将来很强大，就说了几句话，建议朝廷给他提了个游击。

这位慧眼识才的仁兄，叫作侯恂，希望你还记得他，因为天启二年，他还曾经提拔过另一个人——袁崇焕。

按侯恂的说法，左良玉是个难得的人才，很快就会出人头地。

但事情跟他所说的，似乎还是有点儿差距，左良玉一直到崇祯元年，还是个小人物。

但不负侯恂所望，左良玉终究还是出名了，只是出名的方式，比较特别。

这事之前也提过，崇祯元年，宁远兵变，巡抚毕自肃自尽，袁崇焕来收拾残局，收拾来收拾去，就把左良玉给收拾了。

当兵的没拿到工资，才兵变，左良玉有工资，自然不参加，但手下的兵哗变，他负领导责任，就这么被赶回了家。

回家待了几天，又回来了。

袁崇焕死后，孙承宗又把他召了回来，去打关内四城，就是在那里，他开始崭露头角，和曹文诏并肩作战，收复了遵化。

恰好，这段时间侯恂也混得不错，顺道给他提了副将，从此顺风顺水。

客观地讲，左良玉同志的进步，基本上是靠侯恂的，但后来的事情告诉我们，侯恂是个眼光很准的人，袁崇焕，他没有看错，左良玉，也没有。

根据史料记载，左良玉身材很高，作战很猛，且足智多谋，虽说没文化，但很懂兵法，每次打仗都给人下套挖坑，此外，他个人的战斗技术也相当厉害。

除作战外，左良玉还有点儿个人技术，他使用的兵器，不是长矛，而是弓箭，据说百发百中，而且左右手都能射箭，速度极快。

到山西后，果然不同凡响。

先在涉县打了一仗，大败之，然后在辉县打了一仗，大败之，最后到了武安，被大败之。

这是个比较奇怪的事，当时左良玉的手下，有七八千人，竟然被农民军全歼，他自己带着几个手下好不容易才跑回来，实在很没有名将风采。

不过不要紧，就算名将，也有发挥失常的时候，何况还有个不会发挥失常的名将。

对于皇帝的任命，曹文诏很感动。

猛人被感动，反映在行动上，就是猛打、猛杀。

崇祯六年（1633）二月，曹文诏开始攻击。

他追击的敌人，有二十万，而他的兵力，是三千人。

不用怀疑，你没有看错，这就是曹文诏所有，且仅有的兵力。

他的追击之旅，第一站是霍州。在这里，他遇上了自己的第一个对手——上天龙。

上天龙究竟是谁，就别问了，我只知道，他是死在曹文诏手下的第一个首领。

上天龙手下，有上万人，摆好阵势，曹文诏率军冲锋。

这位兄弟抵抗的时间，也就是那一冲的瞬间——一冲就垮。

垮得实在太快，所以头头也没来得及跑，就被曹文诏杀了。

他的第二站，是盂县。

盂县，离太原没多远，在这里等待着他的，是混世王。

"混世王"这个外号，是很有点儿哲学意味的，毕竟在世上，也就是个混，但曹文诏用实际行动生动地告诉他，混是容易的，混成王是很难的。

双方在盂县相遇，混世王的兵力，大致是曹文诏的六倍。

六十倍都没用。

曹文诏毫不费力，就击溃了混世王，混世王想跑，没跑掉，被曹文诏斩杀。

当时的太原，算是民军的天下，因为这里是三十六营首领、紫金梁王自用的老巢，此外，如闯王高迎祥、闯将李自成等猛人，也都在那一带混。

曹文诏来后，就没法混了。

在他到任几个月后，史书上出现了这样的记载："五台、盂县、定襄、寿阳贼尽平。"

曹文诏实在太猛，他连续作战，连续获胜，先后击溃十几支民军，但凡跟他作战的，基本都撑不过一天。此后，他又在太谷、范村、榆社连续发起攻击，"贼几消尽"。

其实打到这个份儿上，就算够意思了，但曹文诏是个比较较真儿的人，非要干到底，因为那个最终的目标，就在他的眼前——紫金梁。

曹文诏是明白人，他知道，就凭对方这二十多万人，即使站在那里不动，让他砍，三千人，也得砍上十天半月。

所以最快、最方便的办法，就是干掉紫金梁。

为实现这个目标，他发动了连续攻击，关于这段时间的经历，史书上的记载，大致是时间、地名、斩杀人数——曹文诏斩杀的人数。

短短十五天内，曹文诏率军七战七胜，打得紫金梁到处乱跑，先到泽州，再到润城、沁水，每到一地，最多一天，曹文诏就到，到了就打，打了就胜。

紫金梁原本的想法，是集中兵力，跟曹文诏死磕。

但事实证明，死磕未必能行，死倒是肯定的。

一个月，紫金梁的兵力已经损失了近三分之一，这么下去，实在赔不起了。

于是他做出决定，分兵。

紫金梁现在的想法，是曹文诏再猛，也没法分身，分兵之后，就看运气了，谁运气不好，被逮着，命苦不能怨政府。

就这么办了，紫金梁分工，他去榆社，老回回（三十六营之一）去武乡，过天星（三十六营之一）去高泽。

关于结局，史书上记载如下："文诏皆击败。"

到底怎么办到，我到今天也没弄明白。

但紫金梁、八大王们明白了，混到今天，再不躲就没命了。

曹文诏是山西总兵，山西是没法待了，往外跑。

跑路的方向，有两个，一个是直隶（河北），另一个是河南。

紫金梁去了河南，至少在那里，他还是比较安全的。

这个想法再次被证明，是错误的，因为曹文诏同志是很负责的，别说中国河南，就算欧洲的荷兰，估计照去。

在曹文诏的追击下，紫金梁王自用吃了大亏，好不容易跑到河南济源，终于解脱了。

人死了，就解脱了。

所幸，他还算是善终，在被曹文诏干掉之前，就病死了。

崇祯六年（1633）五月，紫金梁死去了，三十六营联盟宣告结束。

紫金梁结束了他的使命，接替他的，将是一个更为强大的人。

合谋

当然，对当时的起义军而言，这并不重要，重要的是，曹文诏还在追。

紫金梁死后，曹文诏继续攻击。在林县，他遇上了滚地龙率领的民军主力，一晚上工夫，全灭敌军，杀死滚地龙。此后又攻下济源，在那里，他杀死了三十六营的重要头领老回回。

洪承畴在陕西，陕西消停了；曹文诏在山西，山西也消停了。虽然河南也不安全，但对于众位头领而言，能去的地方，也只有河南了，具体的地点，是河南怀庆。

河南怀庆，位于河南北部，此地靠近山西五台山地区，地段很好，想打就打，不想打就钻山沟，是个好地方。

于是，崇祯六年（1633）六月，山西、陕西的民军基本消失——全跑去河南了。

河南的日子还算凑合，虽说曹文诏经常进来打几圈，但时不时还能围个县城，杀个把知县，混得还算凑合，到崇祯六年（1633）六月，来这里的民军，已经有十几万人。

但好日子终究到头了，因为另一个猛人，来到了河南——左良玉。

三年前，孙承宗收复关内四城的时候，最能打的两个，就是左良玉和曹文诏。

就军事天赋而言，两人水平相当，也有人说，左良玉还要厉害点儿，之所以打仗成绩不好，说到底还是个人员素质问题。

曹文诏率领的，是关宁铁骑，所谓天下第一强军，战斗力极强，打起来也顺手。

但左良玉估计是跟袁崇焕关系不好，来的时候，没有分到关宁铁骑（大多数在祖大寿的手上），只能在当地招兵。

这就比较麻烦了，倒不是说当地人不能打仗，关键在于，参加民军闹事的，大都也是当地人。

老乡见老乡，两眼泪汪汪，都是苦人家，闭只眼就过去了，官军也好，民军也罢，都是混饭吃，何必呢？

而这一次，左良玉得到了一支和以往不同的军队——昌平兵。

明代的军队，就战斗力而言，一般是北方比南方强。北方的军队，最能打的，自然是辽东军，问题在于，辽东军成本太高，给钱不说，还要给地，相对而言，昌平兵性价比很高，而且就在京城附近，也好招。

带着这拨人，左良玉终于翻身了，他连续出击，屡战屡胜，先后斩杀敌军上万人，追着敌军到处跑。

到崇祯六年（1633）九月，不再跑了。

民军主力被他赶到了河南武安，估计是跑得太辛苦，大家跑到这里，突然想到了一个问题：我们有十几万人，还跑什么？就在这里，跟左良玉死磕。

这是一个极为错误的抉择。

敌人不跑了，左良玉也不跑了，他开始安静下来，不发动进攻，也不撤退。

对左良玉的反常举动，民军首领们很纳闷儿，但鉴于左总兵向来剽悍，他们一致决定等几天，看这位仁兄到底想干什么。

左良玉想干的事情，就是等几天。

他虽然很猛，也很明白，凭自己这点儿兵力，追着在屁股后面踹几脚还可以，真卷袖子上去跟人拼命，是万万不能的。

在对手的配合下，左良玉安心地等了半个月，终于等来了要等的人。

根据崇祯的统一调派，山西总兵曹文诏、京营总兵王朴、总兵汤九州以及河南本地军队，日夜兼程，于九月底抵达武安，完成合围。

对首领们而言，现在醒悟，已经太晚了。

下面，我们介绍下在这个包围圈里的诸位英雄。据史料记载，除了知名人物高迎祥、张献忠、罗汝才、李自成外，还有若干历史人物，如薛仁贵、刘备（都是外号），以及某些新面孔，比如鞋底光（一直没想明白这外号啥意思，估计是说他跑得快）、逼上路（这个外号很有觉悟）、一块云（估计原先干过诗人）、三只手（这个……）；此外还有某些死人，比如混世王、上天龙（应该之前已经被曹文诏干掉了）……

大抵而言，所有你知道，或是不知道的，都在这个圈里。

对诸位首领而言，崇祯六年（1633）的冬天应该是过不去了。

因为除被围外，他们即将迎来另一个相当可怕的消息。按规定，遇到这种情况，应该指认一名前线总指挥，根据级别，这个包围圈的最高指挥者，必定是曹文诏。

当然，如果真是曹文诏管这摊子事，历史估计就要改写了，因为以他老人家的脾气，逮住这么个机会，诸位首领连全尸都捞不着。

可是，不是曹文诏。

因为一个偶然的事件。

崇祯六年（1633）九月，曹文诏被调离，赴大同任总兵。

关于这次任命，许多史书上都用了一个词来形容——自毁长城。

打得好好的，偏要调走，纯粹是找抽。

而这笔账，大都算到了御史刘令誉的头上。

因为据史料记载，曹文诏当年在山西的时候，跟刘御史住隔壁，曹总兵书读得少，估计也不大讲礼貌，欺负了刘御史，两人结了梁子。

后来刘御史到河南巡视，曹总兵跟他聊天，聊着聊着不对劲儿了，又开始吵。刘御史可能吃了点儿亏，回去就记住了，告了一黑状，把曹文诏告倒了，经崇祯批准，调到大同。

史料是对的，说法是不对的。

因为按照明代编制，山西总兵和大同总兵，算是同一级别，而且崇祯对曹文诏极为信任，别说一状，一百状都告不倒。

真正的答案，在半年后揭晓。

崇祯七年（1634）初，皇太极率军进攻大同。

崇祯是个很苦的孩子，上任时年纪轻轻，小心翼翼地装了两年孙子，干掉了死太监，才算正式掌权。掌权之后，手下那帮大臣又斗来斗去，好不容易干了几件事（比如裁掉驿站），又干出来个李自成。辛辛苦苦十几年，最后还是没辙。

史料告诉我们，崇祯很勤奋，他每天只睡几个小时，天天上朝，自己和老婆都穿旧衣服，也不好色（没有时间），兢兢业业这么多年，没享受权利，尽承担义务。这样的皇帝，给谁谁都不干。

可怜

可怜的崇祯同志之所以要把曹文诏调到大同，是因为他没办法。

家里的事要管，外面的事也得管，毕竟手底下能打仗的人就这么多，要有两个曹文诏，这事就结了。

对于皇太极的这次进攻，崇祯是有准备的，但当进攻开始的时候，才发现准备不足。

皇太极进攻的兵力，大致在八万人，打宁远没指望，但打大同还是靠谱的。

自进攻发起之日，一个月内，大同防线被全面击破，各地纷纷失守，曹文诏虽然自己很猛，盖不住手下太弱，几乎毫无还手之力。

击破周边地区后，皇太极开始集结重兵，攻击大同。

大同是军事重镇，一旦失陷，后果不堪设想，就兵力对比而言，曹文诏手下只有两万多人，而主力关宁铁骑，只有一千多人，失陷只是个时间问题。

于是崇祯也玩命了，在他的调派下，吴襄率关宁铁骑主力，日夜兼程赶往大同，参与会战。

曹文诏也确实厉害，硬扛了十几天，等来了援兵。

皇太极眼看没指望，抢了点儿东西也就撤了。

崇祯七年（1634）的风波就此平息，手忙脚乱，终究是搞定了。

曹文诏同志就惨了，虽然他保住了大同，但作为最高指挥官，责任是跑不掉的，好在朝廷里有人帮他说几句话，才捞了个戴罪立功。

但皇太极这次进攻，导致的最严重后果，既不是抢了多少东西，杀了多少人，也不是让曹总兵背黑锅，而是那个包围圈的彻底失败。

其实在崇祯十七年的统治中，有很多次，他都有机会将民军彻底抹杀。

这是第一次。

第十四章

突围

那个包围圈相当结实,从九月被围时起,两个月,也没突出去。到十一月,连他们自己都认定完蛋的日子不远了。当时已是冬季,天气非常冷,几万人被围在里面,没吃没喝,没进没退,打也打不过,跑也跑不掉,然而不要紧,还有压箱底的绝技,只要使出此招,强敌即可灰飞烟灭——投降。

当然了,投降是暂

事实告诉我们，那个包围圈相当结实，众位头领人多势众，从九月被围时起，就开始突围，突了两个月，也没突出去。

到十一月，连他们自己都认定，完蛋的日子不远了。

当时已是冬季，天气非常冷，几万人被围在里面，没吃没喝，没进没退，打也打不过，跑也跑不掉。

然而不要紧，还有压箱底的绝技，只要使出此招，强敌即可灰飞烟灭——投降。

当然了，投降是暂时的，先投降，放下武器，等出了圈，拿起武器，咱再接着干。

但你要知道，投降也是有难度的。

为顺利投降，他们凑了很多钱，找到了京城总兵王朴，向他行贿。

没有办法，因为你要投降，还要看人家接不接受你投降。为了共同的目标，适当搞搞关系，也是应该的。

而且按很多人的想法，首领们应该是很穷的，总兵应该是很富的，事实上，这句话倒过来说，也还恰当，比如后来的张献忠，在谷城投降后，行贿都行到了朝廷里，上到大学士、下到知县，都收过他的钱。

人不认人，钱认人，这个道理，很通用。

问题在于，参与包围的人那么多，为什么偏偏行贿王朴呢？

这是一个关键问题，而这个问题的答案充分说明，诸位头领的脑袋，是很好使的。

只能行贿王朴，没有别的选择。

因为王朴同志，是京城来的。

在包围圈的全部将领中，他是最单纯的、最没见过世面。

王朴同志虽然来自京城，见惯大场面，但西北的场面，实在是没有见过，而在这群头领面前，他也实在比较单纯。

他知道，打仗有两种结果，投降就投降，不投降就打死，却不知道还有第三种——假投降。

他也不知道，在这个包围圈里的诸位头领，都有投降的经历，且人均好几次，某些层次高点儿的，如张献忠，那都是投降的专业人士。

再加上无知单纯的王总兵，也有点儿不单纯，还是收了头领们的钱，他还算比较地道，收钱就办事。

崇祯六年（1633）十一月十八日，首领们派了代表，去找王朴（钱已经送过了），表示自己的投降诚意，希望大家从此放下屠刀（当然，主要是你们），立地成佛。

王朴非常高兴，他的打算是完美的，受降，自己发点儿财，还能立功受奖，善莫大焉。

他随即下令，接受投降，并催促众首领早日集结队伍，交出武器。

当然他并没有撤除包围，那种蠢事他还是干不出来的。

但既然投降了，就是内部矛盾了，没必要兴师动众，可以原地休息，要相信同志。

你要说王朴没有丝毫提防，那也不对，他限令头头们十日之内，必须全部缴械投降。

第十四章 突围

不用十天，四天就够了。

二十四日，十余万民军突破王朴的防线，冲出了包围圈。

大祸就此酿成。

鉴于所有的军队都在搞包围，河南基本是没什么兵，所以诸位头领打得相当顺手，很是逍遥了几天。

也就几天。

十二月三日，左良玉就追来了。

包围圈被破后，崇祯极为恼火，据说连桌子都踹了，当即下令处罚王朴，并严令各部追击。

左良玉跑得最快。

之所以最快，倒不是他责任心有多强，只是按照行政划分，河南是他的防区，如果闹起来，他是要背黑锅的。

摆在面前的局势，是非常麻烦的，十几万民军涌入河南，遍地开花，压根儿没法收拾。

左良玉收拾了，他收拾了河南境内的所有民军——只用了二十天。

实践证明，左总兵是不世出的卓越猛人，他率领几千士兵，连续出击，在信阳、叶县等地先后击溃大量民军，肃清了所有民军，从头至尾，二十天。

左良玉同志工作成绩如此突出，除了黑锅的压力，以及他本人的努力外，还有一个更为重要的原因：他所肃清的，只是河南境内的民军，那些头领的主力，已经跑了。

跑到湖广了，具体地点，是湖广的郧阳（今湖北郧阳）。

我认为，他们跑到这个地方，是经过慎重考虑的。

跟河南接壤的几个省份，陕西是不能去的，洪承畴在那里蹲着，而且这人专杀投降的，去了也没前途。

山西也不能去，虽说曹文诏调走了，但几年来，广大头领们基本被打出了恐曹症，到了山西地界，就开始发怵，不到万不得已，也不要去。

那就去湖广吧。

最早进去的是高迎祥和李自成，且去的时候，随身带着几万人。郧阳巡抚当时就晕菜了，因为郧阳属于山区，平时都没什么人跑来，也没什么兵，这回大发了，一来，就来几万人，且都是闹事的，各州各县接连失陷，完全没办法，只好连夜给皇帝写信，说敌人太多，我反正是没办法了，伸长脖子，等着您给一刀。

这段日子，对高迎祥和李自成而言，是比较滋润的，没有洪承畴，没有曹文诏，没有左良玉，在他们看来，郧阳是山区，估摸着也没什么猛人，自然放心大胆。

这个看法是错误的。

事实上，这里是有猛人的，第四个猛人。

说起来这位猛人之所以出山，还要拜高迎祥同志所赐，他要不闹，估计这人还出不来。

但值得庆幸的是，在此人正式露面之前，高迎祥和李自成就跑了。

具体跑到哪里，就不知道了，反正是几个省乱转悠，看准了就打一把，其余头领也差不离，搞得中原各省翻天覆地，连四川也未能幸免。

事情闹到这个地步，只能用狠招了。

崇祯七年（1634），崇祯正式下令，设置一个新职务。

明代有史以来最大的地方官，就此登场。

在此之前，明代最大的地方官，就是袁崇焕，他当蓟辽督师时，能管五个地区。

光荣的纪录被打破了，因为这个新职位，能管五个省。

这个职务，在历史中的称谓，叫作五省总督，包括山西、陕西、河南、湖广、四川，权力极大，也没什么管辖范围，反正只要是流贼出没的地方，都归他管。

职位有了，还要有人来当，按照当时的将领资历，能当这个职务的，只有两个选择：A．洪承畴，B．曹文诏。

答案是C，两者皆不是。

任职者，叫作陈奇瑜。

陈奇瑜，万历四十四年（1616）进士，历任都察院御史、给事中，后外放陕西任职。

在陕西，他的职务是右参政，而左参政，是我们的老朋友洪承畴。

但为什么要选他干这份工作，实在是个让人费解的事。

就资历而言，他跟洪承畴差不多，而且进步也慢点儿，崇祯四年（1631）的时候，洪承畴已经是三边总督了，他直到一年后，才干到延绥巡抚，给洪承畴打工。

就战绩而言，他跟曹文诏也没法比。

无论如何，都不应该是他，但无论如何，偏就是他了。

所以对于这个任命，许多人都有异议，认定陈奇瑜有背景，走了后门。

但事实上，陈奇瑜并非等闲之辈。

崇祯五年（1632）的时候，由于民军进入山西，主力部队都去了山西，陕西基本是没人管，兵力极少。

兵力虽少，民变却不少，据统计，陕西的民军，至少有三万多人。

这三万多人，大都在陈奇瑜的防区，而他的手下，只有两千多人。

一年后，这三万多人都没了——全打光了。

因为陈奇瑜，是一个近似猛人的猛人。

作为大刀都扛不起来的文官，陈奇瑜同志有一种独特的本领——统筹。

他是一个典型的参谋型军官，善于谋划、组织，而当时的民军，只能到处流窜，基本无组织，有组织打无组织，一打一个准。

凭借着突出的工作成绩，陈奇瑜获得了崇祯的赏识，从给洪总督打工，变成洪总督给他打工。

对于领导的提拔，陈奇瑜是很感动的，也很卖力，准备收拾烂摊子。

这是一个涉及五个省、几十万人的烂摊子，基本上，已经算是烂到底了，没法收拾。

陈奇瑜到任后，第一个命令，是开会。

各省的总督、总兵，反正是头衔上带个"总"字的，都叫来了。

然后就是分配任务，你去哪里，打谁，他去哪里，打谁，打好了，如何如何，打不好，如何如何，一五一十都讲明白，完事了，散会。

散会后，就开打。

崇祯七年（1634）二月，陈奇瑜上任，干了四个月，打了二十三仗。

全部获胜。

陈奇瑜以无与伦比的组织和策划能力告诉我们，所谓胜利，是可以算出来的。

> 多算胜，少算不胜，而况于无算乎？
> ——《孙子兵法》

陈总督最让人吃惊的地方，倒不是他打了多少胜仗，而在于，他打这些胜仗的目的。

打多少仗，杀多少人，都不是最终目的，最终的目的是，再打一仗，把所有人都杀光。

而要实现这个目标，他必须把所有的首领和民军，都赶到一个地方，并在那里，把他们全都送进地府。

他选中的这个地方，叫作车厢峡。

车厢峡谷

车厢峡位于陕西南部，长几十里，据说原先曾被当作栈道，地势极为险要。

所谓险要，不是易守难攻，而是易攻难守。

此地被群山环绕，通道极其狭窄，据说站在两边的悬崖上，往下扔石头，一扔一个准。

更要命的是，车厢峡的构造比较简单，只有一个进口，一个出口，没有其他小路，从出口走到进口，要好几天。这就意味着，如果你进了里面，要么回头，要么一条路走到黑，没有中场休息。

几万民军，就进了这条路。

这几万民军，是民军的主力，据说里面还有李自成和张献忠。

为什么走这条路，没有解释，反正进去之后，苦头就大了去了。

陈奇瑜的部队堵住了后路，还站在两边的悬崖上，往下射箭、扔石头，没事还放把火玩，玩了十几天，彻底把民军玩残了。

想跑是跑不掉的，想打也打不着，众头领毫无办法，全军覆没就在眼前，实在熬不住了。

使用"撒手锏"的时候到了。

我说过，他们的"撒手锏"，就是投降，准确地说，是诈降。

没条件，谁投降啊？

——春节晚会某小品

很有道理，很现实，但在这里，应该加上两个字：

没条件，谁让你投降啊？

所以在投降之前，必须先送钱，就如同上次送给王朴那样。

于是头领们凑了点儿钱，送给了陈奇瑜。

然而，陈奇瑜没有收。

崇祯没看错人，陈奇瑜同志确实是靠得住的，他没有收钱。

麻烦了，不收钱，我们怎么安心投降，不，是诈降呢？

但事实证明，头领们的智商是很高的，他们随即使出了从古至今，屡试不爽的绝招——买通左右。

陈奇瑜觉悟很高，可是扛不住手下人的觉悟不高，收了钱后，就开始猛劝，说敌人愿意投降，就让他们投降，何乐而不为？

陈奇瑜没有同意。

陈奇瑜并不是王朴，事实上，他对这帮头领，那是相当了解，原先当延绥巡抚时，都是老朋友，知道他们狡猾狡猾地，所以没怎么信。

我之前说过，陈奇瑜是一个近似猛人的猛人。

所谓近似猛人的猛人，就是非猛人。

他跟真正的猛人相比，有一个致命的弱点。

拿破仑输掉滑铁卢战役后，有人曾说，他之所以输，是因为缺少一个人——贝尔蒂埃。

贝尔蒂埃是拿破仑的参谋长，原先是测绘员，此人极善策划，参谋能力极强，但凡打仗，只要他在，基本都打赢了，当时，他不在滑铁卢。

但最后，有人补充了一句：

如果只有他（贝尔蒂埃）在，但凡打仗，基本都是要输的。

陈奇瑜的弱点，就是参谋。

和贝尔蒂埃一样，陈总督是个典型的参谋型军官，他很会参谋，很能参谋，然而参来参去，把自己弄残了。

军队之中，可以没有参谋，不能没有司令，因为在战场上，最关键的素质，不是参谋，而是决断。

陈奇瑜同志只会参谋，不会决断。

面对手下的劝说和胜利的诱惑，他妥协了。

陈奇瑜接受了投降，在他的安排下，近五万民军走出了车厢峡。

其实陈奇瑜也很为难，既要他们投降，又不能让他们诈降，要找人看着，但如果人太多，会引起对方疑虑，为了两全其美，他动脑筋想出了一个绝妙的方法：每一百降军，找一个人看着，监督行动。

找一个人，看一百个人。想出这个法子，只能说他的脑袋坏掉了。

跟上次不同，这次张献忠毫不拖拖拉拉，很有工作效率，走出车厢峡，到了开阔地，连安抚金都没拿，反了。

我很同情那些看守一百个人的人。

事情到这里，就算是彻底扯淡了，崇祯极为愤怒，朝廷极为震惊，陈奇瑜极为内疚，最终罢官了事。

了事？那是没可能的。

各路头领纷纷焕发生机，四处出战，河南、陕西、宁夏、甘肃、山西，烽烟四起。

估计是历经考验，外加焕发第二次生命的激动，民军的战斗力越来越强，原本是被追着跑，现在个把能打的，都敢追着官兵跑。比如陕西著名悍将贺人龙，原本是去打李自成，结果被李自成打得落花流水，还围了起来，足足四十多天，断其粮食劝他投降，搞得贺总兵差点儿去啃树皮，差点没撑过来。

到崇祯八年（1635），中原和西北，基本是全乱了，这么下去，不用等清兵入关，大明可以直接关门。

好在崇祯同志脑子转得快，随即派出了王牌——洪承畴。

在当时，能干这活的，也就洪承畴了，这个人是彻头彻尾的实用主义者，手狠且心黑，对于当前时局，他的指导思想只有一字——杀。

杀光了，就没事了。

就任五省总督之后，他开始组织围剿，卓有成效，短短几个月，民军主力又被他赶到了河南，各地民变纷纷平息。

接下来的程序，应该是类似的，民军被逼到某个地方，被包围，然后被逼无奈，被迫诈降。

所谓事不过三，玩了朝廷两把，就够意思了，再玩第三把，是不可能的。

洪承畴已经磨好刀，等待投降的诸位头领，这一次，他不会让历史重演。

是的，历史是不会重演的。

这次被逼进河南的民军，算是空前规模，光是大大小小的首领，就有上百人，张献忠、李自成、高迎祥、罗汝才、刘国能等大腕级人物，都在其中。民军的总人数，更是达到了创纪录的三十万。

为了把这群人一网打尽，崇祯也下了血本，他调集了近十万大军，包括左良玉的昌平兵、曹文诏的关宁铁骑、洪承畴的洪兵，总而言之，全国的特种部队，基本全部到齐。

但凡某个朝代，到了最后时刻，战斗力都相当之差，但明朝似乎是个例外，几十年前，几万人就能把十几万日军打得落花流水，几十年后，虽说差点儿，但还算凑合。

和以往一样，面对官军的追击，民军节节败退，到崇祯八年（1635），他们被压缩到洛阳附近，即将陷入重围，历史即将重演。

但终究没有重演。

因为在最关键的时刻，他们开了个会。

开会

开会的地点，在河南荥阳，故史称"荥阳大会"。

这是一次极为关键的会议，一次改变了无数人命运的会议。

参与会议者，包括所有你听说过，或者你从未听说过，或者从未存在过的著名头领，用史书上的说法，是"十三家"和"七十二营"。

家和营都是数量单位，但具体有多少人，实在不好讲，某些家，如高迎祥，有六七万人，某些营，兴许是皮包公司，只有几个人，都很难讲，但加起来，不会少于二十五万人。

当然，开会的人也多，十三加上七十二，就算每户只出个把代表，也有近百人。

简而言之，这是一次空前的大会，人多的大会。

根据史料留下的会议记录，会议是这样开始的，曹汝才先说话，讲述当前形势。

形势就别讲了，虽说诸位头领文化都低，还是比较明白事情的，敌人都快打上来了，还讲个屁？

有人随即插话，提出意见，一个字——逃。

此人认为，敌人来势很猛，最好是快跑、早跑，跑到山区，保命。

在场的人，大都赞成这个意见。

然后，一人大喝而起："怯懦诸辈！"

说话的人，是张献忠。

张献忠，陕西延安府人，万历三十四年（1606）出生。

历史上，张献忠是一个有争议的人，夸他的人实在不多，骂他的人实在不少。

反映在他的个人简历上，非常明显。

但凡这种大人物，建功立业之后，总会有人来整理其少年时期的材料，而张献忠先生比较特殊，他少年时期的材料，似乎太多了点儿。

就成分而言，有人说，他家世代务农；有人说，他家是从商的；也有人说，他是世家后代；还有人说，他是读书出身；最后有人说，他给政府打工，当过捕快。

鉴于说法很多，传说很多，我就不多说了，简单讲一下，这几种说法的最后结果：

务农说：务农不成，歉收，去从军了。

从商说：从商不成，亏本，去从军了。

世家说：世家破落，没钱，去从军了。

读书说：读书没谱，落第，去当兵了。

打工说：没有前途，气愤，去当兵了。

没办法，史料太多，说法太多，但所有的史料都说，他是一个不成功的人。

无论是务农、读书、从商、世家、打工，就算假设全都干过，可以确定的是，都没干好。

为什么没干好，没人知道，估计是运气差了点儿，最后只能去从军。

从军在当时，并非什么优秀职业，武将都没地位，何况苦大兵。

当兵，无非是拿饷，可是当年当兵，基本没有饷拿，经常拖欠工资，拖上好几个月，日子过得比较艰苦。

但奇怪的是，张献忠不太艰苦。据史料记载，他的小日子过得比较红火，有吃有喝，相当滋润。家里还很有点儿积蓄。

这是个奇怪的现象，而唯一的解释，就是他有计划外收入。

而更奇怪的是，他还经常被人讹，特别是邻居，经常到他家借钱，借了还不还，他很气愤，去找人要，人家不给，他没辙。

这是更为奇怪的一幕，作为手上有武器的人，还被人讹，只能说明，这些计划外收入，都是合法外收入。

据说，张献忠先生除了当兵之外，还顺便干点儿零活，打点儿散工，具体包括强盗、打劫等。

这种兼职行为，应该是比较危险的，常在河里走，毕竟要湿鞋，张献忠同志终于被揭发了，他被关进监狱，经过审判，可能是平时兼职干得太多，判了个死刑。

关键时刻，一位总兵偶尔遇见了他，觉得他是个人才，就求了个情，把他给放了。

应该说这位总兵的感觉，还是比较准的，张献忠确实是个人才，造反的人才。

据说平时在军队里，张献忠先生打仗、兼职之余，经常还发表些议论，说几句名人名言，比如"燕雀安知鸿鹄之志""王侯将相，宁有种乎"等。

第十四章 突围

而他最终走上造反道路，是在崇祯三年（1630）。那时，王嘉胤造反，路过他家乡，张献忠就带了一帮人，加入了队伍。

张献忠起义的过程，是比较平和的，没人逼他去修长城，他似乎也没掉队，至于爹妈死光、毫无生路等情况，跟他都没关系，而且在此之前，他还是吃皇粮的，实在没法诉苦。

所以这个人造反的动机，是比较值得怀疑的。

参加起义军后，张献忠的表现还凑合，跟着王嘉胤到处跑，打仗比较勇猛，打了一年，投降了。

因为杨鹤来了，大把大把给钱，投降是个潮流，张献忠紧跟时代潮流，也投了降。

当然，后来他花完钱后，又顺应潮流，造反了。

此后的事情，只要是大事，他基本有份儿，三十六营开会、打进山西、打进河南、被人包围、向王朴诈降、又被人包围、向陈奇瑜诈降，反正能数得出来的事，他都干过。

但在这帮头领里，他依然是个小人物，总跟着别人混，直至这次会议。

他驳斥了许多人想逃走的想法，是很有种的，但除了有种外，就啥都没有了，因为敌人就在眼前，你要说不逃，也得想个辙。然而，张献忠没辙。

于是，另一个人说话了，一个有辙的人：

"一夫犹奋，况十万众乎！官兵无能为也！"

李自成如是说。

李自成，陕西米脂人，万历三十四年（1606）生人。

这里有个比较凑巧的事，李自成跟张献忠，是同一年生的。

而且这两人的身世，都比较搞不清楚，但李自成相对而言，比较简单。

根据史料的说法，他家世代都是养马的。在明代，养马是个固定职业，还能赚点儿钱，起码混口饭吃，生活水准，大致是个小康。

所以李自成是读过书的，他从小就进了私塾，但据说成绩不好，很不受老师重视，觉得这孩子没啥出息。

直到有一天。

这天，老师请大家吃饭，吃螃蟹。

当然，老师的饭没那么容易吃，吃螃蟹前，让大家先根据螃蟹写首诗，才能开吃。

李自成想了想，写了出来。

老师看过大家的诗，看一首，评一首，看到他写的诗，没有说话。

因为在这首诗里，有这样一句话：一身甲胄任横行。

这位老师是何许人也，实在没处找，但可以肯定的是，他是一个比较厉害的人物，因为在短暂的犹豫之后，他说出了一个准确的预言：

你将来必成大器，但始终是乱臣贼子，不得善终！

但李自成同学的大器之路，似乎并不顺利，吃过饭不久，他就退学了，因为他的父亲去世了。

没有经济基础，就没有上层建筑，李自成决定，先去打基础，但问题是，他家并不是农民，也没地，种地估计是瞎扯，所以他唯一能够选择的，就是给人打工。

这段时间，应该是李自成比较郁闷的时期，因为他年纪小，父亲又死了，经常被人欺负，有些地主让他干了活，还不给钱，万般无奈之下，他托了个关系，去驿站上班了。

李自成的职务是驿卒，我说过，驿站大致相当于招待所，驿卒就是招待所服务员，但李自成日常服务的，并不是人，而是马。

由于世代养马，所以李自成对马，是比较有心得的，他后来习惯于用骑兵作战，乃至于能在山海关跟吴三桂的关宁铁骑打出个平手，估计都是拜此所赐。

李自成在驿站干得很好，相比张献忠，他是个比较本分的人，只想混碗饭吃。

崇祯二年（1629），饭碗没了。

我说过很多次，是刘懋同志建议，全给裁掉了。

刘懋认为，驿站纰漏太多，浪费朝廷资源，李自成认为，去你娘的。

你横竖有饭吃，没事干了，来砸我的饭碗。

但李自成还没有揭竿而起的勇气，他回了家，希望打短工过日子。

我也说过很多次，从崇祯元年到崇祯六年（1628—1633），西北灾荒。

都被他赶上了，灾荒时期，收成不好，没人种地，自然没有短工的活路。此时，李自成听说，有一个人正在附近招人，去了的人都有饭吃。

他带着几个人去了，果然有饭吃。

这位招聘的人，叫作王左桂。

王左桂是干什么的，之前也说过了，作为与王嘉胤齐名的义军领袖，他比较有实力。

当时王左桂的手下，有几千人，分为八队，他觉得李自成是个有料的人，就让他当了八队的队长。

这是李自成担任的第一个职务，也是最小的职务，而他的外号，也由此而生——八队闯将。

一年后，王左桂做出了一个决定，他要攻打韩城。

他之所以要打这里，是经过慎重考虑的，因为韩城的防守兵力很少，而且当时的总督杨鹤，没有多少兵力可以增援，攻打这里，可谓万无一失。

判断是正确的，正如之前所说的，杨鹤确实没有兵，但他有一个手下，叫洪承畴。

这次战役的结果是，洪承畴一举成名，王左桂一举完蛋，后来投降了，再后来，被杀降。

王左桂死掉了，他的许多部属都投降了，但李自成没有，他带着自己的人，又去投奔了不沾泥。

"不沾泥"是个外号，他的真名，叫作张存孟（也有说叫张存猛），但孟也好，猛也罢，这人实在是个比较无足轻重的角色，到了一年后，他也投降了。

然而，李自成没有投降，他又去投了另一个人，这一次，他的眼光很准，因为他的新上司，就是闯王高迎祥。

这是极其有趣的一件事，王左桂投降了，李自成不投降，不沾泥投降了，他也没投降。

虽说李自成也投降过，比如被王朴包围、被陈奇瑜包围等，但大体而言，他是没怎么投降的。

这说明，李自成不是痞子，他是有骨气的。

相比而言，张献忠的表现实在不好。

他投降的次数实在太多，投降的时机实在太巧，每次都是打不过，或是眼看打不过了，就投降，等缓过一口气，立马就翻脸不认人，接着干，很有点儿兵油子的感觉。

史料记载，张献忠的长相，是比较魁梧的，他身材高大，面色发黄（所以有个外号叫黄虎），看上去非常威风。

而李自成就差得多了，他的身材不高，长得也比较抱歉，据说不太起眼（后来老婆跑路了估计与此有关），但他很讲义气、很讲原则，且从不贪小便宜。

历史告诉我们，痞子就算混一辈子，也还是痞子，滑头，最后只能滑自己。长得帅，不能当饭吃。

成大器者的唯一要诀，是能吃亏。

吃亏就是占便宜，原先我不信，后来我信了，相当靠谱。

李自成很能吃亏，所以开会的时候，别人不说，他说。

第八队队长，不起眼的下属，四处寻找出路的孤独者，这是他传奇的开始。

他说，一个人敢拼命，也能活命，何况我们有十几万人，不要怕！

大家都很激动,他们认识到,李自成是对的,到这个份儿上,只能拼了。

但问题在于,他们已经被重重包围,在河南待下去,死路,去陕西,还是死路,去山西,依然是死路,哪里还有路?

有的,还有一条。

李自成以他卓越的战略眼光和无畏的勇气,指出那条唯一道路。

他说,我们去攻打大明的都城,那里很容易打。

他不是在开玩笑。

当然,这个所谓的都城,并不是北京,事实上,明代的都城有三个。

北京,是北都;南京,是南都;还有一个中都,是凤阳。

打北京,估计路上就被人干挺了,打南京,也是白扯,但打凤阳,是有把握的。

凤阳,位于南直隶(今属安徽),这个地方之所以被当作都城,只是因为它是朱元璋的老家。事实上,这里唯一与皇室有关的东西,就是监狱(宗室监狱,专关皇亲国戚),除此以外,实在没啥可说,不是穷,也不是非常穷,而是非常非常穷。

但凤阳虽然穷,还特喜欢摆谱,毕竟老朱家的坟就在这儿,逢年过节,还喜欢搞个花灯游行,反正是自己关起门来乐,警卫都没多少。

这样的地方,真是不打白不打。

而且进攻这里,可以吸引朝廷注意,扩大起义军的影响。

话是这么说,但是毕竟洪承畴已经围上来了,有人去打凤阳,就得有人去挡洪承畴,这么多头领,谁都不想吃亏。

所以会议时间很长,讨论来讨论去,大家都想去打凤阳,最后,他们终于在艰苦的斗争中成长起来,领悟了政治的真谛,想出了一个只有绝顶政治家才能想出的绝招——抓阄。

抓到谁就是谁,谁也别争,谁也别抢,自己服气,大家服气。

抓出来的结果,是兵分三路,一路往山西,一路往湖广,一路往凤阳。

但这个结果，是有点儿问题的，因为我查了一下，抓到去凤阳的，恰好是张献忠、高迎祥、李自成。

没话说了。

但凡是没办法了，才抓阄，但有的时候，抓阄都没办法。

真没办法。

抓到好阄的一干人等，向凤阳进发了，几天之后，他们将震惊天下。

在洪承畴眼里，所谓民军，都是群没脑子的白痴，但一位哲人告诉我们，老把别人当白痴的人，自己才是白痴。

检讨

很巧，民军抵达凤阳的时候，是元宵节。

根据惯例，这一天凤阳城内要放花灯，许多人都涌出来看热闹，防守十分松懈。

就这样，数万人在夜色的掩护下，连大门都没开，就大摇大摆地进了凤阳城。

慢着，似乎还漏了点儿什么——大门都没开，怎么能够进去？

答：走进去。

因为凤阳根本就没有城墙。

凤阳之所以没有城墙，是因为修了城墙，就会破坏凤阳皇陵的风水。

就这样，连墙都没爬，他们顺利地进入了凤阳，进入了老朱的龙兴地。

接下来的事情，是比较顺理成章的，据史料记载，带军进入凤阳的，是张献忠。

如果是李自成，估计是比较文明的，可是张献忠先生，是很难指望的。

之后的事情，大致介绍一下，守卫凤阳的几千人全军覆没，几万多间民房，连同各衙门单位，全部被毁。

除了这些之外，许多保护单位也被烧得干净，其中最重要的单位，就是朱元璋同志的祖坟。

看好了，不是朱元璋的坟（还在南京），是朱元璋祖宗的坟。

虽说朱五一（希望还记得这名字）同志也是穷苦出身，但张献忠明显缺乏同情心，不但烧了他的坟，还把朱元璋同志的故居（皇觉寺）给烧了。

此外，张献忠还很有品牌意识，就在朱元璋的祖坟上，竖了个旗帜，大书六个大字："古元真龙皇帝。"

就这样，张献忠在朱元璋的祖坟上逍遥了三天，大吃大喝，然后逍遥而去。

事情闹大了。

从古至今，在骂人的话里，总有这么一句：掘你家祖坟。

但一般来讲，若然不想玩命，真去挖人祖坟的，也没多少。

而皇帝的祖坟，更有点儿讲究，通俗说法叫作龙脉，一旦被人挖断，不但死人受累，活人也受罪，是重点保护对象。

在中国以往的朝代里，除前朝被人断子绝孙外，接班的也不怎么挖人祖坟，毕竟太缺德。

真被人刨了祖坟的，也不是没有，比如民国的孙殿英，当然他是个人行为，图个发财，而且当时清朝也亡了，龙脉还有没有，似乎也难说。

朝代还在，祖坟就被人刨了的，只有明朝。

所以崇祯听到消息后，差点儿晕了过去。

以崇祯的脾气，但凡惹了他的，都没有好下场。崇祯二年（1629），皇太极打到北京城下，还没怎么着，他就把兵部尚书给砍了。现在祖坟都被人刨了，那还了得。

但醒过来之后，他却做出了一个让人意外的决定——做检讨。

请注意，不是让人做检讨，而是自己做检讨。

皇帝也是人，是人就会犯错误，如皇帝犯错误，实在没法交代，就得做检讨，这篇检讨，在历史上的专用名词，叫作"罪己诏"。

崇祯八年（1635）十月二十八日，崇祯下罪己诏，公开表示，皇陵被烧，是他的责任；民变四起，是他的责任；用人不当，也是他的责任，总而言之，全部都是他的责任。

这是一个相当奇异的举动，因为崇祯同志是受害者，张献忠并非他请来的，受害者写检讨，似乎让人难以理解。

其实不难理解，几句话就明白了。

根据惯例，但凡出了事，总要有人负责，县里出事，知县负责，府里出事，知府负责，省里出事，巡抚负责。

现在皇帝的祖坟出了事，谁负责？

只有皇帝负责。

对崇祯而言，所谓龙脉，未必当真。要知道，当年朱元璋先生的父母死了，都没地方埋，是拿着木板到处走，才找到块地埋的。要说龙脉，只要朱元璋自己的坟没被人给掘了，就没有大问题。

但祖宗的祖宗的坟被掘了，毕竟影响太大，必须解决。

解决的方法，只能是自己做检讨。

事实证明，这是一个相当高明的方法。自从皇帝的祖坟被掘了后，上到洪承畴，下到小军官，人心惶惶，唯恐这事拿自己开刀，据说左良玉连遗书都写了，就等着被拉去砍了，既然皇帝做了检讨，大家都放心了，可以干活了。

当然，皇帝背了大锅，小锅也要有人背，凤阳巡抚和巡按被干掉，此事到此为止。

崇祯如此大度，并非他脾气好，但凡是个人，刨了他的祖坟，都能跟你玩命，更何况是皇帝。

但没办法，毕竟手下就这些人，要把洪承畴、左良玉都干掉了，谁来干活？

对于这一点，洪承畴、左良玉是很清楚的，为保证脑袋明天还在脖子上，他们开始全力追击起义军。

说追击，是比较勉强的，因为民军的数量，大致有三十万，而官军，总共才四万人。就算把一个人掰开两个用，也没法搞定。

好在，还有一个以一当十的人，曹文诏。

第十五章

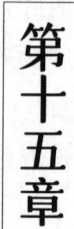

一个文雅的人

为证能给(祯同)(八)六,是十曹文诏奉……

曹文诏就始终以少打多,几万人近几万人,是家常便饭,而他上山的次数多了,终究会遇到老虎的。曹文诏率领骑兵,一口气追了几百里,把民军打得落花流水,斩杀数千人。但自古以来,人多打人少,不是没有道理的,跑了几百里后,终于醒过来了,三千人而已,跑得这么快,这么远,至于吗?于是一合计,集结精锐兵力三万多人,回头,准备跟曹文诏决战。崇祯四年(1631)

为保证能给崇祯同志个交代，崇祯八年（1635）六月，曹文诏奉命出发，追击民军。

曹文诏的攻击目标，是十几万民军，而他的手下，只有三千人。

自打开战起，曹文诏就始终以少打多，几千人追几万人，是家常便饭。

但上山的次数多了，终究会遇到老虎的。

曹文诏率领骑兵，一口气追了几百里，把民军打得落花流水，斩杀数千人。

但自古以来，人多打人少，不是没有道理的。

跑了几百里后，终于醒过来了，三千人而已，跑得这么快、这么远，至于吗？

于是一合计，集结精锐兵力三万多人，回头，准备跟曹文诏决战。

崇祯四年（1631）起，曹文诏跟民军打过无数仗，从来没输过，胆子特大，冲得特猛，一猛子就扎了进去。

进去了就再没出来。

民军已走投无路，这次他们没打算逃跑，只打算死拼。

而曹文诏由于太过激动，只带了先锋一千多人，就跑过来了。

三万个死拼的人，对一千个激动的人，用现在的编制换算，基本相当于一个人打一个排，能完成这个任务的，估计只有兰博。

曹文诏不是兰博，但他实在也很猛，带着骑兵冲了十几次，所至之处，死伤遍地，从早上一直打到下午，斩杀敌军几千人。

眼看快到晚上，杀得差不多了，曹文诏准备走人。

这并非玩笑，曹总兵是骑马来的，就算打不赢，也能跑得赢。

在混乱的包围圈中，他集结兵力，发动突击，很快就突出了缺口，准备回家洗澡睡觉。

当时场面相当混乱，谁都没认出谁，在民军看来，跑几个也没关系，所以也不大有人去管这个缺口。

但关键时刻，出情况了。

曹文诏骑马经过大批民军时，有一个小兵正好被俘，又正好看见了曹文诏，就喊了一句：

"将军救我！"

当时的环境，应该是很吵的，有多少人听见很难说，但很不巧，有一个最不该听见的人，听见了。

这个人是民军的一个头目，而在不久之前，他在曹文诏的部队里干过。

作为一个敬业的人，他立即对旁人大喊：

"这就是曹总兵！"

既然是曹总兵，那就别想跑了。

民军集结千人，群拥而上围攻曹文诏。

曹文诏麻烦了，此时，他的手下已经被打散，跟随在他身边的，只有几个随从。

必死无疑。

必死无疑的曹文诏，在他人生的最后时刻，诠释了勇敢的意义。

面对上千人的围堵，他单枪匹马，左冲右突，亲手斩杀数十人，来回冲杀，无人可挡。

没人上前挑战，所有的人只是围着他，杀退一层，再来一层。

曹文诏是猛人，猛人同样是人，包围的人越来越多，他的伤势越来越重，于是，在即将力竭之时，他抽出了自己的刀。

在所有人的注视下，他举刀自尽。

曹文诏就这样死了，直到生命的最后一刻，他依然很勇敢。

无论如何，一个勇敢的人，都是值得敬佩的。

崇祯极其悲痛，立即下令追认曹文诏为太子太保，开追悼会、发抚恤金、料理后事等等。

从某个角度讲，曹文诏算是解脱了，崇祯还得接着受苦，毕竟那几十万人还在闹腾，这个烂摊子，必须收拾。

所以，曹文诏死后不久，崇祯派出了另一个人。

当时的局势，已经是坏得不能再坏了，凤阳被烧了，曹文诏被杀了，皇帝也做了检讨，原先被追着四处跑的民军，终于到达了风光的顶点。

据史料记载，当时的将领，包括左良玉、洪承畴在内，都是畏畏缩缩，遇上人了，能不打就不打，非打不可，也就是碰一碰，只求把人赶走，别在自己防区里转悠，就算万事大吉。

对此，诸位头领大概也是明白的，经常带着大队人马转来转去。有一次，高迎祥带着十几万人进河南，左良玉得到消息，带人去看了看，啥都没说就回来了。

照这么下去，估计高迎祥就算进京城，大家也只能看看了。

然而，一切都变化了，从那个人到任时开始。

对这个人，崇祯给予了充分的信任，给了一个绝后而不空前的职务——五省总理。

这个职务，此前只有陈奇瑜和洪承畴干过，但这人上来，并非是接班的，事实上，他是另起炉灶，其管辖范围包括江北、河南、湖广、四川、山东。

当时全国，总共只有十三个省，洪承畴管五个，他管五个，用崇祯的说法是：洪承畴督师西北，你去督师东南，天下必平！

这个人就是之前说过的第四个猛人，他叫卢象昇。

对大多数人而言，卢象昇是个很陌生的名字，但在当时，这是一个相当知名的名字，而在高迎祥、李自成的嘴里，这人有个专用称呼：卢阎王。

就长相而言，这个比喻是不太恰当的，因为所有见过卢象昇的人，第一印象基本相同：这是个读书人。

卢象昇，字建斗，江苏宜兴人。明代的江苏，算是个风水宝地，到明末，西北打得乌烟瘴气，国家都快亡了，这边的日子还是相当滋润，雇工的雇工，看戏的看戏。

鉴于生活条件优越，所以读书人多，文人多，诗人也多，钱谦益就是其中的优秀代表。

但除此外，这里也产猛人——卢象昇。

所谓猛人，是不恰当的，事实上，他是猛人中的猛人。

但在十几年前，他跟这个称呼，基本是八竿子打不着，那时，他的头衔，是卢主事。

天启二年（1622），江苏宜兴的举人卢象昇考中了进士，当时吏部领导挑中了他，让他在户部当主事。

据史料说，卢主事长得很白，人也很和气，所以人缘混得很好，没过两年，就提了员外郎，只用了三年时间，又提了知府。

到崇祯二年（1629），卢象昇已经是五品正厅级干部了，就提拔速度而言，相当于直升机，而且卢知府人品确实很好，从来没有灰钱收入，群众反映很好。

总之，卢知府的前途是很光明的，生活是很平静的，日子是很惬意的，直到崇祯（1629）二年。

这年是比较闹腾的，基本都是大事，比如皇太极打了进来，比如袁崇焕被杀死,当然,也有小事,比如卢象昇带了一万多人,跑到了北京城下。

当时北京城下的援兵很多,有十几路,卢象昇这路并不起眼,却是最有趣的一路,因为压根儿没人叫他来。

卢象昇是文官,平时也没兵,但他听说京城危急,情急之下,自己招了一万多人,就跑过来了。

明末的官员,是比较有特点的,最大的特点,就是推卸责任,能不承担的,绝不承担,能承担的,也不承担,算是彻头彻尾的王八蛋。

卢象昇负责任,起码他知道,领了工资,就该办事。

但遗憾(或者是万幸)的是,卢象昇同志没能打上仗,他在城下待了一个多月,后金军就走了。

当然,这未必是件坏事,因为以他当时的实力,要真跟人碰上,十有八九是个死。

但这无所事事的一个月,却永远地改变了卢象昇的命运,因为这段时间里,他目睹了一个叫袁崇焕的统帅,如何在一夜之间,变成了囚犯。

这件事情,最终影响了他的一生,并让他在九年之后,做出了那个关键性的抉择。

朝廷的特点,一向是能用就使劲儿用,既然卢知府这么积极,干脆就让他改了行。

崇祯三年(1630),卢象昇提任参政,专门负责练兵。

当时最能打仗、最狠的兵,除辽东,就是西北,这两个地方的人相当剽悍,战斗力很强,敢于玩命,就算打到最后一个人,也不投降,是明朝主要的兵源产地。

卢象昇练兵的地方是北直隶,就单兵作战能力而言,算是二流。

然而,事实证明,只有二流的头头,没有二流的兵。

明朝的精锐部队,大都有自己的名字,比如袁崇焕的兵,叫作关宁铁骑;洪承畴的兵,叫作洪兵;而卢象昇的兵,叫作天雄军。

就战斗力而言，明末的军队中，最强的，当属关宁铁骑。天雄军的战斗力，大致排在第三（第二还没出场），比洪兵强。

据高迎祥和李自成讲，他们最怕的明军，就是天雄军。

比如关宁铁骑，虽然战斗力强，但都是骑兵，冲来冲去，死活好歹都是一下子，但天雄军就不同了，比膏药还讨厌，贴上就不掉，极其顽固，只要碰上了，就打到底，不脱层皮没法跑。

天雄军的士兵，大都来自大名、广平当地，并没有什么特别，之所以如此强悍，只是因为卢象昇的一个诀窍。

二百多年后，有一个人使用了他的诀窍，组建了一支极为强悍的部队，这个人的名字，叫作曾国藩。

没错，这个诀窍的名字，叫作关系。

和曾国藩的湘军一样，卢象昇的天雄军，大都是有关系的，同乡、同学、兄弟、父子，反正大家都是熟人，随便死个人，就能愤怒一堆人，很有战斗力。

但这种关系队伍，还有个问题，那就是冲锋的时候，一个人冲，就会有很多人跟着冲，但逃跑的时候，有一个人跑，大家也会一起跑。

比如曾国藩同志，有次开战，就遇到这种事，站在后面督战，还画了条线，说越过此线斩，结果开打不久，就有人跑路，且一跑全跑，绕着线跑，追都没追上，气得投了河。

卢象昇没有这个困惑，因为每次开战，他都站在最前面。

事实上，卢先生被称为卢阎王，不是因为他很能练兵，而是因为他很能杀人——亲手杀人。

之前我说过，卢象昇长得很白，但我忘了说，他的手很黑。

卢象昇是个很有天赋的人，据史料记载，他天生神力，射箭水平极高，长得虽然文明，动作却很粗野，每次作战时，都拿着大刀追在最前面，赶得对方鸡飞狗跳。

他最早崭露头角，是一次激烈的战斗。

崇祯六年（1633），山西流寇进入防区，卢象昇奉命出击，对方情况不详，以骑兵为主力，战斗力很强，人数多达两万。

卢象昇只有两千人，刚开战，身边人还没反应过来，他就一头扎进了敌营。

他的这一举动，搞得对方也摸不着头脑，被他砍死了几个人后，才猛然醒悟，开始围攻他。

卢象昇的大刀水平估计相当好，敌人只能围住，无法近身，万般无奈，开始玩阴的，砍他的马鞍（刃及鞍）。

马鞍被干掉了，卢象昇掉下了马，然后，他站了起来，抄起大刀，接着打（步战）。

接下来的事情，就比较骇人听闻了，卢象昇就这么操着大刀，带着自己的手下，把对方赶到了悬崖边。

没办法了，只能放冷箭。

敌人的箭法相当厉害，一箭射中了卢象昇的额头，又一箭，射死了卢象昇的随从。

这两箭的意思大致是，你他娘的别欺人太甚，逼急了跟你玩命。

这两箭的结果大致是，卢象昇开始玩命了。而且他玩命的水平，明显要高一等。

他提着大刀，越砍越有劲儿，几近疯狂（战益疾）。这下对方被彻底整蒙了，感觉玩命都玩不过他，只好乖乖撤退，以后再没敢到他的地界闹事。

虽然卢象昇的水平很高，但在当时，他还不怎么出名，也没机会出头，然而，帮助他进步的人出现了，这人的名字叫作高迎祥。

崇祯七年（1634），高迎祥等人跑出了包围圈，就进了郧阳，郧阳被折腾得够呛，巡抚也下了课，这事说过了。

但这件事，对卢象昇而言，有着决定性的意义，因为接替郧阳巡抚的人，就是他。

如果高迎祥知道这件事情的后果，估计是死都不会去打郧阳的。

卢象昇是个聪明人，聪明在他很明白，凭借目前的兵力，要把民军彻底解决，是绝不可能的。

作为五省总理（后来变成七省），他手下能够作战的精锐兵力，竟然只有五万人，但在这几省地界上转来转去的诸位头领，随便拉出来一个，都有好几万人，总计几十万，还满世界转悠，没处去找。

但他更明白，彻底解决民军的头领，是绝对可能的。

民军虽然人多势众，但大都是文盲，全靠打头的领队，只要把打头的干掉，立马就变良民。

而在所有的头头里，最有号召力、最能带队的，就是闯王。

强调，现在的闯王是高迎祥，不是李自成。

高迎祥

在所有的头领中，高迎祥是个奇特的人，他的奇特之处，就是他一点儿也不奇特。

明末的这帮头领，都是比较特别的，用今天的话说，就是很有个性。

但凡古代干这行的，基本是两种人，吃不上饭的，和混不下去的，文化修养，大都谈不上，所以做事一般都不守规矩，想怎么来就怎么来，军队也是一样，今天是这帮人，没准儿明天就换人了，指望他们严守纪律，按时出操，没谱。

但高迎祥是个特例，他没什么个性，平时不苟言笑，打赢了那样，打输了还那样。

许多头领打仗，明天究竟怎么走，不管，也懒得管，打到哪儿算哪儿。

高迎祥的行军路线，都是经过精心设计的，并标明路标，引导部队行进。

更吓人的是，高迎祥的部队，是有统一制服的——铠甲。

一般说来，盔甲这种玩意儿，只有官军才用（费用比较高，民军装备不起），大部分义军用的都是皮甲，而高迎祥部队的盔甲，是铁甲。

所谓重甲骑兵，就是这个意思，更吓人的是，他的骑兵，每人都有两三匹马，日夜换乘，一天可以跑几百里，善于奔袭作战。

就这么个人，连洪承畴这种杀人不眨眼的角色，看见他都发怵。打了好几次，竟然是个平手。

所以一直以来，高迎祥都被朝廷列为头号劲敌。

卢象昇准备解决这个人。

当然，他很明白，光凭他手下的天雄军，是很难做到的，所以，他上疏皇帝，几经周折，要来了一个特殊的人。

这个人的名字，叫作祖宽。

祖宽，不是祖大寿的亲戚，具体点儿讲，他是祖大寿的用人。

但祖大寿同志实在太过厉害，一个用人跟着他混了几年，也混出来了，还当上了宁远参将。

其实对于祖宽，卢象昇并不了解，他最了解的，是祖宽手下的三千部队——关宁铁骑。

作为祖大寿的亲信，祖宽掌管三千关宁军，卢象昇明白，要战胜高迎祥，必须把这个人拉过来，必须借用这股力量。

现在，他终于成功了，他认定，高迎祥的死期已然不远。

此时的高迎祥，正在为攻打汝宁做准备，还没完事，祖宽就来了。

高迎祥到底是有点儿水平，他从没见过祖宽，但看架势，似乎比较难搞，毅然决定跑路。

但他之所以跑路，不是为逃命，而是为了进攻。

高迎祥的战略思想十分清晰，敌人弱小，就迎战，敌人强大，就先跑路，多凑几个人，人多了再打。

一年前，曹文诏就是被这种战法报销的。

这一次，他的目的地，是陕州，在这里，有两个人正等待着他——李自成、张献忠。

民军最豪华的阵容，也就这样了，高迎祥集结兵力，等待着祖宽的到来。

以现有的兵力，高闯王坚信，如果祖宽来了，就回不去了。

祖宽果然来了，也果然没有回去，因为高迎祥、李自成、张献忠又跑路了。

高迎祥的这次选择，是极为英明的，因为祖宽过来的时候，队伍里多了个人——左良玉。

高迎祥的这套策略，对付像王朴那样的白痴，估计还是有点儿用的，但对付祖宽这种老兵油子，那就没招了。他立马看穿了这个诡计，拉上了左良玉，一起去找高迎祥算账。

接下来是张献忠先生的受难时间。

其实这事跟张献忠本没有关系，只是高迎祥让他过来帮忙，顺道挣点儿外快，可惜不巧的是，碰上了硬通货。

跑路的时候，根据惯例，为保证都能跑掉，是分头跑的，高迎祥、李自成是一拨，张献忠是另一拨。

所以官军的追击路线，也是两拨，左良玉一拨，祖宽一拨。

不幸的是，祖宽分到的，就是张献忠。

我说过，祖宽手下的，是关宁铁骑，跑得很快，所以他只用了一个晚上，就追上了张献忠，大破之。

张献忠逃跑了，他率领部队，连夜前行，一天一夜，跑到了九皋山。

安全了，终于安全了。

然后，他就看到了祖宽。

估计是等了很久，关宁军很有精神，全军突击，大砍大杀，张献忠主力死伤几千人，拼死跑了出去。

又是一路狂奔，奔了几百里，张献忠相信，无论如何，起码暂时是安全了。

然后，祖宽又出现了。

我说过，他的速度很快。

此后的结果，是非常壮观的，用史书的话说——伏尸二十余里。

张献忠出离愤怒了，而这一次，他做出了违反常规的决定，比较有种，回头跟祖宽决战。

是的，上面这句话是不靠谱的，张献忠先生从来不会违反常规，他之所以回头跟祖宽决战，因为在逃跑的路上，遇上了两个人——李自成、高迎祥。

人多了，胆就壮了，张献忠集结数万大军，在龙门设下埋伏，等待祖宽的到来。

张献忠的这个埋伏，难度很大，因为祖宽太猛，手下全是关宁铁骑，久经沙场，"发一声喊，伏兵四起"之类的场景，估计吓不住，就算用几万人围住，要冲出来，也就几分钟时间。

面对困境，张献忠同志展现了水平，他决定，攻击中间。

利用突袭，把敌军一分为二，分而击破，这是唯一的方法。

单就质量而言，他的手下实在比较一般，但正如一位名人所说，有数量，就有质量，他集结了十倍于祖宽的兵力，开始等待。

不出所料，祖宽出现了，依然不出所料，他没有丝毫防备，带领所有的兵力，进入了埋伏圈。

张献忠不出所料地发动了攻击，数万大军发动突袭，不出所料地把关宁军冲成了两截。

接下来，就是张献忠先生意料之外的事了。

他惊奇地发现，虽然自己的人数占绝对优势，虽然自己出现得相当突然，但从这些被包围的敌人脸上，他看不到任何慌张。

其实张先生这一招，用在大多数官军身上，是很有效果的，但对关宁军，是无效的。这帮人在辽东，主要且唯一的工作，就是打仗，见惯了大场面，所谓伏兵，无非是出来的地方偏点儿，时间突然点儿，队伍分成两截，照打，有啥区别？

特别是祖宽，伏兵出现后，他非但没往前跑，反而亲自断后，就地组织反击。而他手下的关宁军，似乎也没有想跑的意思，左冲右突，大砍大杀。战斗从早上开始，一直打到晚上，伏兵打成了败兵，进攻打成了防守，眼看再打下去就要歇菜，撒腿就跑。

前后三战，张献忠损失极为惨重，死伤无数，被打出了毛病，据说听到卢象昇、祖宽的名字就打哆嗦。

河南不能待了，他率领军队，转战安徽。

相比而言，高迎祥、李自成的遭遇，可以用八个字来形容——只有更惨，没有最惨。

高迎祥第一次遇见卢象昇，是在汝阳城外。

据史料记载，当时他的手下，有近二十万人，光是营帐，就有数百里（连营百里），浩浩荡荡，准备攻城，看起来相当吓人。

而他的对手，赶来救援的卢象昇，只有一万多人。

其实一直以来，官军能够打败民军，原因在于官军骑马，而民军只能撒脚丫跑。

但高迎祥是个例外，我说过，他的军队，是重甲骑兵，而且每人有两三匹马，机动性极强，而卢象昇手下能跟他打两把的，只有关宁铁骑，且就一两千人。

更麻烦的是，当卢象昇到达汝阳的时候，军需官告诉他，没粮食。

没粮食的意思，就是没饭吃，没饭吃的意思，就是没法打仗。

一般说来，军中断粮一天，军队就会失去一半战斗力，断粮两天以上，全军必定崩溃。

卢象昇的军队断粮三天，没有一个逃兵。

这个看似没有可能的奇迹，之所以成为可能，只是因为卢象昇的一个举动——他也断粮。

他非但不吃饭，连水都不喝（水浆不入口），此即所谓身先士卒。

所以结果也很明显——得将士心，同仇敌忾。

其实很多时候，群众是好说话的，因为他们所需要的并非特权，而是公平。

公平的卢象昇，是个很聪明的人，经过几天的观察，他敏锐地发现，高迎祥的部队虽然强悍，但是比较松散，选择合适的突破点，还是可以打一打的。

卢象昇选择的突破点，是城西，鉴于自己步兵太多，骑兵太少，硬冲过去就是找死，他想到了一个办法。

一千多年前，诸葛亮同志鉴于实在干不过魏国的骑兵（蜀国以步兵为主），想到了同样的方法。

没错，对付骑兵，成本最低、老少咸宜的方式，就是弓箭，确切地说，是弩。

诸葛亮用的，叫作连弩。卢象昇用的，史料上说，是强弩。具体工艺结构不太清楚，但确实比较强，因为历史告诉我们，高迎祥的重甲骑兵，在开战后仅仅几个小时里，就得到了如下结果——强弩杀贼千余人。

其实城西的部队被击破，死一千多人，对高迎祥而言，并不是啥大事，毕竟他的总兵力，有几十万人之多，但他的军阵中，有一个致命的弱点，导致了汝阳之战的失败。

这个弱点，就是人太多。

几十万人，连营百里。而据卢象昇给皇帝的报告，高迎祥的主力骑兵有五六万人，其余的大都是步兵以及部队家属。

步兵倒还好说，家属就麻烦了，这拨人没有作战能力，又大多属于多事型，就爱瞎咋呼，看到城西战败，便不遗余力地四处奔走，大声疾呼，什么敌人很多，即将完蛋之类。而最终的结果，就是真的完蛋了。

汝阳之战结束，高迎祥的几十万大军就此土崩瓦解，纷纷四散逃命，但高迎祥实在有点儿军事水平，及时布置后卫，阻挡卢象昇的追击。

其实卢象昇也没打算追击，一万人去追二十万人，脑子有问题。

但今天不追不等于明天也不追，卢象昇看准机会，跟踪追击，在确山再次击败高迎祥，杀敌军数千人。

卢象昇的亮相就此谢幕，自崇祯八年（1635）五月至十一月，他率绝对劣势兵力，先后十余战，每战必胜，斩杀敌军总计三万余人，彻底扭转了战略局势。

当然，高迎祥并不这么想，他依然认为，失败只是偶然，他所有的兵力，是卢象昇的几十倍，战略的主动权，依然在他的手中，今年灭不了你，那就明年。

这个想法，让他最终只活到了明年。

十一月过去了，接下来的一个月，是很平静的，卢象昇没有动，高迎祥也没有动，原因非常简单——过年。

无论造反也好，镇压也罢，都是工作，工作就是工作，遇到法定假日，该休息还是得休息。

休息一个月，崇祯九年（1636）正月，接着来。

第十六章 孙传庭

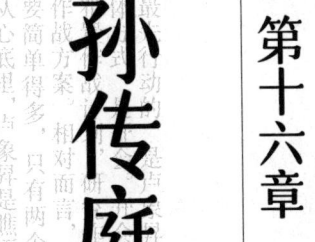

他行动的具体行动步骤,自然是相关的策略,讨论作战方案,相对而言,高迎祥的行动要简单得多,只有两个字——开打。

从心底里,卢象昇是瞧不上高迎祥的,毕竟是草寇,没读过书,没考过试,没有文化,再怎么闹腾,也就是个草寇,所以对于高迎祥的动向,卢象昇是很有把握的:要么到河南开荒,要

最先行动的，是卢象昇，他行动的具体方式，是开会。

开会内容，自然是布置作战计划，研究作战策略，讨论作战方案。

相对而言，高迎祥的行动要简单得多，只有两个字——开打。

从心底里，卢象昇是瞧不上高迎祥的。毕竟是草寇，没读过书，没考过试，没有文化，再怎么闹腾，也就是个草寇，所以对于高迎祥的动向，卢象昇是很有把握的：要么到河南开荒，要么去山西刨土，或者去湖广钻山沟，还有什么出息？

为此，他做了充分的准备，还找到了洪承畴，表示一旦高迎祥跑到西北五省，自己马上跑过去一起打。

然而，高迎祥的举动，却是他做梦都想不到的。

闯王同志之所以叫闯王，就是因为敢闯，所以这一次，他决定攻击一个卢象昇绝对想不到的地方——南京。

当然，在刚开始的时候，这个举动并不明显，他会合张献忠，从河南出发，先打庐州，打了几天，撤走。

接下来，他开始攻击和州，攻陷。

攻陷和州后，他开始攻击江浦，江浦距离南京，只有几十公里。

如果你有印象的话，就会发现，二百多年前，曾经有人以几乎完全相同的路线，发起了攻击，并最终取得天下——朱元璋。

高迎祥同志估计是读过朱重八创业史的，所以连进攻路线，都几乎一模一样，可惜他不知道，真正的成功者，是无法复制的。

朝廷大为震惊，南京兵部尚书立即调集重兵，对高迎祥发动反攻击，经过几天激战，高迎祥退出江浦。

退是退了，偏偏没走。

他集结几十万人，开始攻打滁州。

至此可以断定，他应该读过朱重八的传记，因为几百年前，朱元璋就是从和州出发，攻占滁州，然后从滁州出发，攻下了南京。

滁州只是个地级市，人不多，兵也不多，而攻击者，包括李自成、张献忠等十几位头领，三十万人，战斗力最强、最能打的民军，大致都来了。

所有的头领，所有的士兵，都由高迎祥指挥。

高闯王终于爬上了人生山峰的顶点。

他决定，进攻滁州，继续向前迈步。

山峰的顶点，再迈一步，就是悬崖。

惨败

但至少在当时，形势非常乐观，滁州城内的兵力还不到万人，几十万人围着打，无论如何，是没问题的。

几天后，他得知卢象昇率领援军赶到了。

但他依然不怵，因为卢象昇的援兵，也只有两万多人。此前虽说吃过卢阎王的亏，但现在手上有三十万人，平均十五个人打一个，就算用脚算，也能算明白了。

卢象昇率领总兵祖宽、游击罗岱，向滁州城外的高迎祥发动了进攻。

双方会战的地点，是城东五里桥。

在讲述这场战役之前，有必要介绍一下滁州的地形，在滁州城东，有一条很宽的河流，水流十分汹涌。

我再重复一遍，河流很宽，水流很汹涌。

这场会战的序幕，是由祖宽开始的，关宁铁骑担任先锋，冲入敌阵，发动了进攻。

战斗早上开始，下午结束。

下午结束的时候，那条很宽、水流很汹涌的河流，已经断流了，断流的原因，史料说法如下——积尸填沟委壑，滁水为不流。

通俗点儿的说法，就是尸体填满了河道，水流不动。

尸体大部分的来源，是高迎祥的部下，在经历近七年的光辉创业后，他终于等来了自己最惨痛的溃败。

关宁铁骑实在太猛，面对城东两万民军，如入无人之境，乱砍乱杀。

高迎祥很聪明，他立即反应过来，调集手下主力骑兵，准备发动反击，毕竟有三十万人，只要集结反攻，必定反败为胜。

《红楼梦》里的同志们曾告诉我们这样一句话：大有大的难处。

高迎祥的缺点，就是他的优点——人太多。

人多，嘴杂，外加刚打败仗，通信不畅，也没有高音喇叭喊话，乱军之中，谁也摸不清怎么回事，所以高闯王折腾了半天，也没能集中自己的部队。

但高闯王还是很灵活的，眼看兵败如山倒，撒腿就往外跑，他相信，自己很快就能脱离困境。

这是很正确的，因为根据以往经验，官军都是拿工资的，而拿工资的人，有一个最大的特点——拿多少钱，干多少事。无论是洪承畴，还是左良玉，只要把闹事的赶出自己的管辖范围就算数了，没人较真儿。所谓跟踪追击这类活动，应该属于加班行为，但朝廷历来没有发加班费的习惯，所以向来是不怎么追的，追个几里，意思到了，也就撤了。

但是这一次，情况发生了变化。

我说过，卢象昇是一个好人，一个负责任的官员。这一点反映在战斗上，就是认死理，凡事都往死了办。

按照这个处事原则，他追了很远——五十里。

之前我还说过，卢象昇的外号，是卢阎王，虽然长得很白，但手很黑，无论是民军，还是民军家属，只要被他追上，通通都格杀勿论。五十里之内，民军尸横遍野，保守估计，高迎祥的损失，大致在五万人以上。

追到五十里外，停住了。

不追，不是因为不想追，也不是不能追，而是不必追。

摆脱了追击的高迎祥很高兴，现在的局势并不算坏，三年前，他被打得只剩下几千人，逃到湖广郧阳，避避风头，二十天后出山，又是一条好汉，何况手上有几十万人乎？

但安徽终究是待不下去了，他转变方向，向寿山进发，准备在那里渡过黄河，去河南打工。

黄河岸边，他就遇到了明军总兵刘泽清。

刘泽清用大刀告诉他，此路不通。

刘泽清并非猛人，并非大人物，也没多少兵，但是，他有渡口。

他就堵在河对岸，封锁渡口，烧毁船只，高迎祥只能看看，掉头回了安徽。

无所谓，到哪儿都是混。

但在回头的路上，他又遇见了祖大乐。

祖大乐也是辽东系的著名将领，遇上了自然没话说，又是一顿打，高迎祥再次夜奔。

好不容易奔到开封，又遇见了陈永福。

陈永福是个当时没名，后来有名的人。五年后，他坚守城池，把一个人变成了独眼龙——独眼李自成。

这种人，自然不白给，在著名地点朱仙镇（岳飞打金兀术的地方）跟高迎祥干了一仗，大败了高迎祥。

高迎祥终于发现，事情不大对劲儿了，自己似乎掉进了圈套。

他的感觉，是非常正确的。

得知高迎祥攻击滁州时，卢象昇曾极为惊慌，但惊慌之后，他萌生了一个计划——彻底消灭高迎祥的计划。

高迎祥的想法，是非常高明的，学习朱重八同志，突袭南直隶，威胁南京。但遗憾的是，他忽略了一个重要的问题——他没有在这里混过。

没有混过的意思，就是人头不熟，地方不熟，什么都不熟，所以这个计划的关键在于，绝不能让高迎祥离开，把他困在此地，就必死无疑。

刘泽清挡住了他的去路，祖大乐把他赶到了开封，陈永福又把他赶走，但这一切，只是序幕，最终的目的地，叫作七顶山。

七顶山，位于河南南阳附近，被祖大乐与陈永福击败后，高迎祥逃到了这里，就在这里，他看到了一个等候已久的熟人——卢象昇。

当然，除了卢象昇外，还有其余一干人等，比如祖大乐、祖宽、陈永福等。

此时的高迎祥，手下还有近十万人，就兵力而言，大致是卢象昇的两倍，更关键的是，他的主力重甲骑兵，依然还有三万多人。

然而，战争的结果，却让人大跌眼镜。号称"第一强寇"的高迎祥，竟然毫无还手之力，主力基本被全歼，仅带着上千号人夺路而逃。

这是一个比较难以理解的事，最好的答案，似乎还是四个字——气数已尽。

十几万士兵、下属被打得干干净净，兵器、家当丢得一干二净，高迎祥同志这么多年，折腾一圈，从穷光蛋又变成了穷光蛋，基本算是白奋斗了。应该说，他很倒霉。

但我个人认为，有个人比他更倒霉——李自成。

这个世界上，还有什么事情，比变成光杆司令更倒霉呢？

有的，比如，变成光棍司令。

李自成的麻烦在于，他的老婆给他戴了绿帽子。

这位给李自成送帽子的老婆，叫邢氏，虽然不能肯定李自成有多少老婆，但这个老婆，是比较牛的。

按史料的说法，这位老婆基本不算家庭妇女，估计也不是抢来的，相当之强悍，打仗杀人毫不含糊。更难得的是，她还很有智谋，帮李自成管账，据说私房钱都管。

在管账的时候，她见到了高杰。

高杰，米脂人，李自成的老乡，据说打小时候就认识。后来李自成造反，他毫不犹豫，搭伙一起干，从崇祯二年（1629）开始，同生共死，是不折不扣的铁哥们儿。

铁哥们儿，也是会生锈的。

李自成第一次怀疑高杰，是因为一件偶然的事。

崇祯七年（1634）八月，时任五省总督陈奇瑜，派出参将贺人龙进攻李自成。

贺人龙是个相当猛的人，此人战斗力极强，且杀人如麻，每次上战场，都要带头冲锋，被称为贺疯子。

贺疯子气势汹汹地到了地方，看到了李自成，打了一仗，非但没打赢，还被人给围住了，且一围就是两个月。

但李自成并不想杀掉贺人龙，因为贺人龙是他的老乡，而且他正在锻炼队伍阶段，需要人才，就写了封信，让高杰送过去，希望贺人龙投降。

这个想法是比较幼稚的。贺人龙同志说到底是吃皇粮的，有稳定的工作，要他跟着李自成同志四处乱跑，基本等于胡扯，所以信送过去后，毫无回音，说拿去擦屁股也有可能。

按说这事跟高杰没关系，贺人龙投不投降，是他自己的事，可是意外发生了。

去送信的使者，从贺人龙那里回来后，没有直接去找李自成，而是找了高杰。

这算是个事吗？

在这个世界上，很多事，说是事，就是事，说不是，就不是。

而李自成明显是个喜欢把简单的问题搞复杂的人，加上贺人龙同志守城很厉害，他打了两个月，连根毛都没拔下来，所以他开始怀疑，贺人龙和高杰，有不同寻常的关系，就把高杰撤了回来。

无论是铁哥们儿，还是钛哥们儿，在利益面前，都是一脚蹬。

对李自成同志的行为，高杰相当不爽，但这事说到底，还是高杰的责任。

因为他回来之后，就跟邢氏勾搭上了。

到底是谁勾搭谁，什么时候勾搭上的，基本算是无从考证。但史料上说，是因为高杰长得很帅，而邢氏是管账的，高杰经常跑去报销，加上邢氏的立场又不太坚定，一来二去，就勾搭上了。

关于这件事情的严重性，高杰同志是有体会的，在回顾了和李自成十几年的交情、几年的战斗友谊，以及偷人老婆的内疚后，他决定，投奔官军。

当然，他是比较够意思的，临走时，把邢氏也带走了。

对李自成而言，这是一个极为沉重的打击，老婆跑了，除面子问题外，更为严重的是，他的很多秘密，老婆都知道（估计包括私房钱的位置）。

除了老婆损失外，还有人才损失。

在当时李自成的部下里，最能打仗的，就是高杰。此人极具天赋，投奔了官军后，就一直打，打到老主顾李自成都歇菜了，他还在继续战斗。

高杰投降的对象，是洪承畴。洪总督突然接到天上掉下来的馅饼，自然高兴异常，立刻派兵出击，连续击败李自成，斩杀万人。

总而言之，对各位头领而言，崇祯九年（1636）算是个流年，老婆跑了，手下跑了，跑来跑去，就剩下自己了。

对高迎祥而言，更是如此。

老婆跑了，再找一个就是，十几万大军都跑光了，就只能钻山沟了。

所以高闯王毅然决定，跑进郧阳山区。

两年前，就是在那里，被打得只剩半条命的高迎祥捡了条命，东山再起。

卢象昇闻讯，立刻找到祖宽和祖大乐，吩咐他们，立即率军出发，追击高迎祥。

祖宽回答：不干。

卢象昇无语。

之所以无语，因为他们从来就没干过。

关宁铁骑

很久以前，我以为所谓战争，大都是你死我活，上了战场，管你七大姑八大姨，都往死里打，特别是明末，但凡开打，就当不共戴天，不共戴地，不共戴地球，打死了算。

后研读历史多年，方才知道，以上皆为忽悠是也。

按史料的说法，当时的作战场景大致如下：

比如一支官军跟民军相遇，先不动手，先喊话；喊来喊去，就开始聊天；聊得差不多，民军就开始丢东西，比如牲口、粮食等，然后就退；等退得差不多了，官军就上前捡东西；捡得差不多，就回家睡觉，然后打个报告给朝廷，说歼敌多少多少，请求赏赐云云。

应该肯定的是，在当时，有这种行为的官军占绝大多数，认认真真打仗的只占极少数，所谓"抛生口，弃辎重，即纵之去"。

这种现象也好理解。因为当时闹事的，大都是西北一带人，而当兵的，也大都是关中人，双方语言相通，说起来都是老乡，反正给政府干活，政府也不发工资（欠饷），即使发了工资，也没必要玩命。这么打仗，非但能领工资，还能捞点儿外快，最后回去了还能领赏，非常有利于创收。在史料中，这种战斗方式有个专用名词：打活仗。

因为活仗好打，且经济效益丰富，所以大家都喜欢打，打来打去，敌人越打越多，局势越来越恶化，直到关宁铁骑的到来。

其实关宁铁骑的人数没多少，我算了一下，入关作战的加起来，也就五千来人。卢象昇、洪承畴手下最能打的，基本就是这些人，最厉害的几位头领，都是被他们打下去的。

之所以能打，有两个原因。首先，这帮人在辽东作战，战斗经验丰富，而且装备很好，每人均配有三眼火铳，且擅长使用突袭战术，冲入敌阵，势不可当。

而第二个原因，相当地搞笑，却又相当地真实。

我说过，每次打仗时，民军都要喊话。所谓喊话，无非就是谈条件，我给你多少钱，你就放我走，谈妥了就撤，谈不妥再打。

但每次遇到关宁铁骑，喊话都是没用的，经常是话没喊完，就冲过来了，完全不受收买，忠于职守。

我此前曾以为，如此尽忠职守，是因为他们很有职业道德。后来看的书多了才明白，这是个误会，套用史料上的话，是"边军无通言语，逢贼即杀"，意思是，辽东军听不懂西北方言，喊话也听不懂，所以见了就砍。

所以我一直认为，多学点儿语言，是用得着的。

高迎祥就是吃了语言的亏，估计是屡次喊话没成，也没机会表达自己的诚意，所以被人穷追猛打了几个月，也没接上头。

在众多的民军中，高迎祥的部队，算是战斗力最强的，手下骑兵，每人两三匹马，身穿重甲，也算是山寨版的关宁铁骑。虽说战斗力还是差点儿，但山寨版有山寨版的优势，比如……钻山沟。

高迎祥钻了郧阳山区，祖宽是不钻的，因为他的部队大部分都是骑兵，且待遇优厚、工资高，要让他们爬山实在太过困难，卢象昇协调了一个多月，也没办法。

照这个搞法，估计过几个月，闯王同志带着山寨版铁骑出来闹腾，也就是个时间问题。

在这最为危急的时刻，更危急的事情发生了。

崇祯九年（1636）四月，当卢象昇同志正在费尽口水劝人进山时，辽东的皇太极做出了一个重大的决定——建国。

皇太极建都于沈阳，定国号为清，定年号为崇德。

这一举动表明，皇太极同志正式单飞，另立分店，准备单干。

通常来讲，新店开张，隔壁左右都要送点儿花圈、花篮之类的贺礼，很明显，明朝没有这个打算，也没这个预算。

不要紧，不送，就自己去抢。

崇祯九年（1636）六月，清军发起进攻。

这次进攻的规模很大，人数有十万人，统兵将领是当时清军第一猛将阿济格，此人擅长骑兵突击，非常勇猛。

难得的是，他不但勇猛，脑子也很好用，关宁防线他是不去碰的，此次进关，他选择的路线，是喜峰口。

此后的战斗没有悬念，明朝的主力部队，要么在关宁防线，要么在关内，所以阿济格的抢掠之旅相当顺利，连续突破明军防线，只用了半个月，就打到了顺义（今北京市顺义区）。

我认为，阿济格是个很能吃苦的人，具体表现为不怕跑路，不怕麻烦。到了北京城下，没敢进去，就开始围着北京跑圈，从顺义跑到了怀柔（今北京怀柔区），又从怀柔跑到了密云（今北京密云区），据说还去了趟西山（今北京西山），圆满完成了画圈任务。

当然，他也没白跑，据统计，此次率军入侵，共攻克城池十二座，抢掠人口数十万，金银不计其数。

鉴于明朝主力无法赶到，只能坚壁清野，所以阿济格在北京待了很长时间。而且，他还是个很有点儿幽默感的人，据说他抢完走人时，还立了块牌子，上写四个字——各官免送！

我始终认为，王朝也好，帝国也罢，说穿了，就是个银行，这边收钱，那边付钱，总而言之，拆东墙，补西墙。

不补不行。几百年里，跑来拆墙的人实在太多，国家治不好，老百姓闹事；国防搞不好，强盗来闹事，折腾了这边，再去折腾那边，边拆边补，边补边拆。

但国家也好，银行也罢，都怕一件事——银行术语叫作"挤兑"，政治术语叫"内忧外患"，街头大妈术语叫"东墙西墙一起拆"。

明朝大致就是这么个状况。客观地看，如果只有李自成、张献忠闹事，是能搞定的；如果只有清军入侵，也是能搞定的，偏偏这两边都闹，就搞不定了。

于是一个月后，卢象昇得知了一个惊人的消息，他被调离前线，等待他的新岗位，是宣大总督。

对于这个任命，无数后人为之捶腿、顿足、吐唾沫，说什么眼看内患即将消停，卢象昇却走了，以至于局势失去控制，崇祯昏庸，等等。

在我看来，这个任命，无非是挖了东墙的砖，往西墙上补，不补不行，如此而已。

卢象昇走了，两年后，他将在新的岗位上，完成人生最壮烈的一幕。

接班

听说卢象昇离开的消息后，高迎祥非常高兴，因为他很清楚，像卢阎王这样的猛人，不是量产货，他擦亮眼睛，等待着下一个对手的出现。

他等来的接班人，叫作王家桢。

王家桢，直隶人，时任兵部右侍郎，此人口才极佳，善谈兵法，出谋划策，滔滔不绝。

行了，直说吧，这是个废柴。

他之所以被派来干这活，实在是因为嘴太贱，太喜欢谈兵法，太引人注目，最终得到了这份光荣的工作。

但王总理对自己的实力还是很明白的，刚到不久就上疏皇帝，说自己身体比较弱，当五省总理太过勉为其难，干巡抚就成。

崇祯还是很体贴的，让他改行当了河南巡抚。

但王巡抚刚上任没几天，就遇上了一件千载难逢的倒霉事。

这件倒霉事，叫作兵变。兵变并不少见，之所以说是千载难逢，是因为参与兵变的，是王巡抚的家丁。

连家丁都兵变，实在难能可贵，连崇祯同志都哭笑不得，直接把他赶回家卖红薯。

有这样的好同志来当总督，高迎祥的好日子就此开张。没过多久，他就出了山区，先到河南，拉起了几万人的队伍，连战连胜。此后又转战陕西，气势逼人，洪承畴拿他都没办法。

四大猛人里，曹文诏死了，洪承畴没辙，左良玉固守，高迎祥最怕的卢象昇，又去了辽东，现在，高闯王可谓天下无敌。

然后，第五位猛人出场了。

在这人出场前，高先生跟四大猛人打了近七年，越打越多，越打越风光，从几千打到几万、几十万，基本是没治了。当时朝廷上下一致认为，隔几天跟他打一仗，能让他消停会儿，就不错了。至于消灭他，大致是个梦想。

在这人出场后，梦想变成了现实。

他没有用七年，连七个月都没用。事实上，直到崇祯九年（1636）三月，他才出山，只用了四个月，就搞定了高迎祥。

在历代史料里，每到某王朝即将歇业的时候，经常看到这样一句话，××死而×亡矣。

前面的××，一般是指某猛人的名字，后面的×，是朝代的名字，这句话的意思是，某猛人，是某王朝最后的希望，某猛人死了，某王朝也就消停了。

在明代完型填空里，这句话全文如下：

传庭死，而明亡矣。

传庭者，孙传庭也。

孙传庭

孙传庭是个相当奇怪的人，因为在杀死高迎祥之前，他从未带过兵、从未打过仗，过去的三十多年里，他主要的工作，是人事干部。

孙传庭，字伯雅，山西代州（今山西代县）人，万历四十七年（1619）进士。在崇祯九年（1636）之前，历任永城、商丘知县，吏部主事。

其实他的运气不错。我查了查，万历四十七年（1619）的进士，到天启初年，竟然就当上了吏部郎中，人事部正厅级干部，专管表彰奖励。

六部之中，吏部最大。而按照惯例，吏部尚书，一般都是从吏部郎中里挑选的，孙传庭万历二十一年（1593）出生，照这个算法，他当郎中的时候还不到三十岁，年轻就是资本，照这个状态，就算从此不干，光是熬，都能熬到尚书。

然而没过两年，孙传庭退休了，提前三十年退休。

他丢弃了所有的前途和官位，毅然回到了家乡，因为他看不顺眼一个人——魏忠贤。

看魏忠贤不顺眼的人很多，而愿意辞官的，不多。

崇祯元年（1628），魏忠贤被办掉了，无论在朝还是在野，包括当年给魏大人鞠躬、提鞋的人，都跳出来对准尸体踩几脚、骂几句，图个前程。

但孙传庭依然毫无动静，没有人来找他，他也不去找人，只是平静地在老家待着，生活十分平静。

八年后，他打破了平静，主动前往京城，请求复职。

出发之前，他说出了自己复出的动机：

"待天下平定之日，即当返乡归隐。"

朝廷很够意思，这人没打招呼就跑了，也没点儿组织原则，十年之后又跑回来，依然让他官复原职。考虑到他原先老干人事工作，就让他回了吏部，接着搞人事考核。

对他而言，这份工作的意思，大致就是混吃等死，但他没有提出异议，平静地接受，然后，平静地等待。

一年后，机会出现了，在陕西。

当时的陕西巡抚，是个非常仁义的人，具体表现为每次在城墙上观战，都不睁眼。据他自己说，是不忍心看，但大多数人认为，他是不敢。这号人在和平时期，估计还能混混，这年头，就只能下岗。

巡抚这个职务，是个肥缺，平时想上任是要走后门的。但陕西巡抚，算是把脑袋别在裤腰带上混饭吃的，没准儿哪天就被张某某、高某某剁了，躲都没处躲。孙传庭就此光荣上任，因为主动申请的人，只有他一个。

孙传庭出发之前，皇帝召见了他。

对于孙巡抚的勇敢，崇祯非常欣赏，于是给了孙传庭六万两白银，作为军费。

除此之外，一无所有。

按崇祯的说法，国家比较困难，经费比较紧张，也就这么多了，你揣着走吧，省着点儿用。

当年杨鹤拿了崇祯十万两私房钱，招抚民军，也就用了几个月，孙传庭拿着六万两，也就打个水漂。

但人和人是不一样的。

自古以来，要人办事，就得给钱，如果没钱，也行，给政策。

孙传庭很干脆，他不要钱，只要政策，自己筹饷，自己干活，朝廷别管。反正干好了是你的，干不好我也跑不掉。

就这样，孙传庭拿着六万两白银，来到了陕西。

当时陕西本地的军队，战斗力很差。按照当时的物价，六万两白银，大致只够一万人半年的军饷。最能打的将领，如曹变蛟（曹文诏的侄子）、左光先、祖宽，要么在洪承畴手下，要么跟着卢象昇。总之，孙传庭算是个三无人员，无钱、无兵、无将。

但凡这种情况，若想咸鱼翻身，大都要经过卧薪尝胆、励精图治、艰苦奋斗、奋发图强等过程，至少也得个两三年，才闪亮登场，大破敌军。

孙传庭上任的准确时间，是崇祯九年（1636）三月，他全歼高迎祥的时间，是崇祯九年（1636）七月。

从开始到结束，从一无所有到所向披靡，我说过，四个月。

他到底是怎么完成的，到今天，也没人想明白。

第十七章

奇迹

北上的隔壁，已经来到陕西。他之所以来到陕西，因为此时的陕西比较乱。他手下的洪兵相当厉害，但他最近正在陕北对付另一位老冤家李自成，不知是李自成让他来帮忙，还是听说陕西巡抚比较软，高迎祥义无反顾地来了。单程。自古以来，从下至上，要想进入陕西，必先经过汉中，所以当年刘备占据四川，要攻击曹操的长

此时的高迎祥,已经来到陕西。

他之所以来陕西,是因为此时的陕西比较好混。

虽说洪承畴一直都在陕西,而他手下的洪兵也相当厉害,但他最近正在陕北对付另一位老冤家李自成。不知是李自成让他来帮忙,还是听说陕西巡抚比较软,高迎祥义无反顾地来了,单程。

自古以来,从下至上,要想进入陕西,必先经过汉中。所以当年刘备占据四川,要攻击曹操的长安,必占据汉中。此后诸葛亮六次北伐,都经过汉中出祁山作战。

高迎祥也不例外,但在进军汉中的路上,有一支队伍挡住了他。

率领这支队伍的,是孙传庭。

对于孙传庭,高迎祥并不熟悉,也不在乎,而且这支队伍只有万把人,似乎也不难打。他随即率领军队发起攻击,打了几次,损失上千人,没打动。

兵力占据优势,但多年的战斗经验告诉高迎祥,这是一支比较邪门的军队,不能再打了,他决定绕道。

他的直觉非常正确,那支镇守汉中,只有万把人的部队,在历史上,却有一个专门的称呼——秦兵。

之前我说过,明末的军队,战斗力最强的,是关宁铁骑,排第三的,是天雄军,排在第二的,是秦兵。

关宁铁骑强悍，因为机动；天雄军善战，因为团结；而秦兵的战斗力，因为个性。

我曾查阅明代兵部资料，惊奇地发现，秦兵的主力，大都来自同一个地方——陕西榆林。

榆林，是个非常奇特的地方，据说每次打仗的时候，压根儿不用动员，只要喊两嗓子，无论男女老幼，抄起家伙就上，而且说砍就砍，绝无废话。

因为这里只有士兵，没有平民。

榆林，明朝九边之一，自打朱元璋时起，就不怎么种地，传统职业就是当兵。平时街坊四邻聊天，说的也不是今年种了多少地，收了多少粮食，大都是打了哪些地方，砍了多少人头（按人头收费）。几百年下来，形成独特个性，具体表现为，进攻时，就算只有一个，都敢冲锋，撤退时，就算只剩一个，都不投降。

而且这里的人跟民军相当有缘分，听说民军来了，就算只是路过，都极其兴奋，冲出去就打，男女老幼齐上阵。估计是当兵的人多，什么张大叔李大伯，上次就死在民军手里，喊一嗓子，能动员一群亲戚。后来李自成攻打榆林，全城百姓包括大妈大爷在内，都没一个投降，就凭这个县，足足跟李自成死磕了八天，实在太过强悍。

孙传庭的兵，大致就是这些人。所以高迎祥没办法，是很正常的。

但高迎祥同志是要面子的，来都来了，还让我空手回去？无论如何，都要闯进去。

人有的时候，不能太执着。

执着的高迎祥经过深刻思考，多方查找，终于想到了一个方法。

他找到了一条隐蔽的小路，从这条小路，可以绕开汉中，直逼西安。只要计划成功，他就能一举攻克西安，占领陕西，大功告成。

一千多年前，有两个人在几乎相同的地方，陷入了相同的困局。他们都发现了这条路，一个人说，由此地进攻，必可大获全胜；另一个人说，若设伏于此，必定全军覆没！

没错，这两个人，一个叫诸葛亮，一个叫魏延，而他们发现的这条小路，叫作子午谷。

至于结局，地球人（看过《三国演义》的地球人）都知道，魏延想打，诸葛亮不让打，最后司马懿跳出来说，就知道你不敢打。

对于这个故事，许多人都说，诸葛亮过于谨慎，要按照魏延的搞法，早就打到长安了（魏延自己也这么说）。

而在高迎祥的故事里，只有魏延，没有诸葛亮。

所以一千年后，他在同样的地方，做出了不同的选择——出兵子午谷。

子午谷

崇祯九年（1636）七月，高迎祥率领全部主力，冲入了子午谷，从这里，他将迅速到达西安。

但他不知道，这条路还通往另一个地点——地狱。

子午谷之所以是小路，是因为很小，对高迎祥而言，这句话绝对不是废话。

由于道路狭窄，而且天降大雨，他的几万大军，走了好几天，才走了一半，人困马乏，物资损失严重。

但高迎祥毫不沮丧，因为他相信，这个出乎许多人意料的举动，几天之后，必将震惊天下。

许多人确实没料到，但许多人里，并不包括孙传庭。

七月十六日，经过艰苦行军，高迎祥终于到达黑水峪，只要通过这里，前方就是坦途。

然后，满怀憧憬的高迎祥，看见了满怀愤怒的孙传庭。

愤怒是可以理解的，因为他已经在这里，等了十五天。

孙传庭的军事嗅觉极为敏锐，从高迎祥停止进攻的那一刻，他就意识到，这兄弟要玩花样了。

而他唯一可能的选择，只有子午谷。

所以他撤离汉中，在子午谷的黑水峪耐心等待。因为他知道，艰苦跋涉之后，出现在他面前的高迎祥，是十分脆弱的。

总攻随即开始。就人数对比而言，高迎祥的手下，大约在五万人以上，孙传庭兵力无法考证，估计在两万人左右，狭路相逢。

无论是高迎祥，还是孙传庭，都很清楚，玩命的时刻到了。

生命的最后时刻，高迎祥展现了他令人生畏的战斗力，虽然极为疲劳，但他依然率军发动多次突击，三次击破孙传庭的包围圈。

但他终归没能跑掉，原因很简单，这是一条小路。

在小路里打仗，就好比在胡同里打架，就算拿着青龙偃月刀，都没有板砖好使，而且道路太窄，没法跑开，所以他每次冲出去，没过多久，又被围住。

孙传庭的部队也着实厉害，抗击打能力极强，每次被冲垮，没过多久就又聚拢，充分发挥榆林的优良传统，作战到底，毫不退让。

以死相拼，死不退让，激战四天。

孙传庭取得了最后的胜利。

崇祯九年（1636）七月二十日，负伤的高迎祥在山洞中被俘，与他一同被俘的，还有他的心腹将领刘哲、黄龙，他的几万大军已在此前彻底崩溃。

纵横世间七年的闯王高迎祥，就此结束了他的一生。在过去的七年中，他曾驰骋西北，扫荡中原，但终究未能成功。毫无疑问，他是一个了不起的人物，然后终究到此为止。

科学点儿的说法，是运气不好；迷信点儿的说法，这就是命。

高迎祥被捕的消息传到京城时，崇祯皇帝没信，不是不信，是不敢信，等人到了面前，才信。

处死高迎祥的那一刻，崇祯开始相信，自己能力挽狂澜。

最后的帅才

高迎祥被杀了，对崇祯而言，是利好消息，而对某些头领而言，似乎也不利空。

高迎祥死后，许多头领纷纷投降，比如蝎子块、冲破天等，原先跟着高闯王干，闯王都没闯过去，自己也就消停了。

但有某些人，是比较高兴的，比如张献忠。

张献忠跟高迎祥似乎有点儿矛盾，原先曾跟着打凤阳，但后来分出去单干，也不在一个地界混，算是竞争关系，高迎祥死后，论兵力，他就是老大。

还有一个人，虽然很悲伤，却很实惠。

一直以来，李自成都跟着高迎祥干，高迎祥的外号，叫作闯王，而李自成，是闯将。据某些史料上说，李自成是高迎祥的外甥，这话估计不怎么靠谱，但关系很铁，那是肯定的。

高迎祥的死，给了李自成两样东西。

第一样是头衔，从此，"闯王"这个名字，只属于李自成。

第二样是兵力，高迎祥的残部，由他的部将率领，投奔了李自成。

在这个风云变幻的乱世，离去者，是上天抛弃的，留存者，是上天眷顾的。

对张献忠和李自成而言，他们的天下之路，才刚迈出第一步。

第一步，是个坑。

我说过，对民军头领而言，崇祯九年（1636）是个流年，卢象昇来了，打得乱七八糟，好不容易跑进山区，人都调走了，又来了个孙传庭，还干掉了高迎祥。

按说坏事都到头了，可是事实告诉我们，所谓流年，是一流到底，绝不半流而废。

一个比孙传庭更可怕的对手，即将出现在他们的面前，与之前的洪承畴、曹文诏、卢象昇不同,他并非一个能够上阵杀敌的将领。

他是统帅。

崇祯九年（1636），阿济格率领大军打进来时，崇祯非常紧张，但最紧张的人并不是他，而是张凤翼。

张凤翼，时任兵部尚书，他之所以紧张，是因为按惯例，如果京城（包括郊区）被袭，皇帝会不高兴，皇帝不高兴，就要拿人撒气，具体地说，就是他。

更要命的是，崇祯老板撒气的途径，是追究责任，具体地说，是杀人。比如七年前，皇太极打到京城，兵部尚书王洽就被干掉了。按照这个传统，他是跑不掉的。

但张部长还算识相，眼看局面没法收拾，就打了个报告，说清军入侵，是我的责任，我想戴罪立功，到前方去，希望批准。

崇祯当即同意，打发他去了前线。

但张尚书到前线后，似乎也没去拼命，每天只干一件事——吃药。

他吃的，是毒药。

这是一种比较特别的毒药，吃了不会马上死，必须坚持吃，每天吃，饭前饭后吃，锲而不舍地吃，才能吃死。

对于张尚书的举动，我曾十分疑惑，想死解腰带就行了，实在不行抄把菜刀，费那么大劲儿干甚？

过了好几年，才想明白，高，水平真高。

如果自杀，按当时的状况，算是畏罪，死了没准儿抚恤金都没有。但要上阵杀敌，似乎又没那个胆。索性慢性自杀，就当自然死亡了，还算是牺牲在工作岗位上，该享受的待遇，一点儿也不少，老狐狸。

这兄弟不但死得好，算得也准，清军九月初退兵，他九月初就死，连一天都没耽误。

他死了，也就拉倒了，可是崇祯同志不能拉倒，必须继续招工。

第十七章　奇迹

但榜样在前面，岗位风险太高，说了半天，也没人肯干。

左右为难之际，崇祯想到了一个人。

这个人很孝顺，曾三次上疏，请求让自己代替父亲受罚，那是在他决心处罚杨鹤的时候。

他还清楚地记得这个人的名字——杨嗣昌。

杨嗣昌，字文弱，湖广武陵（今湖南常德）人，万历三十八年（1610）进士。

崇祯见到杨嗣昌时，很忧虑。

局势实在太差，民军闹得太凶，清军打得太狠，两头夹攻，东一榔头西一棒槌，实在难于应付，如此下去，亡国是迟早的事，怎么办？

杨嗣昌只说了一句，一句就够了：

"大明若亡，必亡于流贼！"

如果你仔细想想，就会发现这句话实在准得离谱。

按照杨嗣昌的说法，清军或许很强，但短时间内，并没有太大的威胁，但如果不尽快解决民军，大明必定崩溃。

简单地说，就是先解决内部矛盾，再解决外部矛盾。

为了实现这个意图，杨嗣昌还提出了一个计划，这个计划在历史上的名字，是八个字：四正六隅，十面张网。

四正，包括湖广、河南、陕西、凤阳；六隅，是指山东、山西、应天、江西、四川、延绥。简单地说，这个优秀计划的大致内容，是一部电影的名字——《十面埋伏》。

它的大致意思是，全国范围内，设置十个战区，四个主要，六个次要，只要发现民军出现，各地将联合围剿。简而言之，就是划定管辖范围，在谁的地方出事，就让谁去管，出事的主管，没出事的协管。

听完杨嗣昌的计划，崇祯只说了一句话：

"我用你太晚了！"

对于这句话，朝廷的许多大臣都认为，是彻彻底底胡扯。无论是杨嗣昌，还是他的那个什么十面埋伏，都是空口白说，毫无价值。在他们看来，杨嗣昌同志将是第三个被干掉的兵部尚书。

然而，他们错了。如果说在当时的世界上，还有一个人能够拯救危局，那么这个人，只能是杨嗣昌。

两年后，只剩十八个人的李自成，和束手投降的张献忠，可以充分说明这一点。

所有的转变，都从这一刻开始。魏忠贤、清军入侵、民变四起、朝廷争斗，紧张，痛苦，毫无生机，但始终未曾放弃。

或许崇祯本人并不知道，经过长达八年暗无天日的努力，他即将迎来大明的曙光。

奸人

崇祯死前，曾说过这样一句话："诸臣误我！"

对于这句话，大多数人认为，是在推卸责任。

但考证完崇祯年间的朝政，我认为，这句话比较正确。确切地说，给崇祯打工的这帮大臣，除部分人外，大多数可以分为两种，一种叫浑蛋，一种叫王八蛋。

这个世界上，有两种人最痛苦，第一种是身居高位者，第二种是身居底层者。第一种人很少，第二种人很多。第一种人叫崇祯，第二种人叫百姓。

而最幸福的，就是中间那拨人。他们的主要工作，叫作欺上瞒下。具体特点是，除了好事，什么都办，除了脸，什么都要。

崇祯每天打交道的，就是这拨人。比如崇祯三年（1630）西北灾荒，派下去十万石粮食赈灾，从京城出发的时候，就只剩下五万，到地方，还剩两万，分到下面，只剩一万，实际领到的，是五千。

这事估计是办得太恶心了，崇祯也知道了，极为愤怒，亲自查办。

最先动手的，是户部官员，东西领下来，不管好坏，先拦腰切一刀。然后到了地方，巡抚先来一下，知府后来一下，剩下的都发到乡绅手里，美其名曰代发，代着代着就代没了。

综合明代史料，崇祯时期的官员，比较符合如下规律：脸皮的厚度，跟级别职务，大致成反比例成长。

这是比较合理的，位高权重的，几十年下来，有身份，也要面子。具体办事的就不同了，树不要皮，必死无疑；人不要脸，天下无敌。好欺负的，就往死了欺负，能捞钱的，就往死了捞，啥名节、脸面，都顾不上，捞点儿实惠才是最实在的。正如马克思所说，资本的积累，那是血淋淋的。

而且这拨人，还有个特点，什么青史留名、国家社稷，那都太遥远了，跟他们讲道理、促膝谈心都是没用的，用今天的话说，就是吃硬不吃软。教育没有用，骂也没有用，往脸上吐唾沫都没用，相对而言，比较合适的方式是，把唾沫吐到眼里，再说上一句："孙子，我能治你！"

比如当年追查阉党，就那么几个人，研究来研究去，连亲手干掉杨涟的许显纯，都研究成过失杀人，撤职了事，还是崇祯亲自上阵，才把这人干掉。

再比如这事，案发后，崇祯非常生气，下令严查。查到户部，户部研究半天，拉出来几个人，说是失职，给撤了，准备结案。

崇祯生气了，重装上阵，找出来几个主犯，杀了，剩下的，充军。

总之，崇祯年间的朝廷，是比较混账的，而带头混账的，是温体仁。

温体仁这个人，历史上的评价不高：奸臣，彻头彻尾的奸臣。

我之前说过，温体仁是个很有能力的人，精明强干，博闻强记，善于处理政务。

所以综合起来，温体仁先生的最终评价应该是，一个很有能力、精明强干、博闻强记、善于处理政务的彻头彻尾的奸臣。

温体仁,是个很复杂的坏人,复杂在无论你怎么看,都会发现,这是个真正的好人。

在工作中,温体仁是个很勤劳的人。据史料记载,他兢兢业业,每天从早干到晚,很能工作,别人几年干不了的事,他几天就能搞定。

在生活中,他是廉政典范。据说他当首辅时,给他送礼的人从门口排到街上,等几天,他一个都不见,所有的礼品都退,退不了的就扔,比海瑞还海瑞。

在处理与同事间的关系上,他非常谦虚,从不说别人坏话,而且很能听取他人意见。比如有个叫文震孟的人,是他的晚辈,刚入内阁,他却非常尊敬,遇事都要找来商量,一点儿架子没有。

综上所述,温体仁同志在过去的几年里,在工作上、生活上严格要求自己,团结同事,评定应为优秀。

那么接下来,我们就温体仁同志的评定问题,进行鉴定:

在工作中,他反应敏捷,很有能力,但历史告诉我们,要成为一个青史留名的坏人,没有能力,是不行的。

在生活上,他严格要求自己,不收贿赂,是因为他的仇人太多,要被人抓住把柄,是很麻烦的。

在跟同事相处时,他确实很和善,比如对文震孟,相当客气,但原因在于,文震孟是崇祯的老师,后台很硬,而且当时他正在挖坑,等着文老师跳下去。

如果纵观温体仁的经历,可以发现,他有个历史悠久的习惯——整人。

崇祯二年(1629),他跟周延儒合谋,整垮了钱龙锡,进了内阁。过了几年,他又整垮了周延儒,当了首辅。又过了两年,他整垮了前途远大的文震孟,维护了自己的地位。

而且他整人的方式相当高明。比如文震孟有个亲信,因为犯了事,要受处分,顺便说句,这人的事比较大,按情节,至少也是撤职。

文震孟和皇帝关系好,名声很好,势力很大,且刚进内阁,对温体仁而言,是头号眼中钉。但面对如此难得的整人机会，他毅然放弃了，非但没有落井下石，反而帮忙找了人，只给了个降职处分，很够意思，文震孟很感激。

大坑就是这样挖成的。

温体仁很清楚，崇祯是个眼睛揉不得沙子的人，处分官员，是只有更重，没有最重。如果从轻处理，皇帝大人是不会答应的，肯定会加重，而文震孟同志比较正直，脾气也大，肯定要跟皇帝死磕，下场是比较明显的。

事情如他所料，皇帝大人听说后，非常震怒，把那人直接撤职，赶回家种田了。而文震孟不愧硬汉本色，跟皇帝吵了好几天，加上温体仁煽风点火，竟然也被免了。

其实这些倒无所谓，在道上混的，整个把人，搞点儿阴谋，也没什么，这种事，当年张居正也没少办，之所以是奸臣，是因为他不办事。

崇祯登基以来，干过很多事，平乱、抗金、整顿，忙完这边又忙那边，而温体仁上台以来，就只干一件事——个人进步。

为了个人进步，他很精明，坑了钱龙锡，坑了周延儒，坑了文震孟，坑了所有的挡路或可能挡路的人。

为了个人进步，他除了精明外，有时还很傻——装傻。

有一次，崇祯把他找来，有件事情要问他的看法，温体仁当即回答：不知道。

崇祯随即追问，为何不知道。

温体仁回答："臣本愚笨（原话），只望皇上圣裁。"

为了个人进步，他很团结同志，很合群，为了整倒钱龙锡，他拉拢了周延儒。两人齐心合力，还把钱谦益同志送回了家。

当然，为了个人进步，他有时也不合群，很孤独。比如他对老朋友周延儒下手时，很干脆，没有丝毫犹豫。整人太多，多年家里鬼都不上门，还经常跟崇祯说，我不结党，所以孤独。

明明很阴险、很狡猾、很恶心人，还动不动就说我很耿直、我很愚蠢，很能促进食欲。

能人，兼职奸人，最奸的能人，是奸人，最能的奸人，还是奸人。

鉴定完毕。

在当时朝廷里，只要混过几年的，大致都知道温体仁同志的本性，换句话说，都知道他是个奸人。

可是知道没用，因为温体仁先生是个能干的奸人，而且深得皇帝信任，谁都告不倒，时人有云："崇祯遭瘟（温）。"而且他本人心黑手狠兼皮厚，在朝廷混了多年，就快修炼成妖了，实在无人可比。

俗语有云，占着茅坑，不拉屎。客观地说，在内阁大臣的位置上，温体仁的行为并不符合这句话，确切地说，他占着茅坑，只拉屎。

外敌入侵，内乱不止，此诚危急存亡之秋，温体仁同志孜孜不倦，为了自己而奋斗，整人、挖坑，忙得不亦乐乎，如果让他继续折腾，大明可以提前关门。

但不知是气数未尽，还是坟里的朱重八发威，天下无敌的温体仁，终究还是等来了敌人——一个他曾战胜过的敌人。

放他去！

自打辩论会上掉进温体仁的大坑，被赶回家，钱谦益已经在家待了八年。八年里，除了看人种地（他是地主），主要的娱乐，就是写诗。

这些诗大都收入他的文集，可以找来看看，心理效果明显，心情好时看，可以抑郁；心情不好时看，可以自杀。

诗的主要意思，基本比较雷同，什么我很后悔，我要归隐，我白活了，我没意思。反正一句话，我这一辈子，是走了黑道。

毕竟家里蹲了七八年，有点儿怨气很是正常，但钱谦益同志还是说错了，他走的黑道，还没有黑到头。

崇祯十年（1637），在家看人种地的钱谦益突然听说，有一个叫张汉儒的当地师爷，写了份状子告他。

要知道，钱大人虽说在上面混得很差，但到地方，还是比较恶霸的，小小师爷闹事，容易摆平。

然而没过几天，他就迎来了几位京城来的客人——几位来抓他的客人。

在被押解的路上，钱谦益才搞明白，原来那位师爷的状子，是告御状。

这个世上，但凡有人的地方，就有斗争，但凡斗争，就有谱，包括政治斗争。一般说来，把对手弄到偏远山区，回家养老，也就够本了，没必要赶尽杀绝，但这事，也因人而异，比如温体仁，就是个没谱的人。

不知是他太过得意，还是太恨钱谦益，总之他没打算按着谱走，某天突然心血来潮，想起在那遥远的江南，还有个没被整死的钱谦益。

没整死，就往死里整。

但他毕竟位高权重，如果要自己动手，传出去实在太丢面子，而且容易留下把柄，所以他决定，借刀杀人。

他借到的刀，就是张汉儒。

之所以找到张汉儒，因为这人是个衙门师爷，小人物，无论如何，跟内阁首辅，都是扯不上关系的。而且张师爷长期在法律界工作，对拍黑砖之类的工作非常熟悉，且乐此不疲。

果然，接到工作指示后，张师爷连夜工作，写出了一份状子。

所谓小人物，在写状子这点上，是不恰当的，当年大人物杨涟告魏忠贤，总共二十四条大罪，而张师爷告钱谦益的罪状，有五十八条。

这五十八条罪状，堪称经典之作，包括贪污、受贿、走私、通敌、玩权、结党，总而言之，只要你能想到的罪状，他都写了。

但钱谦益倒没怎么慌，因为这份状子写得实在太过扯淡，都赶回家当老百姓了，还贪污个甚？玩权、掌控朝政，基本就是胡话，崇祯这么精明的人，是不会信的。

可是他到北京，就真慌了，因为他在朝廷的朋友告诉他，他的罪状，皇帝已经批了，即将定罪。

其实钱谦益同志应该有点儿思想准备，要明白，温体仁是首辅，所有的公文，都是他票拟的，底下送上来，他签个字，皇帝都未必看，要收拾你小子，小菜。

钱谦益不愧是当过东林党领导的，虽然回家消停几年，威望依然很大，他被抓过来，很多人出面，什么给事中、郎中、尚书，包括大学士，都帮他说话，说他很冤枉，情节很曲折。

全无作用，皇帝知道了，也没理。

因为温体仁要的，就是这个效果。

八年前，兵强马壮的钱谦益，没能干过势单力孤的温体仁，是因为温体仁同志精通心理学。

他很清楚，说话人再多都没用，说了能算的只有崇祯，而崇祯最讨厌的事情，就是拉帮结派，帮忙的人越多，就越坏事。都八年了，钱大人还没明白这个道理，实在毫无长进。

所以外面越是起哄，皇帝就越不买账，钱谦益同志的脑袋，就离鬼头刀越来越近。

温体仁已做好庆祝准备，等待着钱谦益被杀的那一天。

对此，钱谦益颇有共识，他虽在牢里，但消息很灵通，感觉事情不太对劲儿，就亲自写了几封信，托人直接交给皇帝，为自己辩解。

但结果很不幸，皇帝大人压根儿没看，很明显，他对钱谦益同志，是比较厌恶的。

钱谦益终于走到了绝路，帮忙没用，辩解没用，找皇帝都没用，找什么人似乎都没用了。

等着他的，只有咔嚓一刀。

有句俗语：万事留一线，将来好见面。这句俗语，用比较通俗的话说，就是没必要逼人太甚。

第十七章　奇迹

被逼得太甚的钱谦益，在阴暗的牢房里，终于使出了"撒手锏"。

关于钱谦益同志，之前介绍的时候，漏了一点，这位仁兄除了是东林党的头头外，还有个关系——他中进士的时候，录取他的老师，叫作孙承宗。

孙承宗同志，大家都很熟悉了，很有本事，除了能打仗外，也能搞关系，魏忠贤在的时候，都拿他没办法。

但问题是，孙承宗已经退休好几年了，说话也不好使，让他出面，估计也很麻烦。

钱谦益并没有幻想，他之所以找到孙承宗，只是希望孙老师帮他找另一个人，这个人的名字叫作曹化淳。

曹化淳，是知名人士，我依稀记得，在金庸的小说《碧血剑》里，他是个死跑龙套的，且跑过好几回。

但在崇祯十年（1637）的时候，他是司礼监秉笔太监，崇祯的亲信。

在当时，能跟温体仁较劲儿的，也就只有他了。

但问题是，这位太监同志跟温体仁无仇，钱谦益也并非他的亲戚，犯不上较这个劲儿。

但钱谦益认定，这个人，能帮他的忙，救他的命。

凭什么呢？

就凭十年前，他写过一篇文章。

其实这篇文章，跟曹化淳并没有丝毫关系，但钱谦益相信，看在这篇文章的分儿上，曹化淳是会帮忙的。

因为这篇文章是王安的墓志铭。

我讲过，很久以前，魏忠贤是王安的亲信，但我没有讲过，当时王安的亲信，还有一个曹化淳。

这似乎是个比较复杂的关系。大致是这么回事。

钱谦益去找曹化淳帮忙，因为他帮王安写过墓志铭，而曹化淳是王安的亲信，所以看在死人的面子上，多少要帮点儿忙。外加他的老师孙承宗，面子比较广，托他出面，还有点儿活人的面子，死人活人双管齐下，务必成功。

成功了。

曹化淳得知消息，非常吃惊，加上这人跟着王安，还有点儿良心，感觉温体仁太过分，就答应帮个忙。

当然，找完了人还得听消息。钱谦益找了个人，天天去朝廷找人打听情况，连续找了三天，都没人理会，毫无消息。第四天，他得到准确的口信："可安心矣。"

"可安心矣"的意思，就是这事已经搞定，收拾行李，准备出狱。

钱谦益也是这么理解的，他相信曹化淳已经解决了一切。

曹化淳原本也这么认为，他上下活动，估计再过几天，事情就结了。

可是偏就没有结。

因为温体仁又来了。

温首辅以为钱谦益必死，没想到过了几天，竟然连曹化淳都折腾进来了，这样下去，事情就黄了。既然干了，就干到底，所以他决定，连曹化淳一起整。

他先散布消息，说钱谦益跟曹化淳合伙；然后还找了个证人，让他出面，指证钱谦益给曹化淳行贿；最后为万无一失，他还请了假。

每次但凡要整人时，温体仁就会请假，回家待着。这意思是，在我请假期间发生的任何事情，我既不知道，也不在场。事完了，拍拍屁股再去上班。

其实对温体仁而言，钱谦益死还是不死，都没多大关系，反正就政治地位而言，钱地主已经是个死龙套。

可做可不做的好事，最好做，可做可不做的坏事，最好不做。可惜，温体仁同志没有这个觉悟。

在他看来，钱谦益已经是个平民，而袒护钱谦益的曹化淳，不过是个司礼太监，作为内阁首辅，要办这两个人，是很容易的。

可惜他不知道，曹化淳这个人的复杂程度，远远超出他的想象。

因为曹化淳非但是太监，还有特务背景。他原本在东厂干过，到司礼监后，跟现任东厂提督太监王之心是哥们儿，关系很铁。

而今温大人竟拿他开刀，实在是搞错了码头。曹公公勃然大怒，立刻跑到东厂，找到王之心，商量对策。毕竟温体仁老奸巨猾，无懈可击，要彻底搞倒他，必须想个办法。

商量半天，办法有了。

先去找皇帝，主动报告此事，说事情很复杂，后果很严重，于是皇帝大人也震惊了，下令严查，事情闹大了。

接下来，就是去抓人。温体仁是没法抓的，但张汉儒一干人等，随便抓，抓回来，就直接丢进东厂。

据说东厂的刑罚，总共有上百种，花样繁多，能够让人恨自己生出来，比什么测谎仪好用多了，所以但凡丢进这里的人，都很诚实。

张汉儒之流，似乎也不是什么钢铁战士。按史料的说法，进来的头天晚上，曹化淳去审了一次，就审出来了。除了交代本人作案情况外，连幕后主使温体仁先生的诸多言行，也一起交代了。

曹化淳拿到口供，立马就奔了崇祯，崇祯看过之后，沉默了很久，然后，他说了四个字：

"体仁有党！"

这四个字的意思，用江湖术语解释：温体仁，是有门派的。

崇祯是不喜欢门派的，作为武林盟主，任何门派他都不喜欢，像温体仁这种人见狗嫌的家伙，虽然讨厌，但用着放心。

然而，这件事清楚地告诉他，温体仁同志也有门派，虽然门派比较小，但再小都是门派。

然后，他拿来了一封奏疏。

这封奏疏是温体仁的辞职信。按照他的传统，为了彻底表示自己的清白，他写了这封文书，说自己身体不好，估计也帮不了皇帝了，希望让自己回家养老。

类似这种客气信件，崇祯也会客气客气，写几句挽留的话，然后该怎么干还怎么干。

然而这一次，在这封奏疏上，他只写了三个字。

奏疏送到温体仁家时，他正在吃饭，他停了下来，等待着以往听过许多次的客套话。

然而这一次，他只听到了三个字——放他去。

放他去的意思，大致有以下几种：滚；快滚；从哪里来，滚哪里去。

据说当时温体仁就晕了过去。

温体仁终于倒了，这位聪明绝顶的仁兄，从顶上摔了下来，他落寞地回了家。第二年，死在家乡。

明代最后的一位权奸，就此落幕，确实，最后一个。

第十八章

天才的计划

温体仁,最受温体仁的脾气,是不大可能像杨嗣昌这种牛人不踩下去的,不久之后,他就将进入内阁,实践自己天才的计划。

按照杨嗣昌的计划,要实现十面张网,现在的人是不够的,必须再增兵十二万,要增兵,就得给钱,按杨嗣昌的算法,必须增加饷银二百八十万两以上,这个计划极为冒

温体仁下台，最受益的人，应该是杨嗣昌。我查了一下，他崇祯十年（1637）三月当兵部尚书，温体仁是六月走人的，按照温先生的脾气，像杨嗣昌这种牛人，不踩下去，是不大可能的。

　　温体仁走了，杨嗣昌来了，不久之后，他就将进入内阁，实践自己天才的计划。

　　按照杨嗣昌的计划，要实现十面张网，现在的人是不够的，必须再增兵十二万。

　　要增兵，就得给钱，按杨嗣昌的算法，必须增加饷银二百八十万两以上。

　　这个计划极为冒险，因为这笔钱杨嗣昌是不出的，崇祯也是不出的，唯一的来源，只能是找老百姓要，具体说来，就是加租。

　　比如原先你一年交一百多斤粮食，全家还能丰衣足食，张献忠、李自成打过来的时候，你可能会出门看热闹，然后回家吃饭。然后官府告诉你，加租，每年交二百斤，结果全家只能吃糠，再打过来的时候，你就会出门，帮李自成叫声好，让他们往死里打，帮你出口气。

　　再后来，官府告诉你，再加租，每年交四百斤，结果全家连糠都没法吃，不用人家打上门，你就会打好包袱，出门去找闯王同志。

　　为了搞定西北民变，崇祯已经加过几次租了，如果再加，后果将不堪设想。

所以很多大臣坚决反对。

但是崇祯仍旧同意了，因为他相信，杨嗣昌的计划，能够挽救危局。

最后，杨嗣昌说，要实现这个计划，我必须用一个人。

崇祯同意了。

杨嗣昌推举的这个人，叫熊文灿。

熊文灿，贵州永宁卫（今四川叙永）人。万历三十五年（1607）进士。历任礼部主事、布政使、两广总督。

杨嗣昌之所以推举熊文灿，只是因为一个误会。

不久前，两广总督的熊文灿得知了这样一个消息，崇祯的一名亲信太监来到广东探访，干啥不知道。虽说来意不明，但对这种特派员之类的人物，熊总督心里是有数的，专程请过来吃饭。

既然是吃饭，就要喝酒，吃饱喝足，再送点儿礼，这位太监也很上道，非常高兴，一来二去，也就熟了。

既然是熟人，也就好说话了，双方无话不谈，从国内形势到国际风云，什么都说，但只有一件事，熊总督始终没有套出来。

你到底来干什么的？

几天后，这位太监要走，熊总督决定再请他吃顿饭，最后套口风。

这顿饭吃得很满意，双方临别，喝得也多，喝着喝着，就开始说起民变的事。

熊总督估计是喝多了，外加豪气干云，当时拍着桌子大喝一声：

"诸臣误国，如果我去，怎么会让他们闹到如此地步（令鼠辈至是哉）！"

他万没想到，有个人比他还激动。

太监立即站了起来，他流露出多年卧底终于找到同志的表情，热烈地握住了熊总督的手，说出了熊总督套了很多天，都没有套出来的话：

"我到这里来，就是来考察你的！回去我就禀报皇上，让你去平乱，除了你，谁还能扫清流贼（非公不足办此贼）！"

酒醒了！

熊总督到底是多年的老官僚，听到这话，当时酒就醒了，脑筋急速运转后，凭借二十余年的功底，立即提出了五难、四不可。

所谓五难、四不可，大致就是九个条件，也就是说，只有满足了这些条件，熊总督才能勉为其难地上任。

大致说来，这就是一篇公文，就算让专职秘书写，也得写个一天两天，熊总督转眼就能完工，实在用心良苦。

然而，太监也并非凡人，只用一句话，就打碎了熊总督的如意算盘：

"你放心，这些我回去都会禀报皇帝，但如果皇帝都答应，你就别推辞了。"

就这样，熊总督的一片报国之心穿越上千里路，来到了京城。

崇祯知道了，杨嗣昌也知道了，在那遥远的南方，有一个叫熊文灿的忠义之士，愿意为国付出一切。

当然了，熊总督的那些条件，自然不在话下，关键时刻，有人肯上，就难能可贵了，怎么能够吝惜条件呢？

所以在这关键时刻，杨嗣昌提出了熊文灿，而崇祯也欣然同意了。他们都相信，他能圆满实现这个天才的计划。

于是，远在千里之外的熊总督接到了调令，他即将前往中原，接替无能的前任王家桢。

熊文灿原先的辖区，是广东、广西两个省，而他现在的辖区，包括河南、山西、陕西、湖广、四川五省，按说，他应该很高兴，高兴得一头撞死。

两广总督，虽说管的都是不发达地区，盗贼也多，但好歹图个平安，也没人来闹。现在这五个省，动辄就是几十万人武装大游行，且都是巨寇、猛寇，没准儿哪天就被抓走，实在比较刺激。

但既然来了，再跟皇帝说，其实我是忽悠您的，那天是喝多了，估计也不行，想来想去，只能硬着头皮上了。

后世有很多人，对熊先生相当不屑，说他没有能力，没有气魄。但在我看来，熊总督并没有那么不堪，他自幼读书，当过地方官，也到过京城，还出过海（出使琉球），见过大世面，总体而言，他只有两样东西不会——这也不会，那也不会。

虽说熊文灿能力比较差，比较怕事，比较没有打过仗，但他能够升到两广总督，竟然是靠一项军功。

这项军功的具体内容是，他搞定了一个许多人都无法搞定的人，此人的名字，叫郑芝龙。

郑芝龙，是福建一带的著名海盗，有个著名的儿子——郑成功。

熊总督招降郑芝龙后，又用郑芝龙干掉了其他海盗，成功搞定福建沿海，最终搞定自己，获得提升。

但熊总督长年以来的表现有目共睹，骗得了上级，骗不了群众，所以他去上任的时候，许多人都认定，熊总督是壮官一去不复返了。

崇祯十年（1637）十月，熊文灿正式来到湖广上任，迎接他的，是下属左良玉。

刚开始的时候，左良玉对熊总督还比较客气（没摸清底细）。过了几天，发现熊总督黔"熊"技穷，除了天天开会，啥本事都没有，索性就消失了。没办法，像熊总督这种熊人，左总兵是看不上的。

熊总督也急了，他本不想来，来了，将领又不听使唤，自己手下的兵力，加起来还不到一万人，又要完成业绩，无奈之下，只好使出老招数——招抚。

当时在他的辖区里，最大的两股民军，分别是张献忠和刘国能。其中张献忠有九万人，刘国能有五万。

熊文灿决定招抚这两个人。

虽然在朝廷混得还行，但论江湖经验，跟张献忠、刘国能比，熊总督还是很傻、很天真。他不知道这二位的投降史，也不了解黑道的规矩，更何况，他的兵还不到人家的十分之一，要想招降，是很困难的。

但熊总督最头疼的问题，还不是上面这些，他首先要解决的，是另一个问题——发通知。

因为张献忠和刘国能从事特殊行业，平时也没住在村里，以熊总督的情报系统，要找到这两个人，似乎很难。情急之下，为了表示自己的诚意，熊总督派了几百个人，以今日张贴医治性病广告之决心，在村头乡尾四处贴告示，以告知朝廷招安之诚意。

对此，左良玉嗤之以鼻，连杨嗣昌听说后，也只能苦笑。

总之，在当时，熊总督在大家的眼里，大约是个笑话，笑完了，就该滚蛋了。

然而这个笑话，却以一种无人可以预料的方式，继续了下去。

过了不久，熊总督就得到消息，民军的同志们找来了。

先找上门的是张献忠，他表示，自己虽然兵强马壮，但是很想投降，很想为国效力，但鉴于投降程序很麻烦，所以需要准备几天。

这是鬼话。

类似这种话，张献忠说的次数，估计他自己都数不清，这也是张头领看熊总督是生人，专程忽悠一把，要换了洪承畴、卢象昇等一干熟人，拉出去就剁了。

但张献忠派人上门，除了逗人玩，还有客观原因。

自打崇祯九年（1636）围剿风暴以来，经济形势是一天不如一天，高迎祥垮台了，众多头领环境都不好，随时可能破产裁员，包括李自成在内。

高迎祥死后，孙传庭就放出了话，只要搞定了李自成，他就退休回家。

李自成在陕北对付洪承畴，已经很吃力了，又来了这么个冤家，两下夹攻，连吃败仗，没办法，陕西没法待了，只好掉头进了四川。

偏偏年景太差，又赶上杨嗣昌开始搞十面埋伏工程，只能接着往前跑，前有追兵，后有堵截，实在没办法，只能以掩耳盗铃之势窝在原地，动弹不得。

环境如此，张献忠混得也差，留个后路是必要的，所以找到了熊总督。当然，投降是不会的，先谈条件，过几年实在不行了，再投降。

但他万没想到，过几天，他就会乖乖投降。

因为几天后，一个消息传来，刘国能投降了。

刘国能，外号闯塌天，在当时的诸位头领中，他大概能排到前五名，是个相当棘手的人物。

他得知熊总督招降的消息后，也找上门来，表示自己虽兵强马壮，但是很想投降，鉴于投降程序很麻烦，需要准备几天。

其实刘国能同志的台词，跟张献忠的差不多，不同之处在于，他准备了几天，就真的投降了。

崇祯十年（1637）十一月，刘国能率五六万大军，向仅有一万人的熊文灿投降，服从改编。

招安

小时候，我读《水浒传》，曾经相当厌恶宋江，觉得他替天行道，开始造反，很是英雄，最后却又接受招安，去征讨方腊，很是狗熊。同样的一个人，怎么前后差别那么大呢？

后来我才明白，造反的宋江，和招安的宋江，始终是同一个人。

为什么要造反？

造反，就是为了招安。

当年的宋江，原本是给政府干活，而且还有职务。根据《水浒传》的说法，日子过得很不错，除了拿工资，还勾结黑社会（如晁盖等人），吃点儿外快，还经常结交江湖兄弟，给钱从不小气（你当"及时雨"的名号是白给的）。只是一时手快，在被检举之前，干掉了自己的小妾，所以才被迫流落造反。

刘国能的情况比较类似。跟张献忠不一样，他原本是读过书的，据说还有个秀才的功名，但后来不知一时冲动，还是懵懂无知，竟然造了反。好在运气不错，这么多年没被干掉，还混得不错。

但造反这活，混得不错是不够的，毕竟工作不太稳定，危险性大，刘国能又是个比较孝顺的人，希望在家孝敬父母，所以趁此机会，准备投降，换个工作。

刘国能这一投降，就把张献忠吓蒙了：投降，还有抢生意的？

眼看问题严重，他立即派出使者，去找熊文灿，表示近期就投降了。

但是熊总督也硬气了，没有盛情挽留，反而表示，关于投降的问题，还要研究研究，才确定是否接受。

原本投降是供不应求，现在成了供大于求，卖方市场变成买方市场，麻烦了。

但张献忠不愧是在衙门里混过的，非常机灵，立刻转变思路，决定，送礼。

而且张献忠明智地意识到，熊总督的道行很深（两广总督是个肥差），单是送钱估计没戏，所以他专程找了几件古董玉器（反正是抢来的），派人送了过去，只求一件事，让我投降。

捞钱之余还有政绩，如此好事，对熊总督而言，不干就不是人。他马上接受了投降，并且命令张献忠等人就地安置。

张献忠投降的时候，手下有七八万人，而他的驻地，在谷城（今湖北谷城）。

消息传来，崇祯极为高兴，认定熊总督是旷世奇才，大加赞赏。

杨嗣昌也很高兴，高兴之余，他提出了一个想法。

客观地讲，这是个比较阴险的想法，以至于后来很多人认为，如果照这个想法办了，天下就消停了。

这个想法的具体内容，是让张献忠在投降之前，办一件事——打李自成。

这就好比黑帮团伙，每逢拉人入伙的时候，都要让新人干点儿缺德事，比如砍人放火之类，专用术语，叫沾点儿血，今后才好一起干。

但崇祯同志实在很讲道义，他表示人家刚来投降，就让人干这种事，似乎有点儿过分，所以也就这么算了。

对崇祯的信任，谷城的张献忠先生如果毫无感动，那也是很正常的。作为投降专业户，他所要考虑的，是什么时候再造反，以及造反之后，什么时候再投降。

实际情况，似乎也是如此，崇祯十一年（1638）十月，张献忠同志已经难能可贵地投降了十个月，很明显，他也不打算打破自己以往的投降纪录，开始私下联系，蠢蠢欲动。而以熊总督的觉悟，估计只有张先生的砍刀砍到他的枕头上，才能反应过来。

然而，就在以往场景即将重播之际，一个消息，彻底地打乱了张献忠的计划。

三个月前，陕西的李自成待不下去，跑到了四川。刚到四川时，李自成过得还可以，后来洪承畴调集重兵围剿，他就退往山区，双方僵持不下，李自成瞅了个空，又跑回了陕西。

以往每次李自成跑路的时候，洪承畴都礼送出境，送出去就行，确保他别回来，并不多送，但这次李自成发现，洪承畴开始讲礼貌了。

从四川出来的时候，屁股后面跟着一群能人，比如关宁军的主要将领祖大弼、左光先以及曹文诏的侄子曹变蛟等。

而且这帮人很有诚意，一直跟在后面，且玩命地打，比如曹变蛟，带着三千骑兵，跟了二十多天，连衣服都没换（未卸甲），连续击败李自成，直接把人赶出了陕西。

洪承畴之所以如此卖力，是因为挨了骂。按照防区划定，陕西归孙传庭管，四川归洪承畴管。照孙传庭的想法，李自成进了四川，就别让他再出去了，可是洪承畴不知怎么回事，竟然又让李自成跑了。

孙传庭自然不干，认定是洪承畴玩花样，让自己背黑锅，气得不行，就告了一状。

这一状相当狠，崇祯极为愤怒，马上就批了个处分，那意思是，你想干就好点儿干，不想干我就干你，搞得洪承畴连觉都没法睡，连夜开会，准备跟李自成玩真的。

对方突然下猛招，李自成没有思想准备，连陕西都没待住，只能往外跑了。

一路往西北跑，跑了几天几夜，到了甘肃，终于没人追了。

但过了几天，李自成才明白，不追是有理由的。

在明代，西北是比较荒凉的，陕西的情况还凑合，再往外跑，基本就没人了，所以压根儿没必要追，让他自己饿死就行。

洪承畴的想法大致如此，事情也正如他所料，李自成混得实在太惨，没人、没粮，一个多月，损失竟然过半，已经穷途末路。

然而，出乎洪承畴意料的是，没过几天，李自成竟然穿越严密封锁，又回来了——从他的眼皮底下。

据说这件事情吓得洪大人几天没睡着觉，毕竟刚刚做过检查，还出这大的事，随即写信，向崇祯请罪。

但崇祯的领导水平实在是高，一句话都没说，只是让他戴罪立功。

感动得眼泪汪汪的洪大人决心以行动来报答领导的信任，马上找到孙传庭，要跟他通力合作，彻底解决李自成。

孙传庭很够意思，啥也不说了，立即调兵，发动了总攻。在一个月里，跟李自成打了四仗。

四仗之后，李自成只剩一千人。

只剩一千人的李自成，躲进了汉中的深山老林。

原本几万精锐手下，被打得只剩一个零头，甚至连他最可靠的亲信祁总管，也带着人当了叛徒，在山沟里受冻的李自成，感到了刺骨的寒意。

如果是张献忠，到这个时候，估计早就投降洗洗睡了，但李自成依然不投降，他依然坚定。

但再坚定，都要解决问题，李自成明白，老待在山里，终究是不行的，必须走出去。

经过分析,他正确地认识到,四川是不能去了,陕西也不能去了,要想有所成就,唯一的目的地,是河南。

河南有人口,有灾荒,加上还有几个从前的老战友,所以,这是李自成最好的,也是唯一的选择。

而从汉中到河南,必须经过南原。

南原,位于潼关附近,是此去必经之路。为了交通安全,李自成在出发前,进行了长期侦察,摸清地形,为了麻痹敌人,他在山区蹲了一个多月,直到所有官军撤走,才正式上路。

一路上,李自成相当机灵,数次避过官军,但终究有惊无险地到了南原。

南原是他的最后一站,只要通过这里,他的命运就将彻底改变。

一个月前,当李自成只剩一千余人。躲进山里的时候,孙传庭认为,这是歼灭李自成的最好时机,必须立刻进山围剿,至少也要围困。

然而,洪承畴反对,他认为既不要围剿,也不用围困。

孙传庭很愤怒,他判定,李自成必定会再次出山,而且他的进攻方向,一定是河南。

这一次,洪承畴没有反对,他说,确实如此。

既然确实如此,为什么不全力围剿呢?

因为最好的围剿地点,是潼关南原,无论他从何处出发,那里是他的必经之路。

所以当李自成全军进入南原之后,他才发现,自己落入了陷阱。

据史料记载,为了伏击李自成,孙传庭集结了三万以上的兵力,每隔数十里,就埋伏一群人,山沟、丛林,只要能塞人的地方,都塞满。

如此架势,别说突围,就算是挤,估计都挤不出去。

所以从战斗一开始,就毫无悬念。蜂拥而上的明军开始猛攻,挨了闷棍后,李自成开始突围,往附近的山里跑。然而跑进去才发现,明军比他进来得还早,于是又往外跑，跑了一天，没能跑出去。

李自成部余下的一千多人，是他的精锐亲军，九年来，南征北战，无论是四川、陕西，钻山沟、绕树林，都坚定不移地跟着走。

到了南原，就再也走不动了。

虽然经过拼死厮杀，终究没能突围出去，从白天打到晚上，一千个人，只剩下了十八个。

李自成也是十八个人之一，他趁着夜色，率领部将刘宗敏逃出了包围圈，他的手下全军覆没，老婆、孩子全部被俘。

在一片黑暗中，孤独的李自成逃入了商洛山，在那里，他将开始艰难的等待。

至此，西北民变基本平息。几位著名头领，基本都被按平，要么灭了，要么投降，没灭也没降的，似乎也很悲哀，毕竟连被灭的价值都没有，是很郁闷的。

张献忠老实了，现在经济形势这么差，工作不好找，如果再去造反，吃饭都成问题，所以他收回了自己的再就业计划，开始踏踏实实当个地主（谷城基本归他管）。

消停了。

民变基本平息，朝廷基本安定，要走的走了，要杀的杀了，要招安的也招安了，经过长达十年的混乱，大明终于等来了曙光。

对目前的情况，崇祯很高兴，他忙活了十年，终于得到了喘息的机会。他曾对大臣说，再用十年，必将社稷兴盛，天下太平。

十年？

一年都没有。

看到光明的崇祯并不知道，他看到的，并不是曙光，而是回光，回光返照。

天朝上邦

几乎就在李自成全军覆没的同时，一件事情的发生，再次改变了大明帝国的命运。

崇祯十一年（1638），皇太极决定，进攻明朝。清军兵分两路，多尔衮率左翼军，岳托率右翼军，越过长城，发动猛攻。

应该说，为了这次进攻，皇太极是很费心思的，他不去打关宁防线（也是实在打不过来），居然绕了个大圈，跑到了密云。

密云的守军很少，但几乎没人认为，清军会从这里进攻，因为这里山多，且险，要从这里过来，要爬很多山，而且很难爬，要爬很久。从这里打进来，那是绝无可能。

据说经常卖假古董的人，最喜欢听到的话，就是某位很懂行的顾客，很自信地表示，古董的某某特征，是绝对仿不出来的。

皇太极有没有卖过古董，那是无从考证，但他选择的地方，就是这里，他的战术非常简单，就是爬山。

清军爬过来的时候，蓟辽总督吴阿衡正在喝酒，且喝大了，脑袋比较晕，清军都到密云了，他才明白过来。

人喝醉之后，有两个后果：一、头疼；二、胆子大。

这两个后果，吴总督都有，最终后果是，头疼的吴总督，胆大无比，带着几千人，就奔着清军去了。

喝醉的人，要是一打一，仗着抗击打能力，还有点儿胜算，但要是群殴，也就只能被殴。没过多长时间，吴总督就被殴死了，清军突破长城防线，全线进攻，形势万分危急。

密云距离北京，今天坐车，如果没堵车，大致是两个钟头；当年骑马，如果没堵马，估计也就一两天。

离京城一两天，也就是离崇祯一两天，所以消息传到京城，大家都很恐慌。只有几个人不慌，其中之一，就是崇祯。

崇祯之所以不慌，是因为六个月前，他就知道清军会进攻，而且连进攻的时间，他都知道得一清二楚。

六个月前，有一个人将攻击的时间、方式都告诉了他，这个人并非间谍，也不是卧底，他的名字，叫皇太极。

半年前的一天，杨嗣昌曾在私下场合对崇祯说了一个故事，这个故事比较长，所以千言万语化为一句话：

在东汉，开国皇帝汉光武帝刘秀，跟匈奴议和了。

这个故事的意思很明白，就是让崇祯去跟清朝和谈。

客观地讲，这是唯一的方法。

就军事实力而言，当时的清朝虽然军队人数不多（最大兵力二十万），但战斗力相当强（某些西方军事学家跟着凑热闹，说是十七世纪最强的骑兵）。明朝的军队人数，大致在六十万到八十万，但能打仗的（辽东系、洪兵、秦兵），也就是二十多万，要真拉开了打，估计也不太行。

好在地形靠谱，守着几个山口，清军也打不过来，所以按照常理，是能够维持的。

但要命的是后院起火，出了李自成等一干猛人，只能整天拆东墙补西墙，所以杨嗣昌建议，跟清朝和谈，先解决内部矛盾。

其实杨嗣昌的故事，还有下半段：刘秀跟匈奴和谈，搞定内部后，没过多少年，就派汉军出塞，把匈奴打得落荒而逃。

所谓秋后算账，虽然杨嗣昌没讲，但崇祯明白，所以他决定，先忍一口气，跟清朝和谈，先搞定内部问题。

当时知道这件事情的，只有三个人，包括崇祯、杨嗣昌、太监高起潜。

为保证万无一失，和谈使者是不能派的，杨嗣昌不知去哪里踅摸来个算命的，跑到皇太极那边，说要谈判。

皇太极的态度相当好，说愿意和谈，而且表示，如果和谈成功，就马上率军撤回原地。

当然，这位老兄一向不白给，末了还说了一句，如果和谈不成功，我就打过去，具体时间，是在今年的秋天。

崇祯愿意和谈，因为这是没有办法的办法。

过了几个月，在他的暗中指使下，杨嗣昌正式提出，建议与清朝和谈。

此后的事情，打死他都想不到。

建议提出后，按史料的说法，赞成的人很少，反对的人很多，事实上，是只有人反对，没有人赞成。

最先蹦出来的，是六部的几个官员，骂了杨嗣昌。然后是一拨言官，说杨嗣昌卖国，应该拉出去千刀万剐，全家死光光。

但把这件事最终搅黄的，是最后出场的一个人——黄道周。

黄道周同志的简历，我就不多说了，这位仁兄后来有个外号，叫"黄圣人"，后来跟清军死战到底，堪称名副其实。

黄圣人当着皇帝的面，直接跟杨嗣昌搞辩论，一通天理人欲，先把杨嗣昌说晕；然后发挥特长（他的专业是理学），从理论角度证明，杨嗣昌主张议和，是天理难容、违背人伦等。

说了半天，杨嗣昌基本没有还手之力。崇祯虽然气不过，但黄先生理论基础太扎实，也没办法，等辩论完了，也不宣布结果，当场就下了令，黄道周连降六级，到外地去搞地方建设。

皇帝大人虽然出了气，但和谈是绝不可能了，杨嗣昌再也没提。大家都能等，皇太极例外，他在关外等了几个月，眼看没了消息，认定是被忽悠了，就又打了进来。

对当时的崇祯而言，和谈是最好的出路，其实问题很简单。当年汉高祖如此英雄，还得往匈奴送人和亲，皇太极从来没要过人，无非是要点儿钱，弄点儿干货，也就完事了。

但如此简单的问题，之所以搞得这么复杂，如此多人反对，其实只是因为一件东西——心态。

我研习过交通史（中外交往），惊奇地发现，国家与国家之间的关系，和人其实差不多。穷了，就瞧不起你、打你；富了，就给你面子、听话。

比如美国，说谁是流氓谁就是流氓，说打谁就打谁，盟友遍布天下，时不时还搞个会盟，弄个盟军，全世界人民都羡慕。

但这事你要真信了，那就傻了，要知道，那都是拿钱砸出来的。听话，就是友好邻邦，就给美元、给援助，很人道；不听话，就是流氓国家，给导弹，很暴力。

而且山姆大叔是真有钱，导弹那是贵，一百万美元一个，照扔，一扔就几十个，心眼太实在。我估摸着，要全换成手榴弹，从飞机上往下扔，也能扔个把月。

归根结底，就是两个字，实力。

谁有实力，谁就是大爷，没实力，就是孙子。美国有实力，其实也就一百多年，趁着英国老大爷跟德国老大爷干仗，奋发图强，终成超级大爷。

相比而言，中国当大爷的时间，实在是比较长，自打汉朝起，基本就是世界先进国家，虽然中途闹腾过，后来唐朝时又起来了，也是全世界人民羡慕，往死了派留学生。相对而言，欧洲除了罗马帝国挺得比较久，大部分时间，都是一帮封建社会的职业文盲砍来砍去。直到明朝中期，中国都是世界领先。

鉴于时间太久，心态难免有点儿问题，比如后来英国工业革命，开始当大爷了，就派使者到中国，见到乾隆。本意大致是要跟中国通商。

然而，乾隆同志对他们说，回去给你们乔治（当时的英国国王）带个信，就说你的孝心我知道了，你的贡品我收到了（战舰模型），我天朝应有尽有，你就不要再费心了，给我送这些东西，是比较耽误事的，你们那里是蛮荒之地，生活很困难，好好种地，我这里东西很多，赏点儿给你，回家好好用吧。

几十年后，在蛮荒之地种地的英国农民们，驾驶着战舰打了进来。

这种毛病由来已久，毕竟牛了太多年，近的朝鲜、越南、日本且不说，最远的，能打到中亚、西伯利亚。自古以来，就是天朝上邦，四方来拜。外国使臣来访，表面上好吃好喝招待着，临走还捎堆东西，说天朝物产丰富，什么都有，只管拿。背地里说人家是蛮夷，没文化，落后，看你可怜，给你几个赏钱。

牛的时候，怎么干都行。等到不牛了，还想怎么干都行，那就不行了。

明朝的官员思维，大致就是如此。就军事实力而言，谈判是最好的选择，然而没有人选择。

这种行为，说得好听点儿，叫坚持原则。说得不好听，叫不识时务。明朝最后妥协的机会，就这样被一群不识时务的人拒绝了。

十年前，我读到这里的时候，曾经很讨厌黄道周，讨厌这个固执、不识时务的人。我始终认为，他的决策是完全错误的。

直到我知道了黄道周的结局。

七年后，当清军入关时，在家赋闲的黄道周再次出山，辅佐唐王。

唐王的地盘，大致在福建一带，他是个比较有追求的人，很想打回老家，可惜他有个不太有追求的下属——郑芝龙。

郑芝龙的打算，是混，无论清朝、明朝，自己混好就行。唐王打算北伐，郑芝龙说你想去就去，反正我不去。

唐王所有的兵力，都在郑芝龙的手里，所以说了一年多，只打雷不下雨。

这时黄道周站出来，他说："战亦亡，不战亦亡，与其坐而待毙，何如出关迎敌。"

唐王很高兴，说你去北伐吧，然后他说，我没有兵给你。

黄道周说，不用，我自己招兵。

然后他回到了家，找到了老乡、同学、学生，招来了一千多人。

大部分人都是百姓。

隆武元年（唐王年号，1645），黄道周出师北伐。他的军队没有经验，从未上过战场，甚至没有武器。他们拥有的最大杀伤力武器，叫作锄头、扁担。所以这支军队在历史上的名字，叫作"扁担军"。

黄道周的妻子随同出征，她召集了许多妇女，一同前往作战，这支部队连扁担都没有，史称"夫人军"。

就算是最白痴的白痴，也能明白，这是自寻死路。

然而，黄道周坚定地向前进发，明知必死无疑。正如当年他拒绝和谈，绝不妥协。

三个月后，他在江西婺源遭遇清军，打了这支队伍的第一仗，也是最后一仗。

结果毫无悬念，批判的武器没能代替武器的批判，黄道周全军覆没。黄道周被俘，被送到了南京，无数人轮番出面劝他投降，他严词拒绝。

三个月后，他在南京就义，死后衣中留有血书，内容共十六字：

纲常万古，节义千秋，天地知我，家人无忧。

落款：
大明孤臣黄道周。

正如当年的他，不识时务，绝不妥协。

有人曾对我说，文明的灭绝是正常的，因为麻烦太多，天灾人祸、内斗外斗，所以四大文明灭了三个，只有中国文明流传至今，实在太不容易。

我想想，似乎确实如此，往近了说，从鸦片战争起，全世界强国（连不强的都来凑热闹）欺负我们，连打带抢带烧带杀，还摊上个"量中华之物力"配合人家乱搞的慈禧，打是打不过，搞发展搞不了（洋务），同化也同不了（人家也有文明），软不行，硬也不行，识时务的看法，是亡定了。

然而，我们终究没有亡，挺过英法联军，挺过甲午战争，挺过八国联军，挺过抗日，终究没有亡。

因为总有那么一群不识时务的人，无论时局形势如何，无论对手有多强大，无论希望多么渺茫，坚持，绝不妥协。

所以我想说的是，当年的这场辩论，或许决定了大明的未来，或许黄道周并不明智，或许妥协能够挽回危局，但不妥协的人，应该得到尊重。

面对冷酷的世间、无奈的场景，遇事妥协，不坚持到底，是大多数人、大多数时间的选择，因为妥协、退让很现实，很有好处。

但我认为，在人的一生中，至少有那么一两件事，应该不妥协，至少一两件。因为不妥协、坚持虽然不现实，很没好处，却是正确的。

人，是要有一点儿精神的，至少有一点儿。

第十九章

选择

明确定，不妥协，不退也很确定，皇太极带头冲入关内，开始抢掠。这次入关的中方阵容，清朝最能打的几个，包括阿济格、多尔衮、多铎、岳托，全都来了，只用三天，就打到密云，京城再度戒严。

崇祯随即调祖大寿进京，只能靠猛人，要对付猛人。同时，他还命令陕西的孙传庭，山东的刘泽清进京拉兄弟一把。总之，明朝的道路就此确定，不妥协，不退让。

相应的结果也很确定，皇太极带着兵，再次攻入关内，开始抢掠。

这次入关的，可谓豪华阵容，清朝最能打的几个，包括阿济格、多尔衮、多铎、岳托，全都来了，只用三天，就打到密云，京城再度戒严。

要对付猛人，只能靠猛人，崇祯随即调祖大寿进京，同时，他还命令陕西的孙传庭、山东的刘泽清进京拉兄弟一把。总之，最能打仗的人，他基本都调来了。

但问题在于，祖大寿、孙传庭这类人，虽然能力很强，但有个问题——不大服管。特别是祖大寿，自从袁崇焕死后，他基本上就算是脱离了组织，谁当总督，都不敢管他，当然，他也不服管。

对这种无组织、无纪律的行为，崇祯很愤怒，但后果不严重，毕竟能打的就这几个，你要把他办了，自己提着长矛上阵？

但不管终究是不行的，崇祯决定，找一个人，当前敌总指挥。

这个人必须能力强、战功多、威望高，威到祖大寿等猛人服气，且就在京城附近，说用就能用。

满足以上条件的唯一答案，是卢象昇。

崇祯十一年（1638），卢象昇到京城赴任。

他赶到京城，本来想马上找皇帝报到，然而同僚打量他后，问："你想干吗？"

之所以有此一问，是因为这位仁兄来的时候，父亲刚刚去世，尚在奔丧，所以没穿制服，披麻戴孝，还穿着草鞋。如果这身行头进宫，皇帝坐正中间，他跪下磕头，旁边站一堆人，实在太像灵堂。

换了身衣服，见到了崇祯，崇祯问，现在而今，怎么办？

卢象昇看了看旁边的两个人，只说了一句话：主战！

站在他身边的这两人，分别是杨嗣昌、高起潜。

这个举动的意思是，知道你们玩猫腻，就这着！

据说当时杨嗣昌的脸都气白了。

崇祯倒很机灵，马上出来打圆场，说和谈的事，那都是谣传，是路边社，压根儿没事。

卢象昇说，那好，我即刻上阵。

第二天，卢象昇赴前线就任，就在这一天，他收到了崇祯送来的战马、武器。

其实崇祯送来这些东西，只是看他远道而来，意思意思。

然而，卢象昇感动了，他说，以死报国！

就如同九年前，没有命令，无人知晓，他依然率军保卫京城。

他始终是个单纯的人。

几天后，卢象昇得知，清军已经逼近通州，威胁京城。

当时他的手下只有三万多人，大致是清军的一半，而且此次出战的都是清军主力，要真死磕，估计是要休息的，所以大多数识时务的明军将领都很消停，能不动就不动。

然而，卢象昇不识时务，他分析形势后，决心出战。

卢象昇虽然单纯，但不蠢，他明白，要打，白天是干不动的，只能晚上摸黑去，夜袭。

在那个漆黑的夜晚，士兵出发前，他下达了一条名垂青史的军令：

第十九章　选择

刀必见血！人必带伤！马必喘汗！违者斩！

趁着夜色，卢象昇向着清军营帐，发起了进攻。

进攻非常顺利，清军果然没有提防，损失惨重，正当战况顺利进行之时，卢象昇突然发现了一个严重的问题。

他的后军没有了。

按照约定，前军进攻之后，后军应尽快跟上，然而，他等了很久，也没有看到后军。虽然现在还能打，但毕竟是乘人不备，打了一闷棍，等人家醒过来，就不好办了，无奈之下，只能率前军撤退。

卢象昇决定夜袭时，高起潜就在现场。

作为监军太监，高起潜并没有表示强烈反对，他只是说，路途遥远，很难成功，卢象昇坚持，他也就不说了。

但这人不但人阴（太监），人品也阴，暗地里调走了卢象昇的部队，搞得卢总督白忙活半天。

差点儿把命搭上的卢象昇气急败坏，知道是高起潜搞事，极为愤怒，立马去找了杨嗣昌。

这个举动充分说明，卢总督虽然单纯，脑袋还很好使，他知道高起潜是皇帝身边的太监，且文化低，没法讲道理，要讲理，只能找杨嗣昌。

在杨嗣昌看来，卢象昇是个死脑筋，没开窍，所以见面的时候，他就给卢象昇上了堂思想教育课，告诉他，议和是权宜之计，是伟大的、是光荣的。

卢象昇只说了一句话，就让杨嗣昌闭上了嘴。

这句话也告诉我们，单纯的卢象昇，有时似乎也不单纯。

"我手领尚方宝剑，身负重任，如果议和，当年袁崇焕的命运，就要轮到我的头上！"

袁崇焕这辈子最失败的地方，就是不讲政治，相比而言，卢象昇很有进步。

九年前，他在北京城下，亲眼看到了袁崇焕的下场，那一幕，在他的心里，种下了难以磨灭的印象。他很清楚，如果议和，再被朝里那帮言官扯几句，汉奸叛徒的罪名，绝对是没个跑。

与其死在刑场，不如死在战场，他下定了决心。

杨嗣昌也急了，当即大喝一声：你要这么说，就用尚方宝剑杀我！

卢象昇毫不示弱：

要杀也是杀我，关你何事？如今，只求拼死报国！

杨嗣昌沉默了，他明白，这是卢象昇的最后选择。

卢象昇想报国，但比较恶搞的是，崇祯不让。

事实上，卢象昇对形势的分析是很准确的。因为夜袭失败，朝廷里那帮吃饱了没事干的言官正准备弹劾他，汉奸、内奸之类的说法也开始流传，如果他同意和谈，估计早就被拉出去一刀了。

更麻烦的是，崇祯也生气了，因为卢象昇上任以来，清军依然嚣张，多处城池被攻陷，打算换个人用用。

此时，一位名叫刘宇亮的人站了出来，说，我去。

刘宇亮，时任内阁首辅，朝廷重臣，国难如此，实在看不下去，极为激动，所以站了出来。

崇祯非常高兴，大大地夸奖了刘大人几句。

等皇帝大人高兴完了，刘大人终于说出了话的下半句：我去，阅兵。

崇祯感觉很抑郁，好不容易站出来，搞得这么激动，竟然是涮我玩的？

其实这也不怪刘首辅，毕竟他从没打过仗，偶尔激动，以身报国，激动完了，回家睡觉，误会而已。

但崇祯生气了，生气的结果就是，他决定让刘首辅激动到底，一定要他去督师。

关键时刻，杨嗣昌出面了。

杨嗣昌之所以出头，并非是他跟刘首辅有什么交情，实在是刘首辅太差，太没水平，让这号人去带兵，他自己死了倒没啥，可惜了兵。

所以他向皇帝建议，刘首辅就让他回去吧。目前在京城里，能当督师的，只有一个人。

崇祯知道这个人是谁，但他不想用。

杨嗣昌坚持，这是唯一人选。

崇祯最终同意了。

三天后，卢象昇再次上任。

此时，清军的气势已经达到顶点，接连攻克城池，形势非常危急。

然而，卢象昇没有行动，他依然按兵未动。

因为此时他的手下，只有五千人，杨嗣昌讲道理，高起潜却不讲，阴人阴到底，调走了大部分主力，留下的只有这些人。

打，只能是死路一条，卢象昇很犹豫。

就在这时，他得知了一个消息——高阳失陷了。

高阳，位处直隶（今河北），是个小县城，没兵，也没钱。然而，这个县城的失陷，却震惊了所有的人。

因为有个退休干部，就住在县城里，他的名字叫孙承宗。

他培养出了袁崇焕，构建了关宁防线，阻挡了清军几十年，熬得努尔哈赤（包括皇太极）都挂了，也没能啃动。无论怎么看，都够意思了。

心血、才华、战略、人才，这位举世无双的天才，已经奉献了所有的一切，然而，他终将把报国之誓言，进行到人生的最后时刻。

清军进攻的时候，孙承宗七十六岁，城内并没有守军，也没有将领，更没有粮草，弹丸之地，不堪一击。

很明显，清军知道谁住在这里，所以他们并没有进攻，派出使者，耐心劝降，做对方的思想工作，对于这位超级牛人，可谓是给足了面子。

而孙承宗的态度，是这样的，清军到来的当天，他就带着全家二十多口人，上了城墙，开始坚守。

在其感召之下，城中数千百姓，无一人逃亡，准备迎敌。

每次看到这里，我都会想起黄道周，想起后来的卢象昇，想起这帮顽固不化的人，正如电影《集结号》里，在得知战友战死的消息后，男主角叹息一声的那句台词：

老八区教导队出来的，有一个算一个，都他妈死心眼。

黄道周和孙承宗应该不是教导队出来的，但确实是死心眼。

这种死心眼，在历史中的专用称谓，叫作——气节。

失望的清军发动了进攻，在坚守几天后，高阳失守，孙承宗被俘。

对于这位俘虏，清军给予了很高的礼遇，希望他能投降，当然，他们自己也知道，这基本上是不可能的。

所以在被拒绝之后，他们毫无意外，只是开始商量，该如何处置此人。

按照寻常的规矩，应该是推出去杀掉，成全对方的忠义，比如文天祥等，都是这么办的。

然而，清军对于这位折磨了他们几十年的老对手，似乎崇拜到了极点，所以他们决定，给予他自尽的权利。

孙承宗接受了敌人的敬意，他整顿衣着，向北方叩头，然后，自尽而死。

这就是气节。

消息很快流传开来，举国悲痛。

崇祯十一年（1638）十二月二十日，听说此事的卢象昇，终于下定了决心。

此前，他曾多次下令，希望高起潜部向他靠拢，合兵与清军作战，但高起潜毫不理会。而从杨嗣昌那里，他得知，自己将无法再得到任何支援。他的粮草已极度缺乏，兵力仅有五千，几近弹尽粮绝。

而清军的主力，就在他的驻地前方，兵力是他的十倍，锋芒正锐。

弄清眼前形势的卢象昇，走出了大营。

和孙承宗一样，他向着北方，行叩拜礼。

然后，他召集所有的部下，对他们说了这样一番话：

我作战多年，身经几十战，无一败绩，今日弹尽粮绝，敌众我寡，而我决心已定，明日出战，愿战者随，愿走者留，但求以死报国，不求生还！

十二月二十一日，卢象昇率五千人，向前进发，所部皆从，无一人留守。

出发的时候，卢象昇身穿孝服，这意味着，他没有打算活着回来。

前进至钜鹿时，遭遇清军主力部队，作战开始。

清军的人数，至今尚不清楚，根据史料推断，至少在三万以上，包围了卢象昇部。

面对强敌，卢象昇毫无畏惧，他列阵迎敌，与清军展开死战，双方从早上，一直打到下午，战况极为惨烈，卢象昇率部反复冲击，左冲右突，清军损失极大。

在这天临近夜晚的时候，卢象昇明白，败局已定了，他的火炮、箭矢已经全部用尽，所部人马所剩无几。

但他依然挥舞马刀，继续战斗，为了他最后的选择。

然后，清朝官员编写的史料告诉我们，他非常顽强，他身中四箭、三刀，依然奋战。他也很勇敢，自己一人，杀死了几十名清兵，但他还是死了，负伤力竭而死，尽忠报国而死。

相信很多人并不知道，卢象昇虽然位高权重，却很年轻，死时，才刚满四十岁。

他死的时候，身边的一名亲兵为了保住他的尸首，伏在了他的身上，身中二十四箭而死。

他所部数千人，除极少数外，全部战死。

我再重复一遍，这就是气节。

在明末的诸位将领中，卢象昇是个很特殊的人，他虽率军于乱世，却不扰民、不贪污，廉洁自律，坚持原则，从不妥协。

《中庸》有云：

"国有道，不变塞焉，国无道，至死不变。"

无论这个世界多么混乱，坚持自己的信念。

我钦佩这样的人。

幽默

记得不久前，我去央视《对话》节目做访谈，台下有位观众站起来，说，之前一直喜欢看你的书，但最近却发现了个问题。

什么问题？

之前喜欢看，是因为你写的历史很幽默、很乐观，但最近发现你越来越不对劲儿，怎么会越来越惨呢？

是啊，说句心里话，我也没想到会这样。应该改变一下，这么写，比如崇祯没有杀袁崇焕，皇太极继位的时候，心脏病突发死了，接班的多尔衮也没蹦几天，就被孝庄干掉了，然后孤儿寡母在辽东过上了安定的生活。李自成进入山林后，没过几天，由于水土不服，也都过去了。

然后，伟大的大明朝终于千秋万代，崇祯和他的子孙们从此过着幸福的生活。

是的，现在我要告诉你的是，历史的真相。

历史从来就不幽默，也不乐观，而且在目前可知的范围内，都没有什么大团圆结局。

所谓历史，就是过去的事，它的残酷之处在于：无论你哀号、悲伤、痛苦、流泪、落寞、追悔，它都无法改变。

它不是观点，也不是议题，它是事实，既成事实，拉到医院急救都没办法的事实。

我感觉自己还是个比较实诚的人，所以在结局即将到来之前，我想，我应该跟您交个底。客观地讲，无论什么朝代的史书，包括明朝在内，都不会让你觉得轻松愉快，一直以来，幽默的并不是历史，只是我而已。

虽然结局未必愉快，历史的讲述终将继续，正如历史本身那样，但本着为人民服务的精神，我将延续特长，接着幽默下去，不保证你不难受，至少高兴点儿。

忽悠

正如以往，清军没有长期驻守的打算，抢了东西就跑了，回去怎么分不知道，但被抢的明朝，那就惨了。

首先是将领，卢象昇战死，孙传庭、洪承畴全都到了辽东，准备防守清军，我说过，这是拆了东墙补西墙，没办法，不拆房子就塌了。

其次是兵力，能打仗的兵，无论是洪兵，还是秦兵，都调到辽东了。

所以最后的结果是，东墙补上了，西墙塌了。

说起"忽悠"这个词，近几年极为流行。有一次我跟人聊天，说起这个词，突然想起若有一天，此词冲出东北，走向世界，用英文该怎么解释，随即有人发言，应该是cheat（欺骗）。

我想了一下，觉得似乎对，但不应该这么简单，毕竟如此传神的词，应该有一个传神的翻译。苦思冥想之后，我找到了一个比较恰当的翻译：here and there。

回想过去十几年，自打学习英语以来，我翻译过不下两篇英语文章，虽然字数较少（三百字左右），但回望短暂的翻译生活，我认为这个词是最为恰当的。

这个词语的灵感，主要来自熊文灿先生。作为一个没有兵力、没有经验的高级官员，他主要的武器，就是先找这里，再找那里，属于纯忽悠型。

但值得夸奖的是，他的忽悠是很有效果的。在福建的时候，手下只有几个兵，对面有一群海盗，二话不说，先找到了郑芝龙，死乞白赖地隔三岔五去找人家（所以后来有的官员弹劾他，说他是求贼），请客送礼，反复招安，终于招来了郑芝龙。

虽然后来证明，郑大人是不大可靠的，但在当时，是绝对够用了。后来他借助郑大人的力量，杀掉了不肯投降的海盗刘香，平定了海乱。

这种空手道的生意，估计熊大人是做上瘾了，所以到中原上任的时候，他也玩了同一套把戏，先here招降了刘国能，再用刘国能，there招降了张献忠，here and there，无本生意，非常高明。

但这种生意有个问题，因为熊大人本人并无任何实力，只要here不行，或者there不行，他就不行了。

张献忠就是个不行的人，按照他的习惯，投降的时候，就要想好几时再造反，所以刚开始，他就不肯缴械。当然，这也有个说法，之所以不肯缴械，是因为他认为自己罪孽深重，要留着自己这几杆枪，为朝廷效力。

熊文灿倒是很高兴，表扬了好几次，后来他果真缺兵，去找张献忠要几千人帮忙，张献忠又说还没安顿好，先休整几天。

张献忠住的地方，就在今天襄樊的谷城地区。他老人家在此，基本就是县长了，想干什么就干什么，每天都要去县城里转一圈，算是视察。他手下的兵也没消停，每天都要刻苦操练。

与此同时，张县长也开始意识到，自己以前的行为是有错误的，比如，每次打仗的时候，都用蛮力，很少动脑子，且部队文化太低，没有读过兵法。为了加强理论教育，保证将来再造反的时候，有相当的理论基础，他找来了一个叫作潘独鳌的秀才，给他当军师。

这位潘独鳌到底何许人也，待查。估计是个吴用型的人物，应该是几次举人没考上，又想干点儿事，就开始全心全意地给张献忠干活，具体说就是教书。每天晚上，在张县长的统一带领下，大大小小的头目们跑去听课，课程有好几门，比如《孙子兵法》等。学习完后，张县长还要大家写出学习心得，结合实际（比如再次造反后，该怎么打仗），分析讨论，学习气氛非常浓烈。

但他所干过最猖狂的事,还是下面这件事。

崇祯十二年(1639)年初的一天,谷城知县阮之钿接到报告,说谷城来了个人,正在和张献忠见面。

阮县令的职责是监视张献忠,加上他还比较尽责,就派了个人去打探看看到底是谁来了,谈了些什么。

没过多久,那人就回来了,他说谈了些什么,就不太知道了,但来的那个人,他认出来了。

谁?

李自成。

阮知县差点儿晕过去。

按照常理,自从一年前被打垮后,李自成应该躲在山沟里艰苦朴素,怎么会出来呢?还这么大摇大摆地见张献忠。

让人难以想象,这个来访者确实是李自成,他是来找张献忠要援助的。

更让人想不到的是,李自成就这么在谷城待了几天,都没人管,又大摇大摆地走了。

其实不是没人管,是没法管。

张献忠之所以嚣张,是因为他手下还有几万人。而熊大人,我说过,他的主要能力,就是这里、那里地忽悠,要真拿刀收拾张县长,就没辙了。

而且更麻烦的是,他还收了张献忠的钱。

在明末农民起义的许多头领里,张头领是个异类,异就异在他不太像绿林好汉,反而很像官僚。

比如他在投降后,就马上马不停蹄地开始送礼。从熊文灿开始,每个月都要去孝敬几趟。而且他还喜欢串门,联络感情,连远在京城的诸位大人,他也没忘了,经常派人去送点儿孝敬。所以每次有什么事,他都知道得比较早。

此外，张县长还很讲礼数。据某些史料讲，他去见上级官员时，还行下跪礼，且非常周到。具有如此天赋，竟然干了这个，实在选错了行。

古语有云："司马昭之心，路人皆知。"而张县长的心，似乎也差不多了，从上到下，都知道他要反，只不过迟早而已。比如左良玉，曾多次上疏，要求解决张献忠，还有阮知县，找熊文灿讲了几次，熊大人没理他，结果气得阮大人回家自尽了。

总之，无论谁说张献忠要反，熊文灿都表示，这是没可能的，张献忠绝不会反。

对此，许多史料都奋笔疾书，说熊大人是白痴，是智商有问题。

我觉得这么说，是典型的人身攻击，熊大人连忽悠都能玩，绝非白痴。他之所以始终不相信张献忠会反，是因为他不能相信。

我相信，此时此刻，熊文灿的脑海里，经常出现这样一番对话，对话的时间是两年前，熊大人刚刚接到调令，在以找死的觉悟准备赴任之前。

对话的地点，是庐山。对话的人，是个和尚，叫作空隐。

熊文灿跑去了庐山，找到空隐，似乎是想算卦，然而还没等他说话，空隐和尚就先说了：

"你错了（公误矣）！"

怎么个错法呢？

"你估量估量，你有能搞定流贼的士兵吗（自度所将兵足制贼死命乎）？"

"不能。"

"有能够指挥大局、独当一面的将领吗（有可属大事、当一面、不烦指挥而定者乎）？"

"没有。"

按照上下文的关系，下一句话应该是：

那你还干个屁啊！

但空隐毕竟是文明人，用了比较委婉的说法（似乎也没太委婉）：

"你两样都无,上面(指皇帝)又这么器重你,一旦你搞不定,要杀头的!"

熊文灿比较昏,等了半天,才想出一句话:

"招抚可以吗?"

然而,空隐回答:

"我料定你一定会招抚,但是请你记住,海贼不同流贼,你一定要慎重!"

这段对话虽然比较玄乎,但出自正统史料,并非杂谈笔记,所以可信度相当高。空隐提到的所谓海贼,指的就是郑芝龙,而流贼,就不用多说了。

他的意思很明确,熊大人你能招降海上的,却未必能招降地上的。可问题是,熊大人只有忽悠的能耐,就算海陆空一起来,他也只能招抚。外加他还收了张献忠的钱,无论如何,死撑都要撑下去。

死撑的结果,就是撑死。

张献忠之所以投降,不过是避避风头,现在风头过去,赶巧清军打进来,孙传庭和洪承畴两大巨头都到辽东,千载难逢,绝不能错过。

于是,崇祯十二年(1639)五月,正当崇祯兄收拾清军进攻残局的时候,张献忠再次反叛,攻占谷城。

谷城知县阮之钿真是好样的,虽然他此前服毒自尽,没有死成,又抢救过来了。但事到临头,很有点儿士大夫精神,张献忠的军队攻入县城,大家都跑了,他不跑。非但不跑,就坐在家里等着。让他投降,不降,杀身成仁。

很明显,张献忠起兵,是有着充分准备的,因为他第一个目标,并非四周的州县,而是曹操。

以"曹操"作为外号,对罗汝才而言,是比较贴切的,作为明末三大头领之一,他很有点儿水平,作战极狡猾,部下精锐,所以张献忠在起兵之前,先要拉上他。

罗汝才效率很高,张献忠刚反,他就反,并与张献忠会师,准备在新的工作岗位上继续奋斗。

顺道说一句，张献忠同志在离开谷城前，干的最后一件事，是贴布告。布告的内容，是一张名单，包括这几年他送出去的贿赂、金额，以及受贿人的名字，全部一清二楚，诏告天下。

不该收的，终究要还。

我没有看到那份布告，估计熊文灿同志的名字，应该名列前茅。但此时此刻，受贿是个小问题，渎职才是大问题。

熊文灿还算反应快，而且他很幸运，因为当时世上，能与张献忠、罗汝才匹敌的人，不会超过五个，而在他的手下，就有一个。

在众多头领中，左良玉最讨厌，也最喜欢的，就是张献忠。

他讨厌张献忠，是因为这个人太闹腾。他喜欢张献忠，是因为这个人虽然闹腾，却比较好打。他能当上总兵，基本就是靠打张献忠，且无论张头领状态如何，心情好坏，只要遇到他，就是必败无疑。

所以左总兵毅然决定，虽说熊大人很蠢，但看在张献忠的分儿上，还是要去打打。

几天后，左良玉率军，与张献忠、罗汝才在襄阳附近遭遇，双方发生激战，惨败——左良玉。

所谓惨败，意思是，左良玉带着很多人去，只带着很少人跑回来。

之所以失败，是因为他太过嚣张，瞧不上张献忠，结果被人打了埋伏。

这次失败还导致了两个后果：一、由于左良玉跑得太过狼狈，丢了自己的官印，当年这玩意儿丢了，是没法补办的，所以不会刻公章的左总兵很郁闷。二、熊文灿把官丢了，纵横忽海几十年，终于把自己忽了下去。

一个月后，崇祯下令，免去熊文灿的职务，找了个人代替他，将其逮捕入狱，一年后，斩首。

代替熊文灿的人，是杨嗣昌。逮捕熊文灿的人，是杨嗣昌。如果你还记得，当年推举熊文灿的人，是杨嗣昌。

从头到尾，左转左转左转左转，结果就是个圈，他知道，事到如今，他只剩下一个选择。

崇祯十二年（1639）九月，杨嗣昌出征。

明朝有史以来，所有出征的将领中，派头最大的，估计就是他了，当时他的职务，是东阁大学士，给他送行的，是皇帝本人，还跟他喝了好几杯，才送他上路。

崇祯是个很容易激动的人，激动到十几年里，能换几十个内阁大学士，此外，他的疑心很重，很难相信人。

而他唯一相信，且始终相信的人，只有杨嗣昌。在他看来，这个人可信，且可靠。

可信的人，未必可靠。

对于崇祯的厚爱，杨嗣昌很感动，据史料说，他当时就哭了，且哭得很伤心、很动容，表示一定完成任务，不辜负领导的期望。

当然，光哭是不够的，哭完之后，他还向崇祯要了两样东西，一样给自己的：尚方宝剑，另一样是给左良玉的：平贼将军印。

然后，杨嗣昌离开了京城，离开了崇祯的视线，此一去，即是永别。

崇祯十二年（1639）十月，杨嗣昌到达襄阳，第一件事，是开会。与会人员包括总督以及所有高级将领。杨嗣昌还反复交代，大家都要来，要开一次团结的大会。

人都来了，会议开始，杨嗣昌的第一句话是：逮捕熊文灿，押送回京，立即执行。

然后，他拿出了尚方宝剑。

明白。这是个批斗会。

总督处理了，接下来是各级军官，但凡没打好的，半路跑的，一个个拉出来单练，要么杀头，要么撤职，至少也是处分。当然，有一个人除外——左良玉。

左良玉很慌张，因为他的罪过很大，败得太惨，按杨大人的标准，估计直接就拉出去了。

但杨嗣昌始终没有修理他,直到所有的人都处理完毕,他才叫了左良玉的名字,说,有样东西要送给你。

左良玉很激动,因为杨嗣昌答应给他的,是平贼将军印。

在明代,将军这个称呼,并非职务,也不是级别,大致相当于荣誉称号,应该说,是最高荣誉。有明一代,武将能被称为将军的,不会超过五十个人。

对左良玉而言,意义更为重大,因为之前他把总兵印丢了,这种丢公章的事,是比较丢人的,而且麻烦,公文调兵都没办法。现在有了将军印,实在是雪中送火锅,太够意思。

杨嗣昌绝顶聪明,要按照左良玉的战绩,就算砍了,也很正常,但他很明白,现在手下能打仗的,也就这位仁兄,所以必须笼络。先用大棒砸别人,再用胡萝卜喂他,恩威并施,自然服气。

效果确实很好,左良玉当即表示,愿意跟着杨大人,水里水里去,火里火里去,干到底。

对于杨嗣昌的到来,张献忠相当紧张,紧张到杨大人刚来,他就跑了。

因为他知道,熊文灿只会忽悠,但杨嗣昌是玩真格的,事业刚刚起步,玩不起。

张献忠对局势有足够的判断,对实力有足够的认识,可惜,跑得不足够快。

他虽然很拼命地跑,但没能跑过左良玉,心情激动的左大人热情高涨,一路狂奔,终于在四川截住了张献忠。

战斗结果说明,如果面对面死打,张献忠是打不过的。短短一天之内,张献忠就惨败,败得一塌糊涂,死伤近万人,老婆孩子,连带那位叫作潘独鳌的军师,都给抓了。由于败得太惨,跑得太快,张献忠连随身武器都丢了(大刀),这些东西被左良玉全部打包带走,送给了杨嗣昌。

消息传来,万众欢腾。杨嗣昌极为高兴,当即命令左良玉,立即跟踪追击,

第十九章 选择

彻底消灭张献忠。

左良玉依然积极，马上率军，尾随攻击张献忠。

局势大好。

士为知己者死

十几天后，左大人报告，没能追上，张献忠跑了。

杨嗣昌大怒，都打到这份儿上了，竟然还让人跑了，干什么吃的，怎么回事？

左良玉回复：有病。

按左大人的说法，是因为他进入四川后，水土不服，结果染了病，无力追赶，导致张献忠跑掉。

但按某些小道消息的说法，事情是这样的，在追击过程中，张献忠派人找到左良玉，说你别追我了，让我跑，结果左良玉被说服了，就让他跑了。

这种说法的可能性，在杨嗣昌看来，基本是零。毕竟左良玉跟张献忠是老对头，而且左大人刚封了将军，正在兴头上，残兵败将拿啥收买左良玉？无论如何不会干这种事。

然而，事实就是这样。

左良玉很得意，张献忠很落魄，左良玉很有钱，张献忠很穷，然而，张献忠确实收买了左良玉，没花一分钱。

他只是托人，对左良玉说了一句话。

这句话的大意是，你之所以受重用，是因为有我，如果没有我，你还能如此得意吗？

所谓养寇自保，自古以来都是至理名言。一旦把敌人打光了，就要收拾自己人，左良玉虽说是文盲，但这个道理也还懂。

然而就凭这句话，要说服左良玉，是绝无可能的，毕竟在社会上混了这么多年，一句话就想蒙混过关，纯胡扯。

左良玉放过张献忠，是因为他自己有事。

因为一直以来，左良玉都有个问题——廉政问题。文官的廉政问题，一般都是贪污受贿，而他的廉政问题，是抢劫。

按史料的说法，左良玉的军队纪律比较差，据说比某些流寇还要差，每到一地都放开抢。当兵的捞够了，他自己也没少捞，跟强盗头子没啥区别。

对他的上述举动，言官多次弹劾，朝廷心里有数，杨嗣昌有数，包括他自己也有数。现在是因为世道乱，如果要和平了，追究法律责任，他第一个就得蹲号子。

所以，他放跑了张献忠。

这下杨嗣昌惨了，好不容易找到个机会，又没了，无奈之下，他只能自己带兵，进入四川，围剿张献忠。

自打追剿张献忠开始，杨嗣昌就没舒坦过。

要知道，张献忠他老人家原本就是打游击的，而且在四川一带混过，地头很熟。四川本来地形又复杂，这里有个山，那里有个洞，经常追到半路，人就没了，杨大人只能满头大汗，坐下来看地图。

就这么追了大半年，毫无结果，据张献忠自己讲，杨嗣昌跟着他跑，离他最近的时候，也有三天的路，得意之余，有一天，他随口吟出一首诗。

这是一首诗，一首打油诗，一首至今尚在的打油诗（估计很多人都听过），打油诗都能流传千古，可见其不凡功力，其文如下：

前有邵巡抚，常来团转舞。
后有廖参军，不战随我行。
好个杨阁部，离我三尺路。

文采是说不上了，意义比较深刻。所谓邵巡抚，是指四川巡抚邵捷春，廖参军，是指监军廖大亨。据张献忠同志观察，这二位一个是经常来转转，一个是经常跟着他走，只有杨嗣昌死追，可是没追上。

这首诗告诉我们，杨嗣昌很孤独。

所有的人，都在应付差事，出工不出力，在黑暗中坚持前行的人，只有他而已。

在史书上，杨嗣昌是很嚣张的，闹腾这么多年，骂他的口水，如滔滔江水，延绵不绝，然而无论怎么弹劾，就是不倒。就算他明明干错了事，却依然支持他，哪怕打了败仗，别人都受处分，他还能升官。

当年我曾很不理解，现在我很理解。

他只是信任这个人，彻底地相信他，相信他能力挽狂澜，即使事实告诉他，这或许只能是个梦想。

毕竟在这个冷酷的世界上，能够彻底地相信一个人，是幸运的。

崇祯并没有看错人，杨嗣昌终将回报他的信任，用他的忠诚、努力和生命。

崇祯十三年（1640）十二月，跟着张献忠转圈的杨嗣昌得到了一个令他惊讶的消息：张献忠失踪了。

对张献忠的失踪，杨嗣昌非常关心，多方查找。其实如果张头领永远失踪，那也倒好，但考虑到他突遭意外（比如被外星人绑走）的概率不大，为防止他在某地突然出现，必须尽快找到这人，妥善处理。

张献忠去向哪里，杨嗣昌是没有把握，四川、河南、陕西、湖广，反正中国大，能藏人的地方多，钻到山沟里就没影，鬼才知道。

但张献忠不会去哪里，他还有把握，比如京城、比如襄阳。

京城就不必说了，路远坑深，要找死，也不会这么个死法。而襄阳，是杨嗣昌的大本营，重兵集结，无论如何，绝不可能。

下次再有人跟你说，某某事情绝无可能，建议你给他两下，把他打醒。

张献忠正在去襄阳的路上。

对张献忠而言，去襄阳是比较靠谱的。首先，杨嗣昌总跟着他跑，兵力比较空虚；其次，他的老婆孩子都关在襄阳；更重要的是，在襄阳，有一个人，可以置杨嗣昌于死地。

为了达到这个目的，他创造了跑路的新纪录，据说一晚上跑了三百多里，先锋部队就到了，但人数不多——十二个。

虽然襄阳的兵力很少，但十二个人估计还是打不下来的，张献忠虽然没文凭，但有常识，这种事情他是不会做的。

所以这十二个人的身份，并不是他的部下，而是杨嗣昌的传令兵。

他们穿着官军的衣服，趁夜混入了城。以后的故事，跟特洛伊木马计差不多，趁着夜半无人，出来放火（打是打不过的），城里就此一片糨糊，闹腾到天明，张献忠到了。

他攻下了襄阳，找到了自己的老婆孩子，就开始找那个能让杨嗣昌死的人。

找半天，找到了，这个人叫朱翊铭。

朱翊铭，襄王，万历皇帝的名字，是朱翊钧。光看名字就知道，他跟万历兄是同辈的，换句话说，他算是崇祯皇帝的爷爷。

但这位仁兄实在没有骨气，明明是皇帝的爷爷，见到了张献忠，竟然大喊：千岁爷爷饶命。

很诡异的是，张献忠同志非常和气，他礼貌地把襄王同志扶起来，让他坐好。

襄王很惊慌，他说，我的财宝都在这里，任你搬用，别客气。

张献忠笑了，他说，你有办法让我不搬吗？

襄王想想也是，于是他又说，那你想要什么？

张献忠又笑了：我要向你借一样东西。

什么东西？

脑袋。

在杀死襄王的时候，张献忠说：如果没有你的脑袋，杨嗣昌是死不了的。

此时的杨嗣昌，刚得知张献忠进入湖广，正心急火燎地往回赶。赶到半路，消息出来，出事了，襄阳被攻陷，襄王被杀。

此后的事情，按很多史料的说法，杨嗣昌非常惶恐，觉得崇祯不会饶他，害怕被追究领导责任，畏罪自杀。

我个人认为，这种说法很无聊。

如果是畏罪，按照杨嗣昌同志这些年的工作状况、败仗次数、阵亡人数，估计砍几个来回都够了，他无须畏惧，只需要歉疚。

真实的状况是，很久以前，杨嗣昌就身患重病，据说连路都走不了，吃不下饭，睡不着觉，按照今天的标准，估计早就住进高干病房吊瓶了。

然而他依然坚持，不能行走，就骑马，吃不下，就少吃或不吃，矢志不移地追击张献忠。我重复一遍，这并非畏惧，而是责任。

许多年来，无论时局如何动荡，无论事态如何发展，无论旁人如何谩骂、弹劾，始终支持、保护、相信，相信我能挽回一切。

山崩地裂，不可动摇，人言可畏，不能移志，此即知己。

士为知己者死。

所以当他得知襄王被杀时，他非常愧疚，愧疚于自己没有能够尽到责任，没有能够报答一个知己的信任。

一个身患重病的人，是经不起歉疚的，所以几天之后，他就死了，病重而亡。

他终究没能完成自己的承诺。

他做得或许不够好，却已足够多。

对于杨嗣昌的死，大致有两种态度，一种是当时的，一种是后来的，这两种态度，都可以用一个词来形容——活该。

当时的人认为，这样的一个人长期被皇帝信任，实在很不爽，应该死。

后来的人认为，他是刽子手，罪大恶极，应该死。

无论是当时的，还是后来的，我都不管，我只知道，我所看到的。

我所看到的，是一个人，在绝境之中，真诚、无条件信任另一个人，而那个人终究没有辜负他的信任。

第二十章 没有选择

杨嗣昌死了,崇祯很悲痛,连他爷爷辈的亲戚(襄王)死了,他都没这么悲痛,非但没追究责任,还追认了一品头衔,抚恤金、养老金,一个都没少。知己死了,没法以死相报,以钱相报总是应该的。

其实和崇祯比起来,杨嗣昌是幸运的,死人虽说告别社会,但毕竟就此解脱,彻底拉倒。

而崇祯是不能拉倒的,因为他还要解决另一个问题,一个更麻烦的问题。

崇祯十三年(1340),崇祯正忙着收拾张献忠的时候,皇太极出兵了。

虽然此前他曾多次出兵,但这一次很不寻常。

因为他的目标,是锦州。

自打几次到关宁防线挖砖头未果,皇太极就再也没动过锦州的心思,估计是十几年前被袁崇焕打得太狠,打出了恐×症,到锦州城下就打哆嗦。

所以每次他进攻的时候,都要不远万里,跑路、爬山、爬长城,实在太过辛苦,久而久之,搏命精神终于爆发,决定去打锦州。

但实践证明,孙承宗确实举世无双,他设计的这条防线,历经近二十年,他本人都死了,依然在孜孜不倦地折腾皇太极。

皇太极同志派兵打了几次,毫无结果,最后终于怒了,决定全军上阵。

同年四月,他发动所部兵力,包括多尔衮、多铎、阿济格,甚至连尚可喜、孔有德的汉奸部队，都调了出来，同时，还专门造了上百门大炮，对锦州发动了总攻。

守锦州的，是祖大寿。

事情的发展告诉皇太极，当年他放走祖大寿，是比较不明智的。因为这位仁兄明显没有念他的旧情，还很能干，被围了近三个月，觉得势头危险，才向朝廷求援。

而且据说祖大寿的求援书，相当强悍，非但没喊救命，还说敌军围城，若援军前来，要小心敌人陷阱，不要轻敌冒进，我还撑得住，七八个月没问题。

但崇祯实在够意思，别说七八个月，连七八天都没想让他等，他当即开会，商量对策。

开会的问题主要是两个：一、要不要去，二、派谁去。

第一个问题很快解决，一定要去。

就军事实力而言，清军的战斗力，要强于明军，辽东能撑二十多年，全靠关宁防线，如果丢了，就没戏了。

第二个问题，也没什么疑问，卢象昇死了，杨嗣昌也死了。

只有洪承畴。

问题解决了，办事。

崇祯十三年（1640）五月，洪承畴出兵了。

得知他出兵后，皇太极就蒙了。

打了这么多年，按说皇太极同志是不会蒙的，但这次实在例外，因为他虽然料定对方会来，却没有想到，会来得这么多。

洪承畴的部队，总计人数，大致在十三万。属下将领，包括吴三桂、白广恩等，参与作战部队除本部洪兵外，还有关宁铁骑一部，总之，最能打的，他基本都调来了。

本来是想玩玩，对方却来玩命，实在太敞亮了。

考虑到对方的战斗能力和兵力，皇太极随即下令，继续围困锦州，不得主动出战，等待敌军进攻。

但是接下来的事情，却让他很晕。

因为洪承畴来后，看上去没有打仗的打算，安营、扎寨，每天按时吃饭、睡觉，再吃饭、再睡觉，再不就是朝城里（锦州）喊喊话，兄弟挺住等。

晕过之后，他才想明白，这是战术。

洪承畴的打算很简单，他判定，如果真刀真枪拼命，要打败清军，是很困难的，所以最好的方法，就是守在这里，慢慢地耗，把对方耗走了，完事大吉。

这是个老谋深算的计划，也是最好的计划。对这一招，皇太极也没办法，要走吧，人都拉来了，路费都没着落，就这么回去，太丢人。

但要留在这里，对方又不跟你开仗，只能耗着。

耗着就耗着吧，总好过回家困觉。

局势就此陷入僵持，清军在祖大寿外面，洪承畴在清军外面，双方就隔几十里地，就不打。

当然，清军也没完全闲着，硬攻不行，就开始挖地道，据说里三层、外三层，赛过搞网络的，密密麻麻。

但事实告诉我们，祖大寿，那真是非一般顽强，而且他还打了埋伏，之前跟朝廷说，他可以守七八个月，实际满打满算，他守了两年。

就这样，从崇祯十三年（1640）五月到崇祯十四年（1641）五月，双方对峙一年。

六月底，出事了。

洪承畴突然打破平静，出兵，向松山攻击挺进。

这个举动大大出乎清军的意料，清军总指挥多尔衮（皇太极回家）没有提防，十万人突然扑过来，被打了个措手不及，战败。

消息传来，皇太极晕了，一年都没动静，忽然来这么一下，你打鸡血了不成？

多年的作战经验告诉他，决战的时刻即将到来，于是他立即上马，率领所有军队，前往松山。

但是，有个问题。

当时皇太极，正在流鼻血。

一般说来，流鼻血，不算是个问题，拿张手纸塞着，也还凑合。

但皇太极的这个鼻血，据说相当之诡异，流量大，还没个停，连续流了好几天，都没办法。

但军情紧急，在家养着，估计是没辙了，于是皇太极不顾流鼻血，带病工作，骑着马，一边流鼻血，一边就这么去了。

让人难以理解的是，他没有找东西塞鼻孔，却拿了个碗，就放在鼻子下面，一边骑马一边接着，连续两天两夜赶到松山，据说到地方时，接了几十碗。

反正我是始终没想明白，拿这碗干什么用的。

会战地点，松山，双方亮出底牌。

清军，总兵力（包括孔有德等杂牌）共计十二万，洪承畴，总兵力共计十三万，双方大致相等。

清军主将，包括多尔衮、多铎、济尔哈朗等精锐将领，除个把人外，都很能打。

洪承畴方面，八部总兵主将，除吴三桂外，基本都不能打。

至于战斗力，就不多说了，清军的战斗力，大致和关宁铁骑差不多，按照这个比例，自己去想。

换句话说，要摊开了打，洪承畴必败无疑。

但洪承畴，就是洪承畴。

崇祯十四年（1641）七月二十八日，洪承畴突然发动攻击，率明军抢占制高点乳峰山，夺得先机。

他十分得意，此时他的军中的一个武官对他说了一件事：

占据高地固然有利，但我军粮少，要提防清军抄袭后路。

然而，洪承畴似乎兴奋过度，把那个人训了一顿，说：

我干这行十几年，还需要你提醒？

大多数历史学者认为，这句话，就是他失败的最终原因。

因为就战略而言，固守是最好的方法，进攻是最差的选择，而更麻烦的是，当时的洪承畴，在进攻之前，只带了三天的粮食。

无论如何，只带三天的粮食，是绝对不够的。

所以结论是，一贯英明的洪承畴，犯了一个愚蠢的错误，最终导致了战败。

我原本认为，这个结论很对，洪承畴很蠢，起码这次很蠢。

后来我想了想，才发现，洪承畴不蠢，起码这次不蠢。在他看似荒谬的行动背后，隐藏着一个极为精明的打算。

其实洪承畴并不想进攻，他很清楚，进攻极为危险，但他没有办法。

因为有个人一直在催他，这个人的名字叫陈新甲，时任兵部尚书，而这位陈尚书的外号，叫小杨嗣昌。

杨嗣昌同志的特点，是风风火火，玩命了干，能得这个外号，可见陈大人也不是白给的。

自打洪承畴打持久战，他就不断催促出战，要洪督师赶紧解决问题，是打是不打，多少给个交代。

但洪承畴之所以出战，不仅因为陈尚书唠叨，像他这样的老油条，是不会怕唐僧的。

他之所以决定出战，最根本的原因，就是两个字——没钱。

我查过资料，明末时期的军饷，以十万人计，吃喝拉撒外加工资、奖金，至少在三十万两白银以上。

要在平时，这也是个大数，赶巧李自成、张献忠都在闹腾，要是洪承畴再耗个几年，崇祯同志的裤子，估计都要当出去。

所以不打不行。

但洪承畴不愧为名将，所以在出发前，他想出了一个绝招：只带三天粮食。

要还没明白，我就解释一遍：

带上三天粮食出征，如果遇上好机会，就猛打一闷棍，打完就跑，也不怕对手断后路。

如果没有机会，看情形不妙，立马就能跑，而且回来还能说，是粮食不够了，才跑回来的，对上面有了个交代，又不怕追究政治责任，真是比猴还精。

精过头，就是蠢。

如果换了别人，这个主意没准儿也就成了，可惜，他的对手是皇太极。

皇太极不愧老牌军事家，刚到松山，还在擦鼻血，看了几眼，就发现了这个破绽。

八月二十日，就在洪承畴出发的第二天，他派遣将领突袭洪军后路，占领锦州笔架山粮道。

"欲战，则力不支；欲守，则粮已竭。"洪承畴彻底休息了。

当然，当然，在彻底休息前，洪承畴还有一个选择——突围。

毕竟他手里还有十几万人，要真玩命，还能试试。

于是他找来了手下的八大总兵，告诉他们事态紧急，必须通力合作，然后，他细致分配了工作，从哪里出发，到哪里会合，一切安排妥当，散会。

我忘了说，在这八个总兵里，有一个人，叫作王朴。

第二天，突围开始。

按照洪承畴的计划，突围应该是很有秩序的，包括谁进攻，谁佯攻，谁殿后，大家排好队，慢慢来。

可还没等洪承畴同志喊一二三，两个人就先跑了。

那两个先跑的人，一个是王朴。

如果没有重名，这位王朴兄，应该就是八年前，在黄河边上收钱，放走诸位头领的总兵同志。

照此看来，他还是有进步的，八年前，收钱让别人跑，现在撒腿就跑，也没想着找皇太极同志拿钱，实在难得。

而另一位带头逃跑的，史料记载有点儿争议，但大多数人认为，是吴三桂。

无论如何，反正是散了，彻底散了，全军溃败，无法收拾，十余万人土崩瓦解，被人杀的，被踩死的，不计其数，损失五万多人。

洪承畴还算是镇定，关键时刻，找到了曹变蛟、丘民仰，还聚了上万人，占据松山城，准备伺机撤退。

可是皇太极很不识相，非要解决洪承畴，开始围城、劝降。

洪承畴拒不投降，派使者向京城求救。

可他足足等了半年，也没有等来救兵，他很纳闷儿，为什么呢？

因为他糊涂了，就算用脚指头想，也能明白，援兵是绝不会到的。

要知道，他老人家来，就是救援锦州的，能带的部队都带了，可现在他也被人围住，再去哪里找人救他？

其实洪承畴同志不知道，皇帝陛下也在等，不过他等的，不是救兵，而是洪承畴的死亡通知书。

按史料的说法，洪承畴同志被围之后不久，京城这边追悼会什么的都准备好了，家属慰问，发放抚恤，追认光荣，基本上程序都走了，就等着洪兄弟为国捐躯。

其实洪承畴原本也这么盘算来着，死顶，没法顶了，就捐躯。做梦都没想到，他连捐躯都没捐成。

崇祯十五年（1642）二月十八日，在这个值得纪念的日子，松山副将夏承德与清军密约，打开了城门，二月十九日洪承畴被俘。

几个月后，无计可施的洪承畴终于投降，这次，他是真的投降了。

自崇祯十三年（1641）至崇祯十五年（1643），明朝和清朝在松山、锦州一带会战，以明军失利告终，史称"松锦大战"。

除宁远外，辽东全境陷落，从此，明朝在关外，已无可战之兵。

消息传到北京，照例，崇祯很悲痛，虽然这几年他经常悲痛，但这次，他尤其激动，连续几天都泪流满面，因为他又失去了一位好同志——洪承畴。

按目击者的说法，洪承畴同志被抓之后，非常坚强，表示啥也别说了，给我一刀就行，后来英勇就义，眼睛都没眨，很勇敢、很义气。

所以崇祯很是感动，他亲自主持了洪承畴同志的追悼会，还给他修了坛（明朝最高规格葬礼），以表彰他英勇就义的精神。

洪承畴没有就义，他投降了。

当然，他刚被俘的时候，还是比较坚持原则的，没有投降。结果过了几天，由于平时没有注意批评和自我批评，关键时刻没能挺住，还是投降了。

至于他投降后的种种传奇，就不说了，可以直接跳过，说说他的结局。

清朝统一中原时，洪承畴由于立下大功，干了很多工作，有很大的贡献，被委以重任，担任要职。

清朝统一中原后，洪承畴由于立下大功，干了很多工作，有很大的贡献，被剥夺一切官职，光荣退休。

后来他死了，死后追封爵位，三等阿达哈哈番，这是满语，汉语翻译过来，是三等轻车都尉。

如果你不清楚清朝爵位制度，我可以解释，高级爵位分为公、侯、伯、子、男五级，每个爵位，又分一到三等，一等为最高。

男爵再往下一等，就是轻车都尉，三等轻车都尉，是轻车都尉中的最低等。我查了一下，大致是个从三品级别。

我记得洪承畴活着给明朝打工时，就是从一品太子太保，死了变从三品，有性格。

后来又过了几十年，乾隆发话，要编本书，叫作《贰臣传》。

所谓贰臣，通俗点儿说，就是叛徒，洪承畴同志以其光辉业绩，入选叛徒甲等。

在此之前，似乎就是乾隆同志，还曾发话，说抗清而死的黄道周，堪称圣人，说史可法是英雄，要给他立碑塑像。

我又想起了陈佩斯那个经典小品里的台词：

"叛徒，神气什么！"

好像还是这个小品，另一句话是：

"你说我当时要是咬咬牙，不就挺过来了吗？"

絮絮叨叨说这几句，只是想说：

一、历史证明，叛徒是没有好下场的。同志瞧不起的人，敌人也瞧不起。

二、黄道周挺过来了，我敬佩；卢象昇挺过来了，我景仰；洪承畴没挺过来，我鄙视，但理解。

咬牙挺过来，是不容易的。

所以，我不接受，但我理解。

气数

现在的崇祯，基本已经焦了，里面打得一塌糊涂，外面打得糊涂一塌，没法混了。

但他还是要撑下去，直到撑死，因为最能折腾他的那位仁兄还没出场。

据说打崇祯十二年（1639）起，崇祯同志经常做梦，梦见有一个人，在他的手上，写了一个字——有。

这是个很奇怪的梦，而且还不止一次，所以他把这个梦告诉文武大臣，让他们帮忙解释。

大家听说，都说很好，说很吉利，我想了想，有道理，因为有，总比没有好。

然而，有一个人却大惊失色，这个人叫王承恩，是崇祯的贴身太监。

散朝后，他找到了崇祯，对他说出了这个梦境的真实意义，可怕的寓意——大明将亡。

按照王承恩的解释，这个有，实际上是两个字。上面，是大字少一捺，下面，是明字少半边。

所以这个字的意思，就是大明，要少一半。

崇祯不信，不敢信，大明江山，自打朱重八起，二百多年，难道要毁在自己手上？

个人认为，崇祯同志过于忧虑了，因为毁不毁，这事不由他。

但这个梦实在比较准，我查了一下，他做梦的时间，大致就是那个毁他江山的人，出现的时间。

崇祯十二年（1639），一个人从深山中走出。

他的随从很少，很单薄，且很不起眼，无论是张献忠，还是皇太极，他都望尘莫及。但命中注定，他才是最终改变一切的人，五年之后。

这人我不说，你也知道是李自成。

李自成在山里蹲了一年多，干过什么，没人知道，只知道他出来之后，进步很快。

一年多时间，他又有了几千人，占了几个县城。

但就全国而言，他实在排不上，有时经济困难，还得找张献忠拉兄弟一把。

鉴于生计困难，崇祯十三年（1640）初，他率军进入河南，新年新气象，他准备到那里碰碰运气。

通常来讲，这个想法没啥搞头，因为之前他经常全国到处出差，河南也是出差地之一，跑来跑去，没什么意外惊喜。

但这次不一样。

崇祯十三年（1640），河南大旱。

这场大旱，史料上说，是二百多年未遇之大旱，河南的景象，借用古人的话：白骨露于野，千里无鸡鸣。

大旱也好，没有鸡叫也罢，没有牛、没有猪都罢，有一样东西，是终究不会罢的——征税。

不征税，就没钱打张献忠，没钱防皇太极，必须征。

这么个环境，让人不造反，真的很难。

至于结局，不用想也知道，劳苦大众，固然劳苦，也是大众，劳苦久了，大众就要闹事，就要不交税、不纳粮，于是接下来，就是那句著名的口号：

吃他娘，喝他娘，开了大门迎闯王，闯王来时不纳粮。

之前我说什么来着？气数。

没错，就是气数。

其实气数这玩意儿，说穿了，就是个使用年限，好比饼干，只能保质三天，你偏三年后吃，就只能拉肚子。好比房子，只能住三十年，你偏要住四十年，就只能住危房，没准儿哪天上厕所的时候，被埋进去。

什么东西，都有使用年限，比如大米，比如王朝，比如帝国。

不同的是，大米的年限看得见，王朝的年限看不见。

看不见，却依然存在。

对于气数，崇祯是不信的，开始不信。

等到崇祯十四年（1641），怕什么来什么，后院起火，前院也起火，卢象昇死了，辽东败了，中原乱了，信了。

在一次检讨会上，他紧绷了十四年的神经，终于崩溃了。

他号啕大哭，一边哭，一边说：

"我登基十四年，饱经忧患，国家事情多，灾荒多，没有粮食，竟然人吃人，流寇四起，这都是我失德所致啊，这都是我的错啊！"

他不停地哭，不停地哭。

我同情他。

大臣们似乎也很同情，纷纷发言，说这不是您的错。

但不是皇帝的错，是谁的错呢？

气数。

几乎所有的人，众口一词，说出了这俩字。

崇祯终于认了，他承认这是气数。但他终究是不甘心的：

"就算是气数，人力也可补救，这么多年了，补救何用？"

然后接着大哭。

崇祯大哭的时候，李自成正在前进，在属于他的气数上，大踏步地前进。

在河南，他毫不费力地招募了十几万人。只用了两年时间，就占领了河南全境，所向披靡，先后杀死陕西总督傅宗龙、汪乔年，以及我们的老熟人福王朱常洵。

鉴于崇祯同志的倒霉史已经太长，鉴于他受的苦实在太多，鉴于不想有人说我拿崇祯同志混事，还鉴于我比较乐观，不太喜欢落井下石，所以，我决定简单点儿，至少保证你不至于看得太过郁闷。

李自成同志依然在前进，一年后，他进入陕西，击败了明朝的最后一位猛人孙传庭，占领西安。明军就此再无还手之力。

崇祯十六年（1643），李自成在西安，集结所有兵力，准备向京城出发，他将终结这已延续二百七十多年的帝国。

在出发前，他发出了一道檄文，文中有八个字：

"嗟尔明朝，气数已尽。"

嗟尔，明朝

对于上述八个字，崇祯应该是认账的，因为不认账不行。

上台以前，憋足了劲儿要干掉那个死人妖，死人妖干掉了，又出来党争，后金入侵，看准了袁崇焕，要他出来上岗，一顿折腾，后金没能折腾回去，袁督师倒给折腾没了。本想着卧薪尝胆，忍几年，搞好国内经济建设，再去收复大好河山，结果出了天灾，又出来若干人等造反。

调兵，干掉若干人等，若干人等被干掉，又出来了若干更狠的人（比如张献忠、李自成），再调兵，把若干更狠的人又打下去，投降的投降，跑的跑，正准备一鼓作气……

清军打进来了。

好吧，那就去打清军，全部主力调到辽东，打个一年半载，好不容易把人熬走，后院又起火了，投降的不投降，跑进去的又跑出来。

很巧，又是灾荒，大荒，没法活，于是大家跟着一起造反。

这种编剧思路，很类似于早些年的经典电视剧《渴望》。按照当时编剧的思路，就是找个弱女子，什么坏事、孬事、恶心人到死的事，都让她碰上，整体流程大致是，一棍子打过来，挺住，再一棍子打过来，继续挺住，挺到最后，就"好人一生平安"了。

崇祯的故事就是这样，他挨棍子的数量，估计比《渴望》女主角要多得多，抗击打能力更强，但不同的是，他的故事没有一个好的结局。

因为他的故事，是真实的，而真实的东西，往往都很残酷。

崇祯并非一个温和的人，他很急躁，很用力，用今天的话说，叫用力过猛，但那个烂摊子，不用力过猛，只能收摊。

崇祯很节俭，他的衣服、袜子，都打了补丁。请注意，打补丁的，并不一定很节俭，往往很浪费，比如后来清朝的道光同志，衣服破了，让人去打了个补丁，五十两白银，这哥们儿全然是败家的，还说特便宜。

而崇祯的补丁，是他找老婆打的，免费。

此外，崇祯还有个特点：走路慢。因为走得快，里面的破衣服就会飘出来——节俭是节俭，脸面还是要的。

他工作很努力，每天白天上朝，晚上加班，据史料记载，大致要干七八个时辰（十四到十六个小时），累得半死不活，第二天接着干。

简单地说，崇祯同志干的，是这样一份工作：没有工作范围，没有工作界限，什么都要管，每天上班，不是跟人吵架（言官），就是看人吵架（党争），穿得破烂，吃得也少，跟老婆困觉较少，只睡五六小时，时不时还有噩耗传来，什么北边打过来、西边打过去、祖坟被人烧了、部将被人杀了、东西被人抢了等。

这工作，谁干？

最不幸的是，崇祯同志以上所有的不幸，都无法换来一个幸福的结局——他的努力，终究失败。

但比最不幸更不幸的是（简称最最不幸），崇祯知道这点。

知道结局（注：悲剧），也无法改变，却依然要继续，这就是人生的最大悲哀。

史料告诉我们，崇祯同志应该知道自己的结局，他多次谈到命数、气数，经常对人哀叹："大明天下，奈何亡于朕手！"

然而，他依然尽心尽力、全力以赴、夜以继日、勤勤恳恳、任劳任怨、不到长城心不死、撞了南墙不回头，往死了干，直到最后结局到来，依然没有放弃，直到兵临城下的那一天，依然没有放弃。

一个了不起的人。

结局到来的具体过程，就没必要细说了。我说过，我是个有幽默感的人，很明显，至少对于崇祯而言，这段并不幽默。

我还说过，我是个不喜欢写废话的人，同样，对崇祯而言，这段是废话。

当然，对李自成同志而言，这段很幽默，也不是废话，他从陕西出发，只用了三个月时间，就到了北京。

三月十七日，李自成的军队到达西直门（他从西边来），开始攻城。

崇祯同志有句名言："诸臣误我。"还有一句："是文臣人人可杀。"三月十七日，事实证明，这两句话很正确。

内阁大臣拿不出主意，连话都没几句，且不说了。守城的诸位亲信，什么兵部尚书、吏部侍郎，压根儿说就没抵抗，全部打开城门投降。

当天，外城失陷，第二天，内城失陷。

崇祯住在紫禁城，就是今天的故宫，故宫有多大，去过的地球人都知道。

这里，就是他的最后归宿。

三月十八的夜晚

在这个夜晚，发生了很多事，都是后事。

其实后事处理起来，也很简单，就几句话，后妃上吊，儿子跑掉（对于后患，大多数人都不留），料理完了，身边还有个女儿。

这个女儿，叫作长平公主。关于她的前世今生，金庸同志已经说过了，虽然相关内容（包括后来跟韦小宝同志的际遇），百分之九十以上都是胡扯，但有一点是正确的，他确实砍断了女儿的手臂。

这个举动在历史上非常有名，实际情况，却比许多人想象中复杂得多。但无论如何，原因很简单，他不希望这个女儿落入敌人的手中，遭受更大的侮辱。

不是残忍，而是慈爱。

我知道，许多人永远无法理解，那是因为，他们永远无须去理解。

处理完一切后，崇祯决定，去做最后一件事——自尽。

自尽，是一件比较有勇气的事，按照某位哲学家的说法，你敢死，还不敢活吗？没种。

但现实是残酷的，而今这个世界，要活下去，比死需要更大的勇气。

但崇祯的死，并非懦弱，而是一种态度，负责任的态度。

我说过，所谓王朝，跟公司单位差不多，单位出了事，领导要负责任，降级、扣工资、辞退，当然，也包括自尽。

崇祯决定自尽，他打算用这种方式，表达他的如下观点：

一、绝不妥协。

二、绝不当俘虏。

三、尊严。

于是，在那天夜里，崇祯登上了煤山（今天叫作景山），陪在他身边的，还有一个叫作王承恩的太监。

就这样吗？

就这样吧。

他留下了最后的遗言：

"诸臣误朕，朕死，无面目见祖宗，自去冠冕以发覆面，任贼分尸，勿伤百姓一人。"

所有的一切，都结束了。

他走向了那棵树。

应该结束了。

按照惯例，每个人的讲述结束时，会有一句结束语，而当这个王朝结束的时候，也会有一句话，最后一句话。

是的，这句话我已经写过了，不是昨天，也不是前天，而是几年以前，在我的第一本书里，朱元璋登基那一段的最后，有一句话，就是那句，几年前，我就写好了。

还记得吗？

所有的王朝，它的开始，正如它的结束，所以才有了这句结束语，没错，就是下面这句：

走上了这条路，就不能再回头。

第二十一章

结束了?

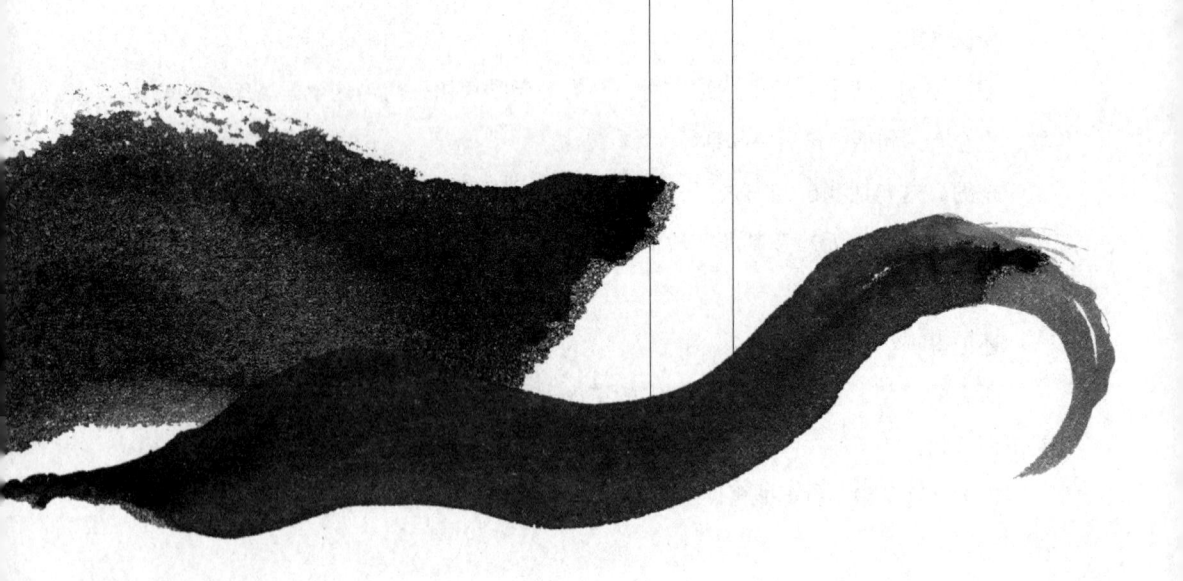

真的结束了吗?相信很多人都能看出,我所述说的这篇文字,它不仅是历史——讲了历史,还有很多东西,它们的名字分别叫作:权力、希望、痛苦、愤怒、犹豫、冷漠、热情、刚强、软弱、气节、度量、孤独、残暴、宽恕、忍耐、邪恶、正义、真理、坚持、妥协、善良、忠诚⋯⋯

是够多了。现在我要讲述的,是最后

结束了吗？

结束了。

真的结束了吗？

没有。

是的，从技术角度讲，这篇文章已经结束，我相信，很多人都能看出，它不仅是历史。

我所述说的，除了历史，还有很多东西，它们的名字分别叫作：

权力、希望、痛苦、愤怒、犹豫、冷漠、热情、刚强、软弱、气节、度量、孤独、残暴、宽恕、忍耐、邪恶、正义、真理、坚持、妥协、善良、忠诚。

足够多了。

现在我要讲述的，是最后一样东西，它隐藏在下面的故事里。

徐宏祖出生的时候，是万历十五年（1587）。

在这个特定的年份出生，真是缘分。但外面的世界，跟徐宏祖并没有多大关系，他的老家在江阴，山清水秀，不用搞政治，也不怕被人砍，比较清净。

当然，清净归清净，在那年头，要想出人头地，青史留名，只有一条路——考试（似乎今天也是）。

徐宏祖不想考试，不想出人头地，不想青史留名，他只想玩。

按史籍说，是从小就玩，且玩得比较狠、比较特别，不扔沙包，不滚铁环，只是四处瞎转悠，遇到山就爬，遇到河就下，人极小，胆子极大。

此外，他极其讨厌考试，长大后，让他去考科举，死都不去。该情节，放在现在，大致相当于抗拒高考。

这号人，当年跟今天的下场，估计是差不多，被拉回家打一半死不活，绝无幸免。

然而，徐宏祖的父母没有打他，非但没有打他，还告诉他，你要想玩，就玩吧，做自己喜欢做的事情就行。

这种看似惊世骇俗的思想，似乎很不合理，但对徐家人而言，很合理。

对了，应该介绍一下徐宏祖同志的家世，虽然他的父母，并非什么大人物，也没名气，但他有一位祖先，还算是很有名的，当然，不是好名。

在徐宏祖出生前九十年，徐家的一位先辈进京赶考，路上遇到了一位同伴，叫作唐寅，又叫唐伯虎。

没错，他就是徐经。

后来的事情，之前讲过，据说是徐经作弊，结果拉上了唐伯虎，大家一起完蛋。进士没考上，连举人都没了，所以徐经同志痛定思痛，对坑害了无数人（主要是他）的科举制度深恶痛绝，教育子孙，要与这个万恶的制度决裂，爱考不考，去他娘的。

对这段百年恩怨，徐宏祖是否了解，不清楚，但他会用，那是肯定的。更重要的是，徐家虽说没有级别，还有点儿钱，所以他决定，索性不考了，出去旅游。

刚开始，他旅游的范围，主要是江浙一带，比如紫金山、太湖、普陀山等。后来愈发勇猛，又去了雁荡山、九华山、黄山、武夷山、庐山等。

但这里，存在着一个问题——钱。

旅行家和大侠的区别在于，旅行家是要花钱的，列一下，大致包括以下费用：交通费、住宿费、导游费、餐饮费、门票费，如果地方不地道，还有个挨宰费。

我说过，徐家是有钱的，但只是有点儿钱，没有很多钱，大约也就是个中产阶级。按今天的标准，一年去旅游一次，也就够了，但徐宏祖的旅行日程是：一年休息一次。

他除了年底回家照顾父母外，一年到头都在外面，但就这么个搞法，他家竟然还过得去。

原因很简单，比如交通费，他不坐火车，也不坐汽车（想坐也没），少数骑马，多靠步行（骑马爬山试试）。

住宿费，基本不需要，徐宏祖去的地方，当年大都没有人去，别说三星级，连孙二娘的黑店都没有，树林里、悬崖上，打个地铺，也就睡了。

餐饮费，也没有，我考察过，徐宏祖同志去的地方，也没什么餐馆，每次他出发的时候，都是带着干粮，而且他很扛饿，据说能扛七八天，至于喝水，山里面，那都是矿泉水。

门票费也是不用了，当年谁要能在徐宏祖同志去的地方，设个点收门票，那只能说明，他比徐宏祖还牛，该收。

挨宰费是没有的，但挨宰是可能的，且比较敞亮，从没有暗地加价坑钱，都是拿刀，明着来抢。要知道，没门票的地方，固然没有奸商，却很可能有强盗。

据本人考证，徐宏祖最大的花销，是导游费用。作为一个旅行家，徐宏祖很清楚，什么都能省，这笔钱是不能省的，否则走到半山腰，给你挖个坑，让你钻个洞，那就休息了。

就这样，家境并不十分富裕的徐宏祖，穿着俭朴的衣服，没有随从，没有护卫，带着干粮，独自前往名山大川，风餐露宿，不怕吃苦，不怕挨饿，一年只回一次家，只为攀登。

从俗世的角度，徐宏祖是个怪人，这人不考功名，不求做官，不成家立业，按很多人的说法，是毁了。

我知道，很多人还会说，这种生活荒谬，是不符合常规的，是不正常的，是缺根弦的，是精神有问题的。

我认为，说这些话的人，是吃饱了，撑的。人只活一辈子，如何生活，都是自己的事，自己这辈子浑浑噩噩地没活好，厚着脸皮还来指责别人，有多远，就去滚多远。

徐宏祖旅行的唯一阻力，是他的父母。他的父亲去世较早，只剩他的母亲无人照料。圣人曾经教导我们："父母在，不远游。"

所以在出发前，徐宏祖总是很犹豫，然而，他的母亲找到他，对他说了这样一番话：

"男儿志在四方，当往天地间一展胸怀！"

就这样，徐宏祖开始了他伟大的历程。

他二十岁离家，穿着布衣，没有政府支持，没有朋友帮助，独自一人，游历天下二十余年。他去过的地方，包括湖广、四川、辽东、西北，简单地说，大明十三省，全部走遍。

他爬过的山，包括泰山、华山、衡山、嵩山、终南山、峨眉山，简单地说，你听过的，他都去过，你没听过的，他也去过。

此外，黄河、长江、洞庭湖、鄱阳湖、金沙江、汉江，几乎所有江河湖泊，全部游历。

在游历的过程中，他曾三次遭遇强盗，被劫去财物，身负刀伤，还由于走进大山，无法找到出路，数次断粮，几乎饿死。最悬的一次，是在西南。

当时，他前往云贵一带。结果走到半路，突然发现交通中断，住处被当地土著围困。过了几天，外面又来了明军，又开始围，围了几天，就开始打，打了几天，就开始乱。徐宏祖好歹是见过世面的，跑得快，总算顺利脱身。

在旅行的过程中，他还开始记笔记，每天的经历，他都详细记录下来。鉴于他本人除姓名外，还有个号，叫作霞客，所以后来，他的这本笔记，就被称为《徐霞客游记》。

崇祯九年（1636），五十岁的徐宏祖决定，再次出游，这也是他的最后一次出游，虽然他自己没有想到。

正当他考虑出游方向的时候，一个和尚找到了他。

这个和尚的法号，叫作静闻，家住南京。他十分虔诚，非常崇敬鸡足山迦叶寺的菩萨，还曾刺破手指，血写过一本《法华经》。

鸡足山在云南。

当时的云南鸡足山，算是蛮荒之地，啥也不通，要去，只能走着去。

很明显，静闻是个明白人，他知道自己要一个人去，估计到半路就歇了，必须找一个同伴。

徐宏祖的名气，在当时已经很大了，所以他专门找上门来，要跟他一起走。

对徐宏祖而言，去哪里，倒是个无所谓的事，就答应了他，两个人一起出发了。

他们的路线是这样的，先从南直隶出发，过湖广，到广西，进入四川，最后到达云贵。

不用到达云贵，因为到湖广，就出事了。

走到湖广湘江（今湖南），没法走了，两人坐船准备渡江。

渡到一半，遇上了强盗。

对徐宏祖而言，从事这种职业的人，他已经遇到好几次了，但静闻大师，应该是第一次。此后的具体细节不太清楚，反正徐宏祖赶跑了强盗，但静闻在这场风波中受了伤，加上他的体质较弱，刚撑到广西，就圆寂了。

徐宏祖停了下来，办理静闻的后事。

由于路上遭遇强盗，此时，徐宏祖的路费已经不足了，如果继续往前走，后果难以预料。

所以当地人劝他，放弃前进念头，回家。

徐宏祖跟静闻，是素不相识的，说到底，也就是个伴，各有各的想法，静闻没打算写游记，徐宏祖也没打算去礼佛，实在没有什么交情。而且我还查过，他此前去过鸡足山，这次旅行对他而言，并没有太大的意义。

然而他说，我要继续前进，去鸡足山。

当地人问：为什么要去。

徐宏祖答：我答应了他，要带他去鸡足山。

可是，他已经去世了。

我带着他的骨灰去。答应他的事情，我要帮他做到。

徐宏祖出发了，为了一个逝去者的愿望，为了实现自己的承诺，虽然这个逝去者，他并不熟悉。

旅程很艰苦，没有路费的徐宏祖背着静闻的骨灰，没有任何资助，他只能住在荒野，靠野菜干粮充饥，为了能够继续前行，他还当掉了自己所能当掉的东西，只是为了一个承诺。

就这样，他按照原定路线，带着静闻，翻越了广西十万大山，然后进入四川，越过峨眉山，沿着岷江，到达甘孜松潘。

渡过金沙江，渡过澜沧江，经过丽江，经过西双版纳，到达鸡足山。

在迦叶寺里，他解开了背上的包裹，拿出了静闻的骨灰。

到了。

我们到了。

他郑重地把骨灰埋在了迦叶寺里，在这里，他兑现了承诺。

然后，他应该回家了。

但他没有。

从某个角度讲，这是上天对他的恩赐，因为这将是他的最后一次旅游，能走多远，就走多远吧。

他离开鸡足山，又继续前行，行进半年，翻越了昆仑山，又行进半年，进入藏区，游历几个月后，踏上归途。

回去没多久，就病了。

喜欢锻炼的人，身体应该比较好，天天锻炼的人（比如运动员），就不一定好，旅游也是如此。

估计是长年劳累，徐宏祖终究是病倒了，没能再次出行。崇祯十四年（1641），病重逝世，年五十四。

他所留下的笔记，据说总共有二百多万字，可惜没有保留下来，剩余的部分，大约几十万字，被后人编成《徐霞客游记》。

在这本书里，记载了祖国山川的详细情况，涉及地理、水利、地貌等情况，被誉为十七世纪最伟大的地理学著作，翻译成几十国语言，流传世界。

好的，总结应该出来了，这是一个伟大的地理学家的故事，他为了研究地理，四处游历，为地理学的发展做出了突出贡献，是中华民族的骄傲。

是这样吗？

不是的。

其实讲述这人的故事，只想探讨一个问题，他为何要这样做。

没有资助，没有承认（至少生前没有），没有利益，没有前途，放弃一切，用一生的时间，只是为了游历？

究竟为了什么？

我很疑惑，很不解，于是我想起另一个故事。

新西兰登山家希拉里，在登上珠穆朗玛峰后，经常被记者问一个问题：

你为什么要爬？

他总不回答，于是记者总问，终于有一次，他答出了一个让所有人都无法再问的答案：

因为它（指珠峰），就在那里！

因为它就在那里。

其实这个世上很多事，本不需要理由，之所以需要理由，是因为很多人喜欢找抽，抽久了，就需要理由了。

正如徐霞客临终前，所说的那句话：

"汉代的张骞、唐代的玄奘、元代的耶律楚材，他们都曾游历天下，然而，他们都接受了皇帝的命令，受命前往四方。

"我只是个平民，没有受命，只是穿着布衣，拿着拐杖，穿着草鞋，凭借自己，游历天下，故虽死，无憾。"

说完了。

我要讲的那样东西，就在这个故事里。

我相信，很多人会问，你讲了什么？

用如此之多的篇幅，讲述一个王朝的兴起和衰落，在终结的时候，却说了这样一个故事，你到底想说什么？

我重复一遍，我要讲的那样东西，就在这个故事里，已经讲完了。

所以后面的话，是讲给那些不明白的人，明白的人，就不用继续看。

此前，我讲过很多东西，很多兴衰起落、很多王侯将相、很多无奈更替、很多风云变幻，但这件东西，我个人认为，是最重要的。

因为我要告诉你，所谓千秋霸业，万古流芳，以及一切的一切，只是粪土。先变成粪，再变成土。

现在你不明白，将来你会明白，将来不明白，就再等将来，如果一辈子都不明白，也行。

而最后讲述的这件东西，它超越上述的一切，至少在我看来。

但这件东西，我想了很久，也无法用准确的语言，或是词句来表达，用最欠揍的话说，是只可意会，不可言传。

然而，我终究是不欠揍的，在遍阅群书，却无从开口之后，我终于从一本不起眼，且无甚价值的读物上，找到了这句适合的话。

这是一本台历，一本放在我面前，不知过了多久，却从未翻过，早已过期的台历。

我知道，是上天把这本台历放在了我的桌前，它看着几年来我每天的努力，始终的坚持，它静静地、耐心地等待着终结。

它等待着，在即将结束的那一天，我将翻开这本陪伴我始终，却始终未曾翻开的台历，在上面，有着最后的答案。

我翻开了它，在这本台历上，写着一句连名人是谁都没说明白的名人名言。

是的，这就是我想说的，这就是我想通过徐霞客所表达的，足以藐视所有王侯将相，最完美的结束语：

成功只有一个——按照自己的方式，去度过人生。

后 记

本来没想写,但还是写一个吧,毕竟那么多字都写了。

记得前段时间,去央视《面对面》接受访谈,主持人问我,书写完的时候,你有什么感觉?
其实这个问题,我问过我自己很多次,高兴、兴奋、沮丧,什么都有可能。
但当这刻来到的时候,我只感觉没有感觉。
不是矫情。

怎么说呢,因为我始终觉得写这玩意儿,是个小得没法再小的事。然而,很快有人告诉我,你的书在畅销排行榜蹲了几天、几月、几年,然后是几十万册、几百万册,直到某天,某位仁兄很是激动地对我说,改革开放三十年,这本书的发行量,可以排进前十五名。

有意思吗?说实话,有点儿意思。

雷打不动的还有媒体——报纸、电视台,从时尚到社会,从休闲到时局,从中央到地方,从中国到外国,借用某位同志的话,连宠物杂志都上门找你。平均一天几个访问,问的问题,也大致雷同,翻来覆去,总也是那么几个问题,每天都要背几遍，像我这么乏味的人，谁愿意跟我聊？那都是交差，我明白。

外形土得掉渣，也硬拽上若干电视讲坛，讲一些相当通俗、相当大众、相当是人就能听明白的所谓历史（类似故事会），当然，该问的还得问下去，该讲的可能还得讲下去。

这个没意思。没意思，也得接着混。

我始终觉得，我是个很平凡的人，扔人堆里就找不着，放在通缉令上，估计都没人能记住；到现在还这么觉得，今天被人记住了，明天就会被人忘记，今天很多人知道，明天就不知道。所以所谓后记，所谓感想，所谓获奖感言之类的无聊的、乱扯的、自欺欺人的、胡说八道的，都休息吧。

那么接下来，说点儿有必要说的话。

首先，是感谢，非常之感谢。

记得马未都同志有次对我说，这世上很多人都有不喜欢你的理由。因为你成名太早，成名太盛，太过年轻，人家不喜欢你，那是有道理的，所以无论人家怎么讨厌你、怎么逗你，你都得认，你该认。

我觉得这句话很有道理，所以一直以来，我都无所谓。

但让我感动的是，广大人民群众应该还是喜欢我的，一直以来，我都得到了许多朋友的帮助，没有你们，我撑不到今天，谢谢你们，非常真诚地谢谢你们。

谢谢。

然后是心得，如果要问我，有个什么成功心得、处世原则，我觉得，只有一点，老实做人，勤奋写书，无他。

几年来，我每天都写，没有一天敢于疏忽，不惹事，不闹事，即使所谓盛名之下，我也从未懈怠。有人让我写文章推荐商品，推荐什么就送什么，还有的希望我做点儿广告，费用可以到六位数，顺手就挣。

我没有理会。因为我不是商人。

出版商亲自算给我听，由于我坚持把未出版部分免费发表，因此每年带来的版税损失，可以达到七位数，这还不包括盗版，以及各种未经许可的文本。

我依然坚持，因为我相信，这是个自由的时代，每个人有看与不看的自由，也有买和不买的自由，任何人都不应该被强迫。

这是我的处世原则，我始终坚持。或许很多人认为这么干很吃亏，但结果，相信你已经看到。

好的，还有历史，既然写了历史，还要说说对历史的看法。
就剩几句了，虚的就算了，来点儿实在的吧。

很多人问，为什么看历史；很多人回答，以史为鉴。
现在我来告诉你，以史为鉴，是不可能的。
因为我发现，其实历史没有变化，技术变了，衣服变了，饮食变了，这都是外壳，里面什么都没变化，还是几千年前那一套，转来转去，该犯的错误还是要犯，该杀的人还是要杀，岳飞会死，袁崇焕会死，再过一千年，还是会死。

所有发生的，是因为它有发生的理由，能超越历史的人，才叫以史为鉴，然而，我们终究不能超越，因为我们自己的欲望和弱点。

所有的错误，我们都知道，然而终究改不掉。

能改的，叫作缺点；不能改的，叫作弱点。

顺便说下，能超越历史的人，还是有的，我们管这种人，叫作圣人。

以上的话，能看懂的，就看懂了，没看懂的，就当是说疯话。
最后，说说我自己的想法。

因为看的历史比较多，所以我这个人比较有历史感，当然，这是文明的说法，粗点儿讲，就是悲观。

这并非开玩笑．我本人虽然经常幽默幽默，但对很多事情都很悲观，因为我经常看历史（就好比很多人看电视剧一样），不同的是，我看到的那些古文中，只有悲剧结局，无一例外。
每一个人，他的飞黄腾达和他的没落，对他本人而言，是几十年，而对我而言，只有几页，前一页他很牛，后一页就屎了。
王朝也是如此。

真没意思，没意思透了。

但我坚持幽默，是因为我明白，无论这个世界有多绝望，你自己都要充满希望。

人生并非如某些人所说，很短暂，事实上，有时候，它很漫长，特别是对苦难中的人，漫长得想死。

但我坚持，无论有多绝望，无论有多悲哀，每天早上起来，都要对自己说，这个世界很好、很强大。
这句话，不是在满怀希望光明时说的，很绝望、很无助、很痛苦、很迷茫的时候，说这句话。

要坚信，你是一个勇敢的人。

因为你还活着，活着，就要继续前进。

曾经有人问我，你怎么了解那么多你不应该了解的东西，你怎么会有那么多六七十岁的人才有的感受。我说我不知道。跟我一起排话剧的田沁鑫导演说，我是上辈子看了太多书，憋屈死了，这辈子来写。

我没话说。

还会不会写？应该会，感觉还能写，还写得出来，毕竟还很年轻，离退休尚早，尚能饭。

继续写之前，先歇歇，累得慌。

是的，这个世界还是很有趣的。

最后送一首食指的诗给大家，我所要跟大家讲的，大致就在其中了吧。

  当蜘蛛网无情地查封了我的炉台
  当灰烬的余烟叹息着贫困的悲哀
  我依然固执地铺平失望的灰烬
  用美丽的雪花写下：相信未来

  当我的紫葡萄化为深秋的露水
  当我的鲜花依偎在别人的情怀
  我依然固执地用凝霜的枯藤
  在凄凉的大地上写下：相信未来

我要用手指那涌向天边的排浪
我要用手掌那托住太阳的大海
摇曳着曙光那支温暖漂亮的笔杆
用孩子的笔体写下：相信未来

我之所以坚定地相信未来
是我相信未来人们的眼睛
她有拨开历史风尘的睫毛
她有看透岁月篇章的瞳孔

不管人们对于我们腐烂的皮肉
那些迷途的惆怅、失败的苦痛
是寄予感动的热泪、深切的同情
还是给予轻蔑的微笑、辛辣的嘲讽

我坚信人们对于我们的脊骨
那无数次的探索、迷途、失败和成功
一定会给予热情、客观、公正的评定
是的，我焦急地等待着他们的评定

朋友，坚定地相信未来吧
相信不屈不挠的努力
相信战胜死亡的年轻
相信未来、热爱生命

二十多岁写，写完还是二十多岁，有趣。
是的，这个世界还是很有趣的。

主要参考书目

《明通鉴》，（清）夏燮，中华书局1959年版；

《明季北略》，（清）计六奇，中华书局1984年版；

《明季南略》，（清）计六奇，中华书局1984年版；

《明史》，（清）张廷玉等，中华书局1974年版；

《明会要》，（清）龙文彬，中华书局1956年版；

《明季稗史初编》，（清）留云居士，上海书店1988年版；

《明史纪事本末》，（清）谷应泰，中华书局1977年版；

《清朝前纪》，孟森，（上海）商务印书馆1930年版；

《明清史讲义》，孟森，中华书局1981年版；

《明清史论著集刊》，孟森，中华书局1959年版；

《明史考证》，黄云眉，中华书局1986年版；

《清初农民起义史料辑录》，谢国桢，上海人民出版社1986年版；

《明清之际党社运动考》，谢国桢，辽宁教育出版社1998年版；

《明实录》；

《明季党社考》，[日]小野和子，上海古籍出版社2006年版；

《明代社会生活史》，陈宝良，中国社会科学出版社2004年版；

《玉光剑气集》，（清）张怡，中华书局2006年版；

《嘉靖以来首辅传》，（明）王世贞；

《酌中志》，（明）刘若愚；

《愿学集》，（明）邹元标；

《赐闲堂集》，（明）申时行；

《戚继光评传》，范中义，南京大学出版社2004年版；

《明文海》，（明）黄宗羲；

《召对录》，（明）申时行；

《万历三大征考》，（明）茅瑞征；

《南明史》，顾诚，中国青年出版社1997年版；

《万历野获编》，（明）沈德符，中华书局1959年版；

《明会典》，（明）申时行，中华书局1989年版；

《国榷》，（明）谈迁，中华书局2006年版；

《明史简述》，吴晗，中华书局2005年版；

《南明史》，钱海岳，中华书局；

《中国断代史系列——明史（上、下）》，南炳文、汤纲，上海人民出版社2003年版；

《晚明史（1573—1644年）》，樊树志，复旦大学出版社2003年版；

《剑桥中国明代史》，牟复礼（Frederick W.Mote）、崔瑞德（Denis Twitchett）著；

《南明史》，司徒琳（Lynn H. Struve）；

《国史大纲》，钱穆，中华书局；

《中国历代政治得失》，钱穆，生活·读书·新知三联书店2005年版；

《中国大历史》，黄仁宇，生活·读书·新知三联书店1997年版；

《十六世纪明代中国之财政与税收》，黄仁宇，生活·读书·新知三联书店2001年版；

《明清战争史略》，孙文良、李志亭，江苏教育出版社2005年版；

《冯梦龙全集》，上海古籍出版社1993年版；

《天下郡国利病书》，（明）顾炎武；

《万历起居注》；

《张太岳先生诗文集》，（明）张居正；

《中国经济通史》第七卷，吴量恺主编，湖南人民出版社2002年版；

《崇祯长编》；

《中国历史地图集》第二卷，谭其骧主编；

《张居正大传》，朱东润；

《陈子龙及其时代》，朱东润；

《清史稿》：《太祖本纪》《太宗本纪》《世祖本纪》《圣祖本纪》《世宗本纪》《高宗本纪》《职官志》《食货志》《兵志》《地理志》，及相关列传；

《明清史论著集刊》《续编》，孟森，中华书局1984年版、1986年版；

《简明清史》，戴逸主编，人民出版社1985年版；

《明清史论著合集》，商鸿逵，北京大学出版社1988年版；

《二十五史新编》，上海古籍出版社2004年版；

《清史新考》，王锺翰，辽宁大学出版社1990年版；

《明清史新析》，韦庆远，中国社会科学出版社1995年版；

《明亡清兴六十年》，阎崇年，中华书局2006年版；

《袁崇焕传》，阎崇年，中华书局2005年版；

《杨大洪先生文集》，（明）杨涟；

《三垣笔记》，（明）李清；

《杨文弱先生集》，（明）杨嗣昌。

图书在版编目（CIP）数据

明朝那些事儿.第柒部,大结局/当年明月著.—杭州：浙江人民出版社，2020.5（2024.7 重印）
ISBN 978-7-213-09264-0

Ⅰ.①明… Ⅱ.①当… Ⅲ.①中国历史—明代—通俗读物 Ⅳ.① K248.09

中国版本图书馆 CIP 数据核字（2019）第 077054 号

明朝那些事儿·第柒部　大结局
MINGCHAO NAXIE SHIR · DI-QI BU DAJIEJU

当年明月　著

出版发行	浙江人民出版社（杭州市体育场路 347 号　邮编　310006）
责任编辑	钱　丛
责任校对	朱　妍
封面设计	艾　藤　魏庆荣
电脑制版	罗栋青　李春永
印　　刷	嘉业印刷（天津）有限公司
开　　本	700 毫米 ×1000 毫米　1/16
印　　张	24.25
字　　数	320 千字
插　　页	2
版　　次	2020 年 5 月第 1 版
印　　次	2024 年 7 月第 12 次印刷
书　　号	ISBN 978-7-213-09264-0
定　　价	48.00 元

如发现图书质量问题，可联系调换。质量投诉电话：010-82069336

上架建议_历史·畅销
ISBN 978-7-213-09264-0
定价:48.00元